# 国际运动训练理论流派的
# 历史演进与创新规律

李　荣　陈　亮◎著

## Historical Evolution
### and
## Innovative Pattern
of
International Sports Training Theory School

社会科学文献出版社
SOCIAL SCIENCES ACADEMIC PRESS (CHINA)

# 摘　要

　　运动训练理论是体育学科群中最具本源性和代表性的理论之一。由于运动训练理论的自身学科特征，研究主体的国家制度背景、履历背景、项目关注点，竞技赛事赛制等的差异与变化，国际运动训练理论在概念阐述、知识结构、规律原理等方面并未达成一致，而是呈现一定的流派特征。本书从国际运动训练理论流派的存在依据、基本特点、历史演进、创新规律4个方面分别就流派的识别、沿革、创新加以讨论，以期为我国运动训练理论的创新提供视角和依据。目前，国内外学者已认可了运动训练理论在论述和研究过程中存在的风格差异，但尚未就差异表现做出整体性论述，亦未考虑差异产生、演进与创新的内外动力机制。为此，本书采用文献资料法、内容分析法、定性比较分析法、历史研究法、逻辑法对国际运动训练理论流派的存在与表现展开研究，得出以下主要结论。

　　第一，从系统化知识呈现的角度来看，国际运动训练理论分为"欧亚"流派和"美澳"流派。"欧亚"流派与苏联有着地缘或学缘关系，其思想内核为：经验主义的系统哲学观，以教练员为中心的教育观，锦标主义的竞技价值观。特征表现为：知识体系宏观，概念表述清晰，原则观照全面，认可超量恢复和适应机制的共同作用。"美澳"流派学者多来自北美、西欧、大洋洲，该流派的思想内核为：实证主义的还原哲学观，以运动员为中心的教育观，职业体育的竞技价值观。特征表现为：知识体系具体，概念论域宽泛，原则关注负荷，认可"应激—适应"效果。

　　第二，从主体层次、操作层次、客体层次三个维度考察主要运动训练原则，"欧亚"流派的历史演进特征为负荷设计动态跳跃性、周期安排状态与比赛结合性、训练过程链式衔接性、区别对待因素特异性；创新形式多样，既注重原理综合和信息交合，也采用对系统科学和教育学的移植与演绎。"美澳"流派的历史演进特征为负荷安排集中性、周期安排比赛导向性、竞技能力整体协调性、区别对待适应差异性；创新形式相对简单，以类比、演绎、移植为主。

第三，从形成发展、操作方式、作用对象三个维度考察运动训练理论的空间要素，力量训练理论与方法的历史发展可划分为简单式、负荷递增、组合式、整体式四个阶段。其中，"欧亚"流派成果相对集中，表现为科学原理转化速度快，创新形式多样；"美澳"流派成果相对分散，表现出科学原理转化速度较慢，前期创新独立且严密，后期创新移植且整体的特点。耐力训练理论与方法的历史发展可划分为随意练习、负荷递增、注重效益、模式训练四个阶段。其中，"欧亚"流派表现为成果移植和推理演绎；"美澳"流派表现为前期注重负荷提升与手段支撑，后期关注建构概念模型。

第四，从形成发展、作用对象、系统结构三个维度考察运动训练理论的时间要素，代表性训练分期模式的历史发展可划分为理论奠定、质疑改进、知识整合三个阶段，不同流派的分期创立分布相对平均，"欧亚"流派的创新表现为系统式提出和批判式改进的集成式创新；"美澳"流派的创新表现为通过改造或构建的方式满足竞技职业赛事发展的需要。

第五，国际运动训练理论"欧亚"流派和"美澳"流派的创新均由实践需要、政体变革、科技成果共同推动；创新方式具有对接实践、跨学科思维、流派整合的特点。在流派认知下，本书提出了中国特色运动训练理论的发展方向。在理论体系发展方面，以核心概念体系建设为基础，构建中国特色知识体系，并向世界传播中国智慧；在空间要素发展方面，以中国经验总结与提炼为基础，进行时间维度设计与方法纵横融合；在时间要素发展方面，以训练分期概念体系建构为基础，加强经典训练分期细化，实现竞技状态与中国式参赛统一。

**关键词：**运动训练理论；训练原则；时间要素；空间要素

# Abstract

Sports training theory is one of the most original and representative theories in physical education. Due to disciplinary characteristics of sports training theory itself, the differences and changes of sports training theories, such as subject background, national system, project concern and international competition system, international sports training theory has not reached a consensus in concept elaboration, knowledge structure, law principle, but presents certain school characteristics. This study intends to discuss the identification, evolution and innovation of international sports training theory school from scientific standard, basic characteristics, historical evolution and innovation pattern, so as to provide a perspective and basis for the innovation of sports training theory in China. Scholars at home and abroad have recognized the school differences in theoretical discussion and research process of sports training theory at present, but they have not yet made a comprehensive discussion on the differences, nor have they considered the internal and external dynamic mechanism for the generation, evolution and innovation of differences. Therefore, this book makes good use of literature review method, content analysis method, qualitative comparative analysis, historical research and logic method to study the existence and manifestation of international sports training theory school, and draws the following main conclusions.

First, from the perspective of systematic knowledge presentation, international sports training theory can be divided into "Eurasian" school and "American Australian" school. "Eurasian" school has a geographical or academic relationship with Soviet union. The core of its thought is systematic philosophy view of empiricism, education view of coacher-centered, and competitive value of the prize doctrine. The features are macroscopic knowledge system, clear concept expression, comprehensive principle examine, and recognize the joint role of excess recovery and adaptation mechanism. "American Australian" school is mostly from North America, Western Europe, Oceania and other countries and regions. The core of its thought is positivism reductive philosophy view, athlete-centered education view, competitive value of professional sports. The characteristics are as follows: the knowledge system is specific, the conceptual domain is broad, the principle focuses on load, and the effect of "stress-adaptation" is recognized.

Second, the main sports training principles are investigated from three dimensions: subject level, operation level and object level. The historical evolution of "Eurasian" schools is characterized by dynamic jumping of load design, combination of cycle arrangement and competition, chain connection of training process, and specificity of different treatment factors. There are various forms of innovation, focusing not only on the integration of principles and information, but also on the transplantation and deduction of systems science and pedagogy. Historical evolution characteristics of the "American Australian" school are the concentration of load arrangement, the competition orientation of cycle arrangement, overall coordination of competitive ability and different treatment to adapt to the difference. The form of innovation is relatively simple, focusing on analogy, deduction and transplantation.

Third, the spatial factors of sports training theory are investigated from three dimensions of formation and development, operation mode and action object. The historical development of strength training theory and method can be divided into four stages: simple type, increasing load, combined type and integral type. Achievements of the "Eurasian" school are relatively concentrated, which is manifested in the rapid transformation of scientific principles and various forms of innovation; achievements of "American Australian" school are relatively scattered, showing the characteristics of slow transformation of scientific principles, independent and rigorous innovation in the early stage, and overall innovation and transplantation in the later stage. Historical development of endurance training theory and method can be divided into four stages: random practice, increasing load, paying attention to efficiency and model training. Among them, the "Eurasian" school is represented by achievement transplantation and reasoning deduction; the "American Australian" school pays attention to load promotion and means support in the early stage and the construction of conceptual model in the later stage.

Fourth, the time factors of sports training theory are investigated from three dimensions of formation and development, action object and system structure. It is considered that historical development of representative training periodization can be divided into three stages: theory establishment, questioning and improvement and knowledge integration. The establishment and distribution of different schools in periodization are relatively average, and the innovation of "Eurasian" school shows the integrated innovation of systematic proposal and critical improvement; the innovation of "American Australian" school is to meet the needs of the development of competitive professional events through transformation or construction.

Fifth, the innovation impetus of "Eurasian" school and "American Australian" school of international sports training theory is promoted by the need of practice, political reform and scientific and technological achievements. The innovative way has the characteristics of docking practice, interdisciplinary thinking and school integration. Under the cognition of schools, puts forward the development direction of sports training theory in China. in terms of theoretical system development, to build a knowledge system with Chinese characteristics and spread Chinese wisdom to the world based on the construction of core concept system; in terms of the development of spatial factors, to carry out the vertical and horizontal integration of time dimension design and methods based on the summary and refinement of Chinese experience; in terms of the development of time factors, to strengthen the refinement of classical training periodization, and realize the unity of competitive state and Chinese competition based on the construction of the concept system of training periodization.

Keywords: Sports Training Theory; Training Principle; Time Factor ; Spatial Factor

# 目　录

# 第一章
# 绪　论


## 一　选题的背景、理由和意义

### （一）选题背景

运动训练是运动员经过科学系统的训练后，逐步提高其竞技能力和运动成绩的全过程。运动训练理论作为竞技体育理论体系中极为重要的主体构成之一，既源于运动训练实践，又指导着运动训练实践。然而，运动训练理论形成相对独立的科学知识领域的时间并不长，"虽然在某一水平上思考竞技现象已经历了很长时间，但 19 世纪末 20 世纪初，现代奥运会的恢复和世界竞技运动的迅速发展是加快运动训练理论形成的主要催化剂"（Matveyev，1977a：6－21）。

运动训练理论始终围绕运动训练实践的本体性问题展开研究，目前已基本形成运动训练的内容与结构、训练过程的规律和原理，并可以较为详细地阐述运动员针对运动成绩的身体训练、技术训练和其他方面训练的理论—方法原理。从 20 世纪 80 年代起，研究者们的注意范围开始扩展到影响训练效果的其他因素，以及促进运动员进步的条件，即运动员培养系统和比赛系统，与符合竞技活动要求和条件的生活方式之间的统一（姚颂平等，2020）。尽管结构日益完善，内容日益丰富，但通过训练操作实现运动员竞技能力提升始终是运动训练理论关注的重点，而基本构成要素的相对稳定也表明了该理论已基本走向成熟。

然而，不同国家的运动训练理论发展及由此产生的特征却不尽相同。

这种现象产生的原因除了学科发展的共性规律外，还与运动训练理论的学科交融性、竞技运动的环境多元性、运动项目的赛制差异性等有关。第一，运动训练活动的实施对象是具有生物学和社会学属性的运动员，训练理论在发展、完善和创新过程中应积极主动地吸收和借鉴诸如医学、生理学、生物学、社会学、心理学等学科的基础理论和研究方法，当持有相近学术背景的学者们持续开展研究时，便可能形成风格鲜明的研究类别，进而产生特定的知识、体系乃至学术流派。第二，从国际范围来看，无论是在国际赛场长期保持竞技优势的美国、俄罗斯（苏联、独联体），曾经辉煌的民主德国，还是近30年逐步成长起来的中国，均只能在特定项目或项目群类中展现出相对优势。虽然竞技优势的产生与人种不无关系，但与竞技运动管理体制相适应的训练理论或许是支撑这一现象的重要原因。第三，有研究或论述显示，基于专项特征和赛事赛制，无论是竞技子能力训练，还是年度训练安排、单一大周期、赛前状态调控均不同程度地在项目或项群中产生差异。某位学者依据自己熟悉的项目，或某国依据本国取得成功项目的经验构建的运动训练理论，或许并不完全适用于其他项目。

国家间的运动训练理论存在差异早已被学者们发现。20世纪80年代，列·巴·马特维也夫（Leo P. Matveyev）谈到苏联和美国的训练理论的区别时指出，"在美国，没有人思考运动训练的整个理论……而是忙着去解决单一的问题……据我所知，整个理论的问题并不是美国研究人员关注的中心"（Matveyev，1977a：21-23）。我国学者田麦久教授于1999年将国际运动训练理论分为"欧亚"流派和"美澳"流派，其中前者的代表性国家包括俄罗斯、乌克兰、德国和中国等，注重理论体系完整性和系统性的建设；后者的代表性国家为美国、澳大利亚和加拿大等，侧重于操作性和实用性的单学科纵向研究和具体训练方法的探索。如果我们抛弃优劣性的主观偏见，会发现无论是重视运动训练理论系统性的国家，还是崇尚操作性的国家，均在各自的优势竞技项目中获得了瞩目的成绩，同时也多年在非优势项目中难以突破。当然，竞技优势的产生与人种、社会历史背景、政治倾向、经济水平等非训练学因素不无关系，但基于优势项目建立起来的运动训练理论存在派别差异也许同样是因素之一。

（二）选题理由

### 1. 对国际运动训练理论流派的认知停滞不前

如前所述，虽然国家之间运动训练理论存在差异这一事实已被发现，但遗憾的是，无论是马特维也夫还是田麦久，他们对这一问题的思考都仅处于感性认识或概念提出层面，他们与之后的学者并未对差异存在的依据及特点做出进一步论述。如果对这一问题展开进一步研究，就应该在找寻国际运动训练理论流派的判别维度与方式的基础上确定其存在的依据，由此划分出的流派及之后的讨论才能上升至理性层面。

### 2. 梳理演进历史与创新规律是学科研究的重要内容

以归纳推理为标志的理论构建是建立和发展运动训练理论的第一阶段，而以演绎推理为特征的理论检测则是紧随其后必不可少的阶段。科学史之父乔治·萨顿（George Sarton）认为，"每个人以自己的微弱办法试图实现理想社会，需要不断得到统计学家和历史学家这两类人的帮助"（Sarton，1975），这说明历史研究在知识理解中具有重要作用。尽管国内外已有关于运动训练理论历史和创新的论述，但大都聚焦某些国家（如中国、俄罗斯、美国）、理论组件（如力量、训练分期）、运动项目（如田径、足球、篮球）。运动训练理论既有内在动力，也有外在动力。虽然国家间有系统宏观和具体实用的差异，但这些国家取得的竞技成就又表明了其理论的合理性与有效性。一方面，对国际运动训练主要流派成果和脉络的梳理是该理论继续发展的前提；另一方面，从时空二维的角度厘清各自的演进差异与创新规律，是形成客观理论发展观的基础。

### 3. 我国运动训练理论需要在辨析中确立发展方向

与国外由专项到一般的发展历程不同，我国一般训练理论发展走的是"引进—吸收—创新"的道路，一般训练理论发展超前于专项训练理论。近些年，我国运动训练理论研究进入新一轮热潮，引进欧美训练理念，继承苏联训练理念，发展我国的训练理论成为争议的焦点（田麦久，2019c）。国内学者不断将国外例如核心稳定性力量、身体功能性训练、高强间歇训练、板块分期等新型概念引入我国并逐步运用到竞技运动实践，试图将研究对象改为"运动中的人"，由此重构运动训练理论的观点也被提出。然而，坚定中国运动训练理论的学科自信与吸收引进并不矛盾。新的概念能否动摇运动训练理论体系，需要探究它们的理论出处，辨析其与原有概念之间的关系，明确其在训练理论和实践中的价值，由此展开的融合或改进才能建构在科学和学科基础之上。

### （三）选题意义

#### 1. 理论意义

（1）厘清运动训练理论多样化发展的表象及成因

理论流派的产生与争鸣是学科发展的必经之路，也是学科生命力的重要体现。世界主要竞技体育国家在优势项目、制度背景、学科思维等方面存在不同，从而造成运动训练理论体系的结构、重点和热点也显示出明显差异。为此，基于理论流派的视角考察国际运动训练理论的分类，进而探索其演进与创新的规律，或许可以找到并指明该理论的学科发展方向。

（2）加速运动训练理论知识体系的优化与更新

运动训练理论本源性、综合性、实践性的学科特征，决定了其知识体系源自友邻学科和训练实践。理性看待国际运动训练理论的流派差异，既有助于认清各自的形成逻辑和存在的不足之处，实现理论的融合与优化，又有益于厘清其发展过程中的演进脉络和创新规律，为未来的研究提供理论引领和方向指引。

#### 2. 实践意义

运动训练理论助力了世界主要竞技体育强国的辉煌，本书将这些国家的运动训练理论发展置于流派的视角之下，探索其理论特点与形成过程，不但有利于从学科层面解释各国竞技项目发展现状的成因，而且可以为有效指导训练实践、积极吸收先进训练思想和理念以及建构具有中国特色的训练理论体系提供现实指导。

## 二 国内外研究现状与趋势

### （一）相关概念

#### 1. 流派、学派

有关流派的解释，《说文解字》曰"流，水行也，篆文从水"，"派，别

水也"(辞海编辑委员会编，2000：2670）。在《汉语大字典》中，"流，指
部分，分支"，"派，指水的支流；泛指分支"。"流派，指立场、见解或作
风、习气相同的一些人。"（汉语大字典编辑委员会编，1988：1611、1631)
在《汉语大词典》中，"流派，指文艺、学术等方面的派别"（汉语大词
典编辑委员会编，1990：1266）。《中文大辞典》谓："水之支流曰流派。
今谓一种学术因从众传授互相歧异而各成派别者，亦曰流派。"（中文大辞
典编纂委员会编，1982：206）有关学派的内涵，《汉语大词典》对学派的
解释为："一门学问中由于学说、观点不同而形成的派别。"（罗竹风主编，
1989：246）。《辞海》中学派的定义为："一门学问中由于学说师承不同而
形成的派别。"（辞海编辑委员会编，2000：1360）总之，学派的形成归因于
师承、地域、问题，相应将其称为"师承性学派"、"地域性学派"和
"问题性学派"。可见，"流派"和"学派"仅从词义上看没有明显差别。

也有学者试图探讨两者之间的关系。例如，有的学者认为学说是构成
学派的基础，学派孕育于师门之内，重视代表人物和传承关系，学派的存
在时间较长，注重的是对理论或技法的整理研究；流派由个人所持有的学
术观点或方法、技术组成，流派为短时段，流派注重观点和思想认同，既
包括学说的学派，也包括对某些问题的主张、见解和风格倾向，不一定都
是有系统的学说。因此，"流派中可包含学派，但学派不包括流派"（胡天烨，
2017）。也有学者认为学派有广义和狭义之分，广义的学派包括门派、学派
与流派，狭义的学派，则是广义的学派中排除了流派和门派之外的学术派
别（施爱东，2020）。

但在实践应用过程中，仍然存在互用的现象。例如，发展演进学说，
新迪尔凯姆学说，冲突和批判学说，功能主义学说，韦伯主义学说，形式
主义、现象学和人种学方法论，符号互动主义是旅游社会学研究已形成的
较具代表性的七种理论流派（黄福才、张进福，2002）；国外语言规划研
究大致可以分为弹性规范学派、理性选择学派、适应学派、语言治理学派
四大流派（周庆生，2005）；依据研究视角的差异国际分工理论可以分为
世界体系视角的国际分工理论、市场视角的国际分工理论、国家视角的国
际分工理论、企业视角的国际分工理论、个人分工视角的国际分工理论五
大流派（张苏，2008）；地缘经济学在世界范围内已形成美国学派、意大

利学派和俄罗斯学派三个主要学派（李敦瑞，2009）。系统检索发现，谈及学派或流派的学科几乎囊括了政治学、经济学、翻译学、国际关系学、艺术学等学科，且均存在"流派"和"学派"混用的现象。综上可知，"流派"和"学派"在词义上没有本质区别，由于分析与认识的角度不同，在不同的语境中产生了对词义理解的细微差异。因此，本书出于分析讨论的实际需要，将"流派"和"学派"统称为学术流派。对于学术流派所必须具有的四个条件或要素将在第二章详细讨论。

### 2. 科学理论

理论，是在实际的验证中归纳出，或由观念推演而得出的系统化、组织化的定律或论点；而科学理论，是系统化的科学知识，是由一系列概念、判断和推理、理论把关证明的非常可靠的知识体系（苏宝荣，2000）。综上而言，理论具备以下特点：一般指正确的科学的理论，与实践相互关联，是一种系统的知识体系。一套完整的科学理论体系，由特有的概念、基本原理、命题、规律等所构成的严密的逻辑化的知识系统构成。

与理论较为相似且容易混淆的概念是学科，关于学科的定义，《现代汉语大辞典》的解释是，按照学问的性质而划分的门类。一门独立的学科包含3个基本要素：（1）研究的对象或研究的领域；（2）理论体系；（3）方法论，即学科知识的产生方式。通过对学科和理论概念即要素的辨析，本书认为二者具有如下区别与联系。首先，任何一门学科的发展和成熟必须建立在理论之上；其次，从学科概念可以发现其意义，即在知识生产和传承过程中逐步建立起来的制度体系。

### 3. 运动训练理论

依照理论的定义，运动训练理论为由训练实践验证或推演得出的运动训练规律以及有效组织运动训练活动的知识系统。张建华指出，运动训练理论是解释、预言和指导训练实践的依据，是人类对运动训练活动的认识成果，他一方面提出科学的运动训练理论主要来源于归纳法，即研究者首先提出假设并证实的过程；另一方面，由于人们认识的局限性，当训练理论发展到一定时期将会出现争议，由此他认为运动训练理论是"有限理性"（张建华，2009）。胡海旭在其博士学位论文中基于理论和科学的定义，认为运动训练理论是人们由反复的实践概括出来的关于运动训练的系统化的理性认识和结论，包括运动训练的概念、原理的体系，并随着实践的发展而发展（胡海旭，2016a）。综上可见，运动训练理论主要有以下特点：第一，是完整的系统的且相对稳定的；第二，运动训练理论与实践相互依赖和促进，前者既来源于运动训练实践又不断指导、解释和预见后者，后者是前者发展的根本动力，也是检验前者科学与否的唯一标准。运动训练理论研究的内容分别科学地回答了运动训练实践过程中"练什么"、"练多少"和"怎么练"的现实问题，包含了训练原则、内容、方法、负荷和安排 5 个模块。从理论研究所覆盖的纵向领域来看，可将运动训练理论划分为一般训练理论、项群训练理论和专项训练理论（田麦久，2003），虽然 3 个纵向层次的理论研究具有较大区别，但任何一个层次的具体研究内容都应该围绕上述 5 个模块展开。

### 4. 科学创新

"创新"（innovation）一词源于拉丁语"innoare"，1912 年由哈佛大学经济学教授约瑟夫·阿洛伊斯·熊彼特（Joseph Alois Schumpeter）首次提出。科学思维、科学方法和科学工具共同组成了科学创新的维度和方向，三者在创新过程中起着关键的作用并相互促进和补充。三者的重要性和关系体现为：第一，本质特征表现在逻辑和思维方法层面的是科学思维创新，同样也是所有创新的核心和开端；第二，科学方法创新则是科学创新的生命力所在，是解决问题的流程和突破理论的关键；第三，工具创新是思维创新和方法创新两者的综合效应与物质实现，是分析问题和求解问题的具体工具。

本书在归纳和总结已有运动训练理论和方法的创新成果时，主要采用了科学创新理论中的科学方法创新。现代科学创新方法的特征应包括创造性主体、融合科学实践和走向社会化等方面，11 种常用的具有典型性的创新方法见表 1 - 1。虽然每一种创新方法均有其独特的基本特点和应用过程，但需要指出的是，由于应用过程中既受到创新主体和环境等多维因素的交互影响，又因现代科学创新的研究范式具有理念的系统性和方法的融合性的特点，所以创新主体在创新过程中灵活地使用每一种创新方法的同时也综合使用多种创新方法。

表 1 - 1    11 种典型创新方法的基本特点和应用实践

| 名称 | 特点 | 应用 |
|---|---|---|
| TRIZ 理论 | 吸收和借鉴数万种高水平专利在实现创新过程中的原理、原则和方法的一般规律，为突破本学科的创新提供抽象思维、科学方法和具体工具 | 基于哲学层面的顶层设计思路，运用相同或相近的方法或工具去解决相似的问题或矛盾 |
| 综合应用法 | 把若干领域的多种技术成果综合在一起产生新的技术，突出特点是从单项突破走向多项组合，从组合中求发展 | 综合利用两门或几门学科领域各自的原理和技术，或是将几种原理、技术、效应或组元加以复合、应用 |
| 移植法 | 吸收和借用某一具体对象的概念、原理、思想、方法和手段。依据移植范围分为纵向、横向、综合移植法；依据技术角度可分为原理移植、方法移植、回采移植和功能移植 | 从研究问题的本质出发并通过发散思维发现已有研究成果，运用移植法的内在机制和技巧使问题得到解决 |
| 演绎发明法 | 建立在演绎推理基础上，是一种合乎逻辑的推理过程。其基本特点在于前提和结论之间存在必然联系 | 以客观事实为依据进行科学的逻辑推理。运用时注意由公理、假说和规律开展演绎 |
| 形态分析法 | 根据形态学的特点，以系统观为指导思想，运用演进的数学分析手段分析复杂事物的内在逻辑关系。该方法依据分析系统的要素及其形态产生新设想的原理，蕴含了分合思维和逻辑思维 | 由因素和形态两个基本要素构成，分为确定研究问题、因素分析、形态分析、形态分析表和方案优选 5 个步骤 |
| 联想技法 | 充分利用大脑的联想心理机制，在回忆、推理和创造过程中实现创新，分为接近联想、相似联想、对比联想、自由联想、控制联想等 | 关键在于明确解决的问题是什么以及想要达成的目标，这样才能在有意和无意间的联想过程中实现创新 |
| 信息交合法 | 在信息交合中进行创新的思维技巧，有成对列举交合、平面坐标交合和立体交合三种类型。其依据系统综合创新规律的主要原理，蕴含了分合思维原理、发散思维与联想思维以及优选决策原理 | 流程依次为确定中心—画坐标线—标注信息点—信息交合—评价筛选方案，反映了分解要素到信息交合的创新过程 |
| 类比创造法 | 通过客观事物比较而实现创造的思维和方法，可分为拟人类比、象征类比、直接类比、间接类比、梦幻类比 | 根据一定的标准和尺度，与相关的事物进行比较和对照，进而实现再创造 |
| 逆向构思法 | 从事物的相反功能进行创造和发明，也称"逆向思维法"。通过逆向思考、相反相成和相辅相成三个方面体现创新性，遵循原型—反向思考—创造的模式 | 把思维原点放在创新目标上，采用反转型、转换型和缺点型逆向构思法辅助和指导，归纳总结技术发展史中的发明创造典型案例 |
| 列举法 | 美国内布拉斯加大学教授 R. 克劳福特（Robert Crawford）在 20 世纪 30 年代初首次提出。运用发散性思维来克服思维定式，按某种规律列举出创造对象的要素，然后分别加以分析研究，以探求创新的落脚点和方案。该方法应用广泛，常用于简单设想的形成与发明目标的确定。分为属性列举法、缺点列举法、希望点列举法、成对列举法和综合列举法 | 运用分解和分析的方法，重点是将研究对象的特点、缺点、希望点罗列。分为 5 个步骤：分析现实或潜在需求—激发和收集人们的希望—分析收集的希望点，得出要研究的课题或发明的对象—投入试验和进行评价—投放市场和创造收益 |

续表

| 名称 | 特点 | 应用 |
|------|------|------|
| 智力激励法 | 又称头脑风暴法（Brain Storming）或 BS 法、自由思考法。由美国创造学家亚历克斯·奥斯本于 1938 年提出，是一种群体创新方法，是世界上最早付诸实践的创新技法。依据交流激励创新规律的主要原理，采用小型会议的组织形式，通过诱发专家的集体智慧、相互启发灵感，从而产生创造性思维 | 包括准备—热身—明确主题—自由畅想—评价与发展 5 个基本流程。要求参与者善于想象、归纳、判断和表达，8 ~ 12 人为宜 |

资料来源：笔者依相关文献综合整理而成。

### 5. 运动训练理论创新

张建华和王琳等均从认识论视角出发将运动训练理论创新界定为人们对训练活动中不断出现的新情况、新问题做出新的理性分析和科学的回答，对运动训练的本质、规律和发展变化的趋势做出新的理论概括，即其是不断发展和完善运动训练理论的过程，是事物发展的必然结果；他们还认为首创突破性理论创新、补充纠正性理论创新和还原诠释性理论创新是运动训练理论创新的基本类型（张建华，2008；王琳，2014）。运动训练理论创新的根本动力是理论内部之间的矛盾，现实动力是理论与实践之间的矛盾性，直接动力是人的思维认识内部的矛盾性。运动训练理论创新必须坚持两个基本原则：第一，坚持理论联系实际的原则，一切从训练实践出发；第二，坚持科学的思辨原则，一切从系统观出发。运动训练理论创新内容是全方位的，主要包含运动训练理论与指导思想、方法与手段、管理的创新、运动训练中的技战术、测试手段和器材设备、营养药物等。在理论创新路径方面，首先，分化与整合作为矛盾统一体，伴随着运动训练理论的发展，共同推动着运动训练学的发展，进而从理论的分流转向知识的合成是实现理论创新的一种可能路径。其次，跨学科是新时期实现理论创新的新路径。创新主体作为理论创新活动的主要承担者，是理论创新过程中唯一具有能动性的要素，而跨学科思维正是从创新主体的角度认识理论创新。最后，科学的创新往往来自实践中的问题。当旧的理论体系与新的实践活动出现不一致时，就会建立新的理论框架去解决问题，在这一过程中，只有立足于具体的实践活动，才能实现科学理论的突破与创新。

## （二）理论流派划分的科学依据和方法

### 1. 理论流派划分的科学依据

理论流派的萌芽、形成、发展、充实和创新是某一学科、研究领域或理论走向成熟的重要标识，其构成要素一般由具有较大影响力的学术群体及著作、标新立异的学术思想或观点组成。学科门类众多使得理论流派划分的依据或标准尚未完全统一，划分标准大致分为两大类：一是依据感性认识的外在表达，二是依据学理判断的内在表征。

依据感性认识的外在表达进行流派划分时，由于考察对象的直观性特点，流派与风格之间形成了密切的关系，一般来说，风格的成熟与稳定促进了流派的形成，风格的演变影响着流派的更替；流派的形成推动着风格的发展。这种划分标准常见于舞蹈学、艺术学、建筑学等研究领域。例如，在舞蹈学领域，流派风格的差异主要体现在动作特点上，李嘉琪按国家或地区将古典芭蕾分为法国学派、俄罗斯学派和丹麦学派（李嘉琪，2018)，也有切凯蒂学派、俄罗斯学派和法国学派之分（戴爱莲，2016)；余媛媛则按芭蕾大师将世界芭蕾分为六个学派，即切凯蒂学派、瓦冈诺娃学派、布农维尔学派、约翰松学派、里法尔学派和巴兰钦学派（余媛媛，2007)。在艺术学领域，创作方法是判别流派差异的主要指标，例如，三大艺术流派，既可分为古典主义、浪漫主义和自然主义（卡斯塔那雷、朱平，2006)，也可分为古典主义、浪漫主义和现实主义（范欢，2014)；还有学者从综合视角出发将 20 世纪西方的艺术流派分为未来主义、风格派、达达主义、巴黎画派、超现实主义、抽象表现、波普艺术、欧普艺术和大地艺术九类（许宁，2008)。建筑学领域的流派风格产生于 19 世纪，受到地理位置、历史文化和意识形态等多种因素的影响，风格种类也较多，例如按时期其被划分为古典时代的古希腊和古罗马建筑、早期基督教建筑、中世纪哥特式建筑、文艺复兴时期的手法主义建筑、巴洛克建筑、新古典主义建筑、折中主义建筑、现代主义建筑和后现代主义建筑等多种建筑风格。每一时期建筑风格的结构又可细分为多种形式，例如巴洛克风格可以分为意大利巴洛克风格、德国的东欧巴洛克风格、西班牙的拉丁美洲巴洛克风格、法国巴洛克风格、美国巴洛克风格和洛可可风格（欧文，2017)；也有学者将其分为净化派、重技派、粗野派、象征派、后现代派和唐风建筑，每一种流派风格都具有鲜明的特征，如重技派讲求精美的技术，象征派强调建筑的个性特征等（庄裕光，2005）。

依据学理判断的内在表征是进行理论流派划分的重要标准，通常以考察流派的逻辑起点、知识体系、研究范式和实践应用为指标，常见于除艺术学、舞蹈学、建筑学以外的其他研究领域。综观国内外学者对理论流派进行划分和命名的表象，可归为以下具体的分类方式。第一，按理论的发展脉络对流派进行分类，该种划分标准主要体现在时间维度上某种理论流派形成和发展的完善程度和科学性，例如，吴志鹏等将经济全球化理论流派依次划分为马克思主义经典经济学家的经济全球化理论流派、古典或新古典经济学家的经济全球化理论流派和当代经济学家的经济全球化理论流派（吴志鹏等，2003）；王国鹏将20世纪下半叶的西方翻译理论划分为语言学派、翻译研究学派和解构主义学派，后来随着理论学者将翻译问题融入语言学，又可将其分为布拉格学派、美国结构主义学派、英国社会语境学派、科学学派以及其他一些泛语言学学派（王国鹏，2006）；张军卫则将公司治理的理论流派依次分为古典管家理论、委托代理理论、现代管家理论和利益相关理论（张军卫，2014）。第二，按代表人物的名字分类并命名，由于中医注重师徒间的传承关系，因此该种划分依据常见于中医领域，例如，中医皮肤科主要有赵炳南学派、朱仁康学派和顾伯华学派（赵颖，2009）；川蜀中医妇科流派主要划分为卓氏妇科、王氏妇科、唐氏妇科（王金鹏，2011）；中医妇科流派的种类繁多，包括天津哈氏妇科流派、山西晋中王氏妇科流派、龙江韩氏妇科流派、上海朱氏妇科流派、上海蔡氏妇科流派、上海沈氏女科流派、浙江何氏妇科流派、浙江陈木扇女科流派、岭南罗氏妇科流派、黔贵丁氏妇科流派以及云南昆明姚氏妇科流派（孙慧明，2012）。第三，依据代表人物的学术观点，丛林将编辑学分为文化缔构派、中介服务派和信息传播派（丛林，2005）。为了进一步明确编辑的概念和本质，段乐川又将其分为选择优化派、媒介文化缔构派、信息智化派和中间服务派（段乐川，2012）。中医领域也常用该种流派划分依据，例如当代齐鲁小儿推拿三大学术流派分别是三字经小儿推拿流派、张汉臣小儿推拿流派和孙重三小儿推拿流派（李静，2012）。第四，按技艺特点进行分类，该种方法也常见于中医领域，各流派间因穴位、手法等不同而存在差异。例如，医学伤寒学术流派形成了火神派、寒温统一派、方证对应派和六经辨证论治派（郑身宏，2010）；近现代四川中医养生流派可分为医经养生派、食疗养生派、功法养生派和其他养生派（赵羚好，2016）；当代针灸流派可分为以取穴为特色和以施术部位为特色的流派、以针法创新为特色的流派、以针具改制为特点的流派、民族特色针法流派、研究针灸学术体系六大类针灸流派（张凌云，2018）。第五，按地域、国家或地区进行流派的分类和命名，该种分类从地理差异出发充分考虑了历史文化和意识形态的特色，例如，吉娜·康（Jina Kang）将知识管理理论流派划分为美洲太平洋学派和欧洲学派（Kang，2003）；欧洲会计理论可分为法国学派和德国学派（李连华、汪祥耀，2003）；谭载喜将翻译理论划分为布拉格学派、伦敦学派、美国结构主义学派、交际理论学派以及苏联的文艺学派和语言学派（谭载喜，2004）；姜燕在此基础上进行了更为细致的分类，认为美国的翻译理论可分为结构学派、翻译研究学派、解构/后结构主义学派、文化学派，德国主要有莱比锡派、萨尔派、翻译的功能/目的学派，法国有释意理论派，低地国家及以色列等有翻译研究学派、文化学派和操纵学派（姜燕，2013）。国内医学领域也常用该种划分方法进行流派分类，例如我国当代中医骨伤科医学流派可分为北方流派和南方流派，其中前者包括了河南、天津、北京、吉林、辽宁、黑龙江、河北和山东等省市，后者包括上海、广东、福建、四川、湖北和江西等省市（黎立，2009）。第六，按理论基础来源进行流派分类也是学者们划分理论流派的重要标准，这有益于科学直观地体现某种流派的理论基础。鉴于找寻理论来源的视角差异，同一理论也有不同的分类方法，例如香港学者将西方翻译理论流派分为语文学派、诠释学派、语言学派、目的学派、文化学派和解构学派（张南峰、陈德鸿，2000），还有李文革、潘文国等学者对西方翻译理论进行了不同理论基础来源的分类（李文革，2004；潘文国，2002）。在国际关系理论方面，既包括现实主义、自由主义、建构主义、西方马克思主义、理性选择、心理/认知学派（卢凌宇、胡怡，2018），也存在现实主义、自由主义、大西洋主义、欧亚主义、新马克思主义等学派（李友龙，2017）。中医理论流派的区别基准也可以理论基础的来源为依据，例如，当代美国针灸主要可分为以阴阳五行等以中医基础理论为主导的学派，以及以解剖、生理、病理等西医理论为主导的学派（郑欣，2012）。第七，依据方法和功能的差异进行流派划分，例如格罗伊特和贝雷尔将知识管理理论流派分为信息技术流派和人文流派（Gloet and Berrell，2003），国内学者左美云认为可分为技术学派、行为学派和综合学派三大学派（左美云，2000），也有学者将其分为技术学派、行为学派、经济学派和战略学派四大学派（陈建东，2007）。第八，可以按理论的传入途径为划分标准，例如美国针灸流派来源于由中国传入的中医针灸流派、由欧洲传入的五行体质针灸流派、由日本传入的日本针灸流派、由韩国传入的韩国针灸流派和美国的针灸物理医学（郑欣，2012）；也可以将认识的差异作为标准，例如李立范将编辑学理论流派分为框架流派和积累流派（李立范，1993），李欣将翻译研究划分为多元系统理论、描写译学、摆布学派、特拉维夫—卢汶学派和低地国家学派（李欣，2001）。此外，也有人将研究对象作为流派划分的具体标准，例如欧洲会计理论可以分为"拟人说"和"拟物说"两个学术派别，其中后者又可细分为业主权益理论和实体理论（李连华，2003）。综上，基于研究对象和范围、研究方法和技术以及研究视域和观点的差异，同一研究理论可以按一种或多种方式进行流派划分。例如医学领域的理论流派划分的依据或标准众多，包括代表人物的名字，代表人物的学术观点，技艺特点，按地域、国家或地区的分类，理论基础来源以及传入途径这 6 种依据。

总之，在理论流派划分过程中，一种理论可以运用一种或多种方式进行流派划分，一种具体的区分标准也可用于不同的研究理论。

**2. 理论流派划分的科学方法**

科学方法是人们在认识和改造世界中遵循或运用的、符合科学一般原则的各种途径和手段，具有主体性、规律性和保真性的特点，可分为单学科、多学科和全学科三个层次。

国内外学者通常依据流派的定义及其构成要素，采用归纳法和比较法等定性分析法对相关的文献资料进行相对主观的整理和分类，或者采用诸如文献计量学方法等定量方法对数据库资料进行科学分类。其中，定性研究主要是对具有影响力的代表人物的经典著作和理论的产生背景、逻辑起点、功能特点、演变规律和发展方向等特征进行分析，继而根据各理论研究在产生、形成、发展和完善过程中的相似性和差异性进行类别划分，由此形成的理论流派往往与人们业已具备的感性认知较为类似。例如，在教育学领域，魏昌廷提出大学课程理论流派可分为实用主义课程、永恒主义课程、要素主义课程、存在主义课程理论流派和社会改造主义课程理论流派（魏昌廷，2012）；依据成人教育的本质、目标、教学方法、师生关系和课程设置等要素，美国成人教育的主要流派依次为行为主义、人文主义、自由主义、进步主义和激进主义（黄双柳、陈华仔，2016）；根据德育的功能和特点，可将其理论流派划分为人本主义德育理论、道德认知发展理论、价值澄清理论、体谅关心理论、社会学习德育理论和社会行动德育理论六大流派（时美英，2018）。在医学研究领域，既可依据骨伤科与武术的历史渊源分为少林（佛家）流派和武当（道家）流派，又可从骨伤科的学业出身分为西学中、中学西的汇通伤科（丁继华，1990）；再如，通过归纳和比较当代齐鲁小儿推拿在诊法、治法、手法、取穴和临床应用等方面的异同点，可分为三字经小儿推拿、张汉臣小儿推拿和孙重三小儿推拿三大流派（李静，2012）。此外，其他研究领域也常用该方法进行流派划分，例如中国民族声乐分为原生态和学院派两类（胡晓杰，2017）；我国农民组织化理论流派大致分为新乡村建设学派、农民专业合作社理论流派和综合性农业合作社理论流派（魏丽莉，2013）。

　　文献计量学又可称为科学计量学，它的出现改变了理论流派划分的传统研究范式，即由相对主观的或定性的向相对科学的或定量的研究范式转变，旨在通过系统检索数据库、运用软件进行分析以及聚类的步骤划分理论流派，以此为基础判别各流派在学术群体、学术思想和学术影响之间的差异。主要软件和具体方法主要包括 SPSS 软件的因子分析法、多维尺度分析和聚类分析，社会网络分析法的作者被引和共被引、共词分析、可视化分析和聚类分析，以及数据挖掘技术等。例如，运用 SPSS 进行文献计量学分析，提出推拿治疗小儿腹泻排名前三的特色推拿流派是山东三字经流派、捏脊（积）流派、湖南湘西流派（来保勇等，2020）；毕红岩等运用 Netdraw 绘制了乙肝当代中医流派 74 位核心作者的网络关系图，发现主要有夏德馨流派、关幼波流派、王伯祥流派和汪承伯流派四个主要流派（毕红岩等，2016）；成争光采用 Python 3.7、Sati 3.2、Echarts 4.0 和 Gephi 0.9.2 等软件的数据挖掘技术将地域中医流派划分为新安医派、孟河医派、海派中医、岭南医派、吴门医派和龙江医派（成争光，2019）；刘振雷则将津沽疮疡学术流派治疗阴疽类疾病的中药分为高憩云治疗阴疽中药和张朝晖教授治疗脱疽中药（刘振雷，2020）。此外，也有学者运用该类研究范式对战略管理理论（刘林青，2005b）、知识管理理论（仲秋雁、曲刚，2011）和商业模式研究（龚丽敏等，2013）进行了科学的理论流派分类。除此之外，历史地理学方法也是进行医学流派划分的重要方法（郜峦等，2020）。

### 3. 体育理论相关领域的流派分类

体育理论的研究内容包括各运动项目的理论基础、内在机理、作用机制、专项原理和训练方法等多维层面，以及与之相关的教育学、心理学、管理学、社会学、文化学等学科理论和实践的建立、发展、创新和运用。综合性、实践性、教育性和教学性的特征使得学者们可以选择多样化的研究视角，进而形成了多元的流派分类。在体育理论基础原理领域的流派划分方面，体育社会学领域研究"体育参与"和"社会分层"关系的五大理论流派分别是炫耀说、社会区隔论、冲突论、社会流动说和不平等论（徐茜，2008）；还有学者将西方女性主义体育理论分成五大流派（李群等，2016）。在体育理论跨学科的流派研究方面，程林林等认为我国体育经济理论研究已经形成五类流派：一是以张岩教授为发起人，以柳伯力、刘青、卢锋、程林林、高扬教授等为带头人的成体学派，研究聚焦于产业融合和区域体育产业；二是以鲍明晓研究员为带头人的体科所学派，研究侧重于体育产业政策；三是以张林教授为带头人的上体学派，研究集中在体育赛事；四是以秦椿林、任海、袁旦、杨桦、王莉、林显鹏、肖淑红等为带头人的北体学派，主要研究产业组织管理及职业体育联盟；五是以王健、陈元欣教授为带头人的华中师大学派，主要关注体育场馆运营（程林林，2019）。还有学者从文化层面出发将西方体育文化分为三大类（魏伟，2014）。学校体育方面理论流派分类的研究开展较早且较为丰富，陈融认为我国学校体育理论在发展过程中具有"体育教育论"与"整体效益论"两种思想流派（陈融，1993）；杜国如则按照我国体育教育思想的发展脉

络将其分为军国民主义体育教育思想、自然主义体育教育思想、人文主义
体育教育思想和科学的可持续发展体育教育思想四种流派（杜国如，2005）。
此外，也有学者分别从方法论、学术观点（蒋德龙，2012）和史学角度
（罗时铭，2015）进行了较为客观的分类。运动项目的兴起和发展也表现
出一定的流派特征，例如张明明提出我国太极拳的五大拳种流派分别是杨
氏、陈氏、吴氏、孙氏和武氏（张明明，2014），云鑫、刘敏涛认为南狮
和北狮流派是中华舞狮的两大派别（云鑫、刘敏涛，2013），陈娟、王娟
提出依据世界体操起源地可将体操分为德国体操、瑞典体操和丹麦体操
（陈娟、王娟，2018）。

知识图谱也不断被运用到体育科学领域，陈昌盛等利用知识图谱可视
化方法揭示了推动我国学校体育理论发展与完善的学术共同体（陈昌盛
等，2016），张丹、王健运用该方法总结出我国农村体育三个发展阶段的
研究焦点（张丹、王健，2017），李立峰、王洪彪则借助 CiteSpace Ⅲ 分析
出我国公共体育服务的研究态势（李立峰、王洪彪，2017）。此外，知识
图谱还应用于国际奥林匹克（王琪、胡志刚，2011）、西方体育科学史
（王琪，2011）等研究领域以及健美操（李贵庆等，2015）、啦啦操（黄欣
茹，2017）等具体专项。

## （三）国际运动训练理论的知识体系研究

一门学科或理论知识体系的发展过程大致要历经知识萌芽、知识初
建、知识积累和知识建构四个阶段，形象地描述了其起源、发展、成熟和
创新的全过程。运动训练理论知识体系的创建时间相比体育学其他学科而
言较迟。国内外从事运动训练研究的学者普遍认为德国哈雷（Harre）博士
主持编写的《训练学》函授教材出版之前是运动训练理论的准备期或萌芽
期，之后则是形成发展期。研究者们试图从竞技体育史和运动训练学相关
著作中寻找该理论早期的雏形，研究发现，古希腊教练员早在公元前 5 世
纪就针对运动员展开了一系列简单的训练活动，但缺乏科学性和系统性
（Paleologos，1987）；1866 年由英国的麦克拉伦（Maclaren）编写的《训练
理论与实践》（*Training in Theory and Practice*）则首次完整记录了科学的运
动训练实践过程（Nicholas，2008）；我国学者以夏季奥运会早期（1896～

1940）的运动训练理论为研究对象，认为这一时期是该理论走向成熟的关键或特殊时期，呈现从基于生理学基础的运动训练理论走向以应用转化为主导的运动训练方法的特征（胡海旭，2016a）。与此同时，各个国家的运动训练理论也逐步备受重视，例如英国运动训练理论研究开始于 19 世纪中期，学者们聚焦于赛艇、田径和拳击等项目，研究者的医学知识背景既推动了该理论的迅速发展，又使得该理论与医学之间形成了密切联系（王雷等，2017）。在发展过程中，19 世纪后半段英国的训练学研究处于世界顶尖水平，直至 20 世纪初期逐步被美国赶超；20 世纪前 20 年，运动训练理论凭借教练员和运动员的努力，获得了高速发展，该阶段也成为知识的初建和积累期；20 世纪中叶该理论走向成熟和完善，形成了知识的建构期（王雷等，2017）。

也有学者依照专项和赛事赛制特征研究运动训练理论的起源和发展。其中前者的科学依据、理论基础和案例选取始于田径、游泳、体操等单项（Ozolin，1970；Harre，1969；Matveyev，1965），由于其在实践指导过程中表现出较强的指向性和局限性，因此学者们试图采用分类阐述的研究范式，且分类标准和体系渐进成熟，例如马特维也夫的《运动训练基础》（1977），普拉托诺夫（Platonov）的《奥林匹克运动员训练的理论与方法》（2005），田麦久的《项群训练理论》（1998）、《项群训练理论三十年》（2013）和《项群训练理论研究的深化与拓展》（2019）。赛事赛制特征研究主要围绕训练过程设计展开，即运动训练分期理论。它是以建立运动员最佳竞技状态为目标，具有特定训练内容和负荷的若干个训练时间序列。在历经备战赫尔辛基奥运会的训练和后期跟踪研究后，马特维也夫于 1962 年提出训练分期理论，1964 年《运动训练分期》正式出版，标志着该理论的问世。1977 年出版的《运动训练基础》，其内容在原有著作基础上被不断拓展和深化，为该理论的传播起到了关键作用。经过补充和完善后的分期形成了包括单周期、双周期和三周期（Matveyev，1977b），四周期和六周期在内的时间序列组织结构。我国的训练分期理论研究首次出现于 20 世纪 60 年代，1978 年分期理论专著被翻译并自此引入我国（马特维也夫，1978）。为适应赛事增加和赛制变化，训练分期理论在改进和重构中不断发展，钟摆分期、板块分期（Verkoshansky and Sirenko，1984）、波动训练分期

（Poliquin，1988）、反分期（Rhea，2003）等依次被提出。在多年应用实践过程中，不同分期模式在项目、赛事、运动员、能力等方面的差异发展表现出一定的规律性特征。

独特的研究内容、方法论和研究范式是理论知识体系或学科体系区别于其他的重要标识。训练理论的研究内容体系紧紧围绕"为什么练、练什么、练多少和怎么练"展开，具体由原则、内容、方法、负荷、组织安排五要素组成。例如，在训练原则方面，徐本力、陈亮、胡亦海等聚焦于一般性原则的类型归纳和演进路径进行研究（徐本力，2001；陈亮，2001；胡亦海，2019），维尔霍尚斯基和哈夫则对某些特殊能力的训练原则进行了专门性论述（Verkoshansky，1999；Haff，2012）；在训练分期方面，一方面从整体视角介绍了国际现存的 12 种分期类型的起源及特征（Vretaros，2016），另一方面基于时代趋势讨论了整合分期的理论基石和训练思维（杨国庆，2020）；在力量训练方面，克雷默（Kraemer）从知识形成的角度系统梳理了抗阻训练的发展历史（Kraemer，2017）。诚然，运动训练理论本源性、综合性、实践性的学科特征，决定了其谱系结构源自友邻学科和训练实践，运动训练科学赖以形成和发展的学科支撑体系包括社会科学和自然科学（徐本力，1990），其中社会科学包括哲学、教育学、社会学等，自然科学包括生理学、心理学、医学等。运动生物力学因其完美结合了物理和数学的科学方法而成为运动训练理论与方法的自然科学基础（Koblev，2007）。此外，训练理论的研究范式主要包括教材研究、原理研究与西方对话研究（胡昌领等，2020）。

综上可知，国际运动训练理论的起源和发展过程呈现知识不断积累、结构日益完善、意义逐步丰富的特点。

（四）国际运动训练理论的流派分类研究

国际运动训练理论在发展和继承中走向体系系统化和科学化，主要学术贡献聚焦于基本理论和专项实践、训练方法和预防监控等模块。然而，关于该理论流派的分类研究一直停留在提出阶段，其中，"欧亚"流派和"美澳"流派是我国运动训练学者田麦久教授在 1999 年首次提出的，他认为"欧亚"流派学者来自理论体系完整和严谨的俄罗斯、德国和中国等国家，"美澳"流派学者则来自侧重实用性特点的美国、澳大利亚和加拿大等国家（田麦久，1999）。国际上，对训练分期的命名也不尽相同，例如"传统分期模型"还被称为"经典分期""线性分期"，"波浪分期模型"也被称为"力量分期""波动分期"，"时序共轭分期模型"又被称为"板块分期"，并将"波浪分期"和"时序共轭分期"共同命名为"非线性分期"等。无论哪种训练分期的名称，其都是以某一个或一系列赛事为终点所安排的训练过程的时间序列，学者们试图按负荷特点将其分为"早期传统分期模型"、"中期波浪分期模型"和"晚期时序共轭分期模型"，代表人物依次为马特维也夫、博姆帕（Bompa）、哈夫、波利奎因（Poliquin）、贝克（Baker）、斯通（Stone）、维尔霍尚斯基（Verhoshansky）、邦达尔丘克（Bondarchuk）、伊苏林（Issurin）（Balyi et al.，2013；Damian et al.，2013）。由于研究者知识背景、研究方法和学术观点的差异性，德国运动训练学者也形成了各自的流派，例如美因茨大学的莱特希泽（Lighthizer）教授的研究聚焦于通过逻辑推理和数理统计方法对运动技术和运动训练的时空特点进行分析，科隆体育学院的葛欧瑟教授则擅长运用运动医学和生理学知识来解决运动训练中的实际问题，卡则尔大学的马丁（Martin）教授试图基于教育学理论和控制论、模式法和系统分析等方法揭示运动训练中的普遍规律，科隆体育学院的霍夫曼（Hoffman）教授和马德尔（Madr）博士及纽伦堡大学的瓦伊涅克博士则从运动医学视角探讨运动训练问题，比勒菲尔德大学的威廉齐克（Wilimzik）教授偏重运用数学和力学方法进行实践研究（田麦久，2003）。上述运动训练理论流派的划分是由学者们基于感性认识得出的，虽然缺乏一定的科学方法和手段，但从流派的定义出发可呈现运动训练理论系统化和科学化发展的特征。

　　文献计量学可视化工具的研发为当代运动训练研究提供了定量化手段，而鉴于知识图谱工具软件仅对 Web of Science、EBSCO、CNKI 等数据库适用，因此研究更多地体现了欧美和中国的研究态势，难以展现用俄语、德语、法语、日语等语言论述的运动训练研究成果。例如，王琪、黄汉升采用科学计量学方法中的词频分析、共词分析和社会网络分析对中、美、英三国的体育科学权威综合期刊行对比分析，总结出各国在竞技体育研究领域、范式和方法中的特色（王琪、黄汉升，2013）。此外，还有学者对国际力量训练（赵丙军、司虎克，2012）、体能训练（于红妍、刘敏，2014）、高原训练（夏培玲、王璟，2011）和篮球训练（张承毅、王毅，2016）进行了研究成果和核心作者的聚类可视化研究。

我国运动训练理论的研究起步较晚，但在"引进—消化—吸收—创新"的路径中形成了运动训练理论的"中国流"，近年来学者们尝试运用科学计量学方法中的文献共被引、关键词共现分析和多维尺度分析等具体方法进行理论流派的分类研究、知识体系的聚类研究和研究力量的分布研究。例如，金成平等首次运用科学计量学中的文献共被引方法对我国运动训练理论进行研究，通过聚类得出该领域不仅以运动训练实践为中心展开，还形成了体育理论、运动训练观念、竞技运动和竞技能力 4 个知识聚类的结论（金成平等，2016）。在此基础上，有学者进行了知识群和研究团队的分类，通过运用 CiteSpace Ⅲ 软件进行关键词共现分析和多维尺度分析，认为科学训练基础知识研究、专项科学训练系统研究和运动训练试验应用研究是我国运动训练理论的三个知识群，并形成了三个主要研究团队，分别是以田麦久教授为主的运动训练基础理论研究团队，以胡扬教授和田野教授为主的运用自然科学研究范式和基础知识的运动训练实践研究团队，以郑晓鸿教授、陈小平教授、王卫星教授等为主的通过奥运科技服务展现专项竞技能力的理论和实践应用研究团队（佟岗，2017）。此外，李雪宁将其聚类为基础、专项和应用三个知识维度（李雪宁，2019），还有学者从流派视角研究得出我国运动训练理论流派可划分为观念引领流派、能力结构流派、实践主导流派和思维范式流派，各流派在主题内容、核心作者、领军人物、经典文献以及学术特色方面表现各异的结论（贾文杰，2019）。

## （五）国际运动训练理论的差异特征研究

运动训练理论的差异特征主要表现在研究焦点、研究热点和发展历程三个方面，主要通过侧重定性研究和偏向定量研究的科学计量学方法来实现。在研究焦点方面，国外一般训练理论在运动训练计划（Grosso，2007a）、训练理论的划分（Grosso，2007b）、竞技能力增强的长期性观点（Tschiene，2004）、长距离训练理论（Hensley，2003）等方面取得了突破性进展，而运用知识图谱总结出国外竞技体育的研究重点是知识研究和跨学科的理论探索（张春合、刘兴，2014）。中国则主要对由项群训练理论、竞技能力结构模型、项目制胜规律、"三从一大"训练原则等组成的运动训练理论"中国流"进行了开拓性创新研究（田麦久，2003；曹景伟等，2004；孙景召，2010）。由于文化底蕴、管理体制和竞技体育观点的出发点和目的性的差异，不同国家或地区运动训练的研究成果呈现各自的特色。俄罗斯（苏联）、德国和中国等国家的运动训练理论呈现的相对宏观系统和完整准确的特点已得到普遍认同。例如，训练学学科名词、训练分期、超量恢复理论及力量训练的争论和充实是德国训练学的重点研究方向（陈小平，2001a；Schnabel et al.，1997）；综合移植和应用相邻学科知识起源于田径专项训练（田麦久，2003）。在丰富学科理论和立足运动训练实践的基础上，我国运动训练理论各研究团队围绕经典和新型概念与理论展开本源性、综合性和实践性研究（佟岗，2017），但仍存在复杂类研究少于简单类研究、自主创新少于移植模仿研究、实证操作研究少于基础理论研究等问题（李宝泉、李少丹，2014）。在竞技体育职业化和市场化的催化下，美国、澳大利亚和英国等国家的运动训练理论的研究成果则趋向于实用性和具体化。例如，学者们聚焦在游泳和田径等项目的训练理论和方法论研究上，虽然理论体系的系统性不强，但具有较好的实用和应用价值（黄汉升，1993）；研究内容则集中在如何经济有效地提高力量水平（Issurin et al.，1994）、振动与爆发力（Issurin et al.，2001）、速度（Issurin et al.，2001）等身体素质，以及进行科学预防损伤、适时监控、探索新方法（居祥伟，2011）、提升专项能力、重视恢复过程和提高运动成绩（谢正阳等，2019）等操作性和实用性极强的领域；研究方法则以实地测试、实验对比和系统观察等实证法为主（居祥伟，2011），同时注重新型科学技术和多学科融合的转换和移植（谢正阳等，2019）。

　　研究热点是某一学科或理论在一段时间内被学者们突出研究的内容，常依据文献材料进行逻辑思辨或运用文献计量学方法进行图谱聚类。例如，完善竞技运动理论、合理安排长短期训练和培养高水平运动员是俄罗斯和乌克兰现有研究的主要热点（许琦、李昌军，2003）。在体能训练方面，国外专注于力量训练研究，国内的研究领域则较为分散，表现在体能训练、运动员和运动训练等方面（周陶泽慧，2019）。运用知识图谱方法，总结出我国运动训练理论研究在 1998～2015 年的研究热点包括体育理论、运动训练观念、竞技运动、竞技能力 4 个领域（金成平、李少丹，2016），还有学者运用该方法探讨了 1983～2015 年（张宗银，2016）和近 20 年（田昕，2020）我国运动训练理论的研究热点，由于所选择时段的差异性，我国训练理论在不同时期呈现共性和个性特征。吴通则从专项视角采用知识图谱可视化方法得出我国游泳项目围绕训练对运动员机体的影响这一主轴展开的结论（吴通，2019）；为了更直观显示短时期内的研究热点，张莉清、刘大庆通过逻辑思辨的形式得出我国近五年以体能、分期、青少年理论与实践为着眼点的结论（张莉清、刘大庆，2016）。

实践是理论形成和发展的基石，学术积累就是追求量变到质变、简单到复杂、零碎到系统的过程，可能呈现直线式、阶梯式、跳跃式、层叠式、累进式等多种发展形式。国际运动训练理论就是以训练实践为中心，在反思和进步中循序渐进地实现积累和突破。学者们按照训练理论发展的基本脉络常依据"三阶段"和"四阶段"的标准进行阶段划分。"三阶段"的划分，例如，田麦久提出萌芽、形成、深化扩展是 20 世纪运动训练学的发展过程（田麦久，1999）；陈小平将德国训练学划分为准备形成、快速发展、变革时期三个阶段（陈小平，2001a）；俄罗斯和乌克兰训练学理论被分成 20 世纪 30～60 年代的萌芽阶段、60～80 年代的形成阶段以及80 年代以后的完善和发展阶段（许琦、李昌军，2003）。"四阶段"的划分，例如德国的马丁教授将德国训练学的发展划分为专项训练理论和方法的研究、对实践的经验和知识予以运动医学的科学解释、将专项训练理论总结归纳为一般训练理论、一般训练理论服务于竞技体育四个阶段（田麦久，2003）。

我国学者对运动训练理论的研究与国外发达国家相比起步较晚，第一部《运动训练学》著作于 1983 年出版，之后便陆续出版了由过家兴、田麦久、徐本力、董国珍等学者主编的不同版本的教材，加之运动训练理论相关课题、著作、论文、专项实践等研究成果的积累和完善，日益形成了具有中国特色的运动训练理论。关于我国运动训练理论发展脉络的划分方式有三类，第一类是从运动训练理论发展从量变到质变的总体动态趋势出发进行划分，学者们均认为引进与借鉴是我国训练理论发展的第一步（胡亦海，1999；曹景伟等，2004；吴贻刚，2008；吴长稳等，2012；赵鲁南，2013），并提出 20 世纪初已基本完成量变积累，之后则是质变提升和突破的关键期（邓运龙，2007）。学者们从不同角度对从量变转化到质变的过程进行阶段划分，例如吸收借鉴、拓展完善、创新提高和期待展望的划分方式（曹景伟等，2004），吴贻刚、吴长稳、赵鲁南等学者也探讨了其他形式的阶段划分。第二类是以时间轴进行划分，21 世纪初期我国训练学学者徐本力教授进行了较为细致的划分，将其分为了 2 个宏观的发展时期（1953～1981 年和 1981 年至今）和 8 个具体的发展阶段（1953～1957 年、1958～1962 年、1962～1975 年、1976～1980 年、1981～1983 年、1983 年至今）（徐本力，2004）；肖涛基于典型事件将该理论依次划分为起源及形成阶段、缓慢发展时期、发展和完善阶段、蓬勃发展阶段（肖涛等，2006）；唐晓辉、李端英则大致分为从经验到科学的发端和形成与拓展两个阶段，其中前者又可具体分为 20 世纪 50 年代初至 60 年代中期的引进和吸收、60年代中期至 70 年代中期的停滞和 70 年代中期至 70 年代末的恢复与发展三个时期，后者则分为 20 世纪 80 年代初至 90 年代末的形成与完善以及 21世纪以来的纵深拓展 2 个时期（唐晓辉、李端英，2008）；李雪宁采用科学计量学方法按时间脉络及其驱动原因将其分为建立与完善期（1998～2002年）、快速发展期（2003～2008 年）和融合与应用期（2009～2017 年）三个历史阶段（李雪宁，2019）。第三类是从运动训练学学科发展的视角进行阶段分类，例如基于范式理论角度将其分成系统化发展阶段和深入细化阶段（唐晓辉、李端英，2008），以及基于一般、专项和项群理论的起源、发展和完善视角提出的五阶段分类法（宋娜梅，2013）。此外，徐本力从运动训练方法的结构进行了演进阶段划分，依次为 19 世纪 90 年代至 20 世纪头 10 年的简单练习阶段、20～50 年代的单一训练法阶段、60 年代的综合训练法阶段和 70 年代至今的模式化训练法阶段（徐本力，1999）。综上，国内外有关运动训练理论与方法的发展阶段因划分标准的不同而不统一。结合之前多位学者的观点与优缺点，本书认为对该领域的研究大都采用主观研判后的定性划分方式，而没有讨论阶段所处的时代背景，以至于各阶段的时代重合度不高。

### (六) 国际运动训练理论的发展创新研究

#### 1. 国际运动训练理论的发展方向研究

依据理论创新的类型可将其分为原理性创新和操作性创新，其中前者对于学科理论的发展具有重要推动作用，例如训练理念、观念、制度相对系统和宏观的构件，其具有创新周期长和难度大的特点；后者则有操作性相对较强的训练方法和手段等具体要素，具有易实施和突破的鲜明特点。运动训练理论自开创以来在原理性和操作性创新层面都实现了不同程度的突破，例如德国力量训练研究将永远走在科学研究的最前沿作为创新的突出特点，并在反射力量中取得突破性成果（陈小平，2001）。我国运动训练理论的创新研究涵盖辩证协同运动训练原则（田麦久，2019b）、竞技运动价值与功能（刘爱杰，2016）、竞技运动双核结构特征（高平，2014）、项群训练理论的深度应用（陈亮，2017）、竞技参赛的基本原则（田麦久，2012c）、专项竞技制胜规律与奥运冠军特征模型（余银，2016；高平、管健民，2019）等。

厘清训练理论的未来发展方向是确立创新途径的关键，例如从一般竞技运动理论的角度完整地看待和研究运动训练问题、对运动训练的微观层次进行研究、重视研究影响训练与比赛的社会学因素、高水平运动员培养体系的研究是俄罗斯训练理论的研究趋势（许琦、李昌军，2003）。谢正阳等根据欧美运动训练理论的研究热点提出青少年运动员与成人运动员训练的区别对待研究、如何延长精英运动员的运动生涯、集体球类项目核心球员的培养与训练等 5 个方面是未来训练理论的突破方向（谢正阳等，2019）。我国学者从具体内容体系及发展理路提出了重点研究和突破方向，例如重视宏观和微观层面的发展以期达到分化发展和高度整合的目的（刘大庆等，2013）；项群训练理论的未来发展方向应尝试与社会体育、校园体育和青少年体育相结合（邓飞，2016）；新时代训练学理论中国化研究应该朝着三个重点方向去研究，分别是中国方案——中国优势项目训练成功规律，方法论自觉——积极应对面临的挑战，转型过程——探索复杂性研究范式（胡昌领、李少丹，2020）。

## 2. 国际运动训练理论的创新途径研究

理论改革、创新和发展最深厚的源泉为实践，实践通过问题媒介反映实践的需求，进而指导实践的下一步发展。实践中不断涌现的"苦恼的疑问"是实践的特有魅力，也是理论改革、创新和发展的奥秘所在。运动训练理论在历时数十年发展中正是在"实践—问题—理论"的循环往复中逐步走向成熟和完善的，但运动训练实践的困境证明仍然存在待解决的理论问题。长期以来，国内外学者致力于训练理论的日益完善、训练与恢复的协同关系、训练与比赛、如何将现代科技全面有效介入训练全过程、动作技能的习得与控制等原理性和操作性问题（Matveyev，1998；田麦久，1999；Balsevich，2007；陈小平等，2012）。关于对创新的认识，学者们一方面基于创新的要素指出创新的核心、中介和外在表现（刘钦龙，2007），另一方面基于哲学思考指出创新的类型、动力、原则（张建华，2008）。

原理性创新主要集中在训练理论、训练观念、训练思维等方面的创新。基于遵循理论联系实际和基于训练实践问题进行研究的基本创新原则，提升训练理论原理性创新能力的路径包括：第一，由"学科嫁接"向"学科联姻"转型，多学科交叉和融合研究是摆脱运动训练理论困境和实现快速创新的重要路径（佟岗，2017；匡志兵，2015；金成平、李少丹，2016；刘宁等，2018；吴通，2019；金成平等，2021）；第二，以综合训练实践为中心是解决训练理论路径依赖和制度根源的重要途径（胡昌领、李少丹，2020）；第三，基于复杂性科学视角实现运动训练自主性理论和制度创新（胡永红，2016）；第四，从研究范式上进行突破，将定性和定量研究方法进行多维有效的融合，既实现从"描述性研究"转向"实证性研究"，又从"实证性研究"转向"解释性研究"（李雪宁，2019）；第五，依据运动项目的发展特点具有差异性的现实，寻求特殊的创新模式，例如优势项目坚持自主创新模式，潜优势项目的"消化—吸收—再创新"模式（刘钦龙，2007）；第六，运用高科技设备和方法补充、更新和改进训练理论（资薇等，2019）。

操作性创新应当是全方位的，不仅体现在训练周期及节奏安排上、训练方法手段上、技术和战术上，也体现在设备器材、服装用品和训练管理等各个方面（周莹、刘洪图，2005）。在操作性创新的认识研究方面，学者们就运动技术创新的过程和动力因素（刘建和，1993），技术创新与理论支撑、训练方法手段、场地器材和管理制度等因素之间的相互促进和支撑关系（吕万刚，2004；刘建和、李林，2005）展开了讨论。训练方法的相对活跃性特点使得学者们尤为关注训练方法的创新，他们认为训练科学理论转化为训练成果过程中创新的训练方法是解决训练问题的本质。实现训练方法创新的基本规律和路径可归纳为：第一，训练方法的创新得益于科学技术的进步（Verkhoshansky，1996；吴贻刚，1999b；杨群茹、刘建和，2018）、运动项目制胜规律的探索（刘爱杰、李少丹，2007；李少丹，2007；李雪宁，2019）以及器材设备的改进（陈小蓉，1994）；第二，运动训练方法的项间移植是实现训练创新和提高训练效益的重要途径（陈笑然，2005）；第三，训练方法创新可尝试通过诸如猜测、想象和顿悟等创造性心理活动实现（刘爱杰、李少丹，2007），或尝试从训练负荷、训练恢复和心理调控等方面入手实现突破（虞荣娟、绽小霞，2007）。

### （七）研究综述总结

运动训练实践及众多邻近学科共同催化了运动训练理论的形成、发展和完善，继而促进了竞技体育理论的迅速发展。回顾当前关于国际运动训练理论的学术成果，学者们主要在流派类别、知识体系、差异特征和发展创新等模块进行了相对详细而全面的论述和概括，综合而言可归纳为以下四个方面的研究特点和不足。

第一，国际运动训练理论的论述和研究有着明显的风格与特点，这已得到国内外研究的部分证实；目前针对部分典型国家的阶段性评述已经展开，并展现出了国家间的相似性与差异性。然而，当前研究相对零散，类型划分依据不明或较为主观，尚未从流派的视角做出系统性判断与比较。

第二，国内外对某些国家或某些领域的运动训练理论历史沿革研究相对丰富，但针对地域特征的研究缺乏对学术伦理、学术传承、学术制度等内在机制的讨论；针对学科领域的研究或没有论及友邻学科发展的支撑作用，或割裂了与相关领域的联系。

第三，创新是运动训练理论发展的内在原动力，关于运动训练创新的现有研究主要是操作性的运动训练方法与手段。学科创新应通过核心问题、基本概念、基本理论、体系架构等的创新共同实现，目前关于运动训练理论创新的研究尚未立足于学科层面，亦没有得出创新的一般性规律。

第四，不同国家、地区、学者对运动训练理论认知和论述的差异，既与创立者和研究者的学科背景有关，也深刻受到赛事赛制及社会环境变革等多维因素的交互影响。已有研究成果主要就展示外在表现特点的纵横演进和比较进行了描述或归纳，缺乏对造成差异的内外动力分析。

### 三　研究思路与研究方法

#### （一）研究思路

运动训练理论的形成、发展、完善和创新受到各国运动项目的错位发展、对制胜规律的认识和揭示、邻近学科的发展和推动、竞技体育管理模式的优势和约束、体育赛事的制度变革等因素的制约和推动。为此，本书基于以下研究思路和路径考究国际运动训练理论流派的历史演进和创新规律。首先，构建运动训练理论流派划分与观测的指标体系；其次，选取竞技体育发展较好，或运动训练理论的研究成果相对丰富的国家和地区，本书最终选取美国、澳大利亚、中国、俄罗斯、德国、英国等国家，通过对上述国家典型学者的经典运动训练理论学术著作的分析，划分并验证国际运动训练理论的主要流派；再次，通过对运动理论主要构件的历史梳理与逻辑辨析，判别各流派在运动训练原则，运动训练内容及对应的训练方法、负荷安排，运动训练分期中的区别和联系；最后，基于流派认知视角得出我国运动训练理论发展的启示。运动训练理论研究技术路线见图 1-1。

#### （二）研究方法

##### 1. 文献资料法

文献资料法是通过线上和线下结合的方式查阅和收集相关资料，进而对其进行分类整理和概括总结，最后考究资料在时空维度的逻辑性和完整性，为了解该研究方向的国内外研究动态、确立研究结构和寻找充实的证据链提供间接理论知识。本书的线上文献资源包括以"运动训练理论""运动训练学""运动训练""学术流派""学派""流派""创新"等为主

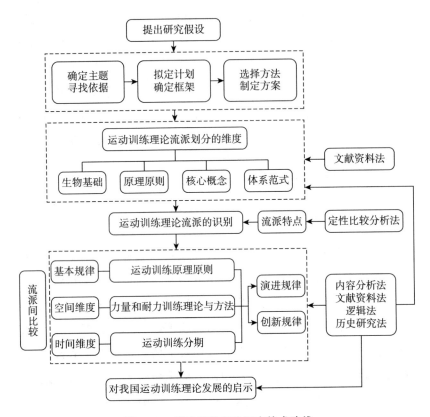

**图 1 - 1　运动训练理论研究技术路线**

资料来源：笔者自制。本书图表若无特别注明资料来源，均为笔者依据相关文献自制。

题词进行系统检索和文献互助两种形式，前者涵盖中国知网 CNKI 系列数据库、万方数据知识服务平台、超星期刊、超星读秀学术搜索、超星发现、超星书世界等中文学术网站，以及 Web of Science（英语、西班牙语）、世界图书馆（http://abu. cnam. fr/）、世界最大的社会科学文献网站（ICPSR）（http://www. icpsr. umich. edu/icpsrweb/ICPSR/）、美国国家学术出版社（http://www. nap. edu/）、荷兰的 Delpher（http://t. cn/8kFhioi）、德国比勒费尔德学术搜索（http://t. cn/7xLkL）、澳大利亚国家图书馆（http://t. cn/7GYcd）、日本国立国会图书馆近代电子图书馆（http://t. cn/zOAi6Si）、澳大利亚国立大学 ANU 电子出版库（http://dspace. anu. edu. au/）、意大利电子书网站（http://www. ebookgratis. it/）、https://digi20. digitale – sammlungen. de/（德语）、http://dlib. eastview. com/（俄语）等外文网站；互助文献通过百链学术（http://www. blyun. com）和 WorldLib 平台获得。线下文献资源方面，笔者先后到国家图书馆、北京体育大学图书馆、上海体育学院图书馆、苏州大学图书馆、福建师范大学图书馆等单位查阅资料。所收集著作、教材、期刊和经典案例的内容包括以下几个方面：一是关于国际运动训练理论与实践的起源和发展；二是关于国际运动训练理论的流派分类；三是关于国际运动训练理论的时空体系；四是关于国际运动训练理论的演进和创新规律；五是相关科学成果和社会历史背景；六是相关创新理论、方法和方向的知识体系。

### 2. 内容分析法

内容分析是对文献内容量和质的分析，辨析文献表达信息的重点，以便识别某些问题的倾向、态度、立场等变化规律。与文本分析和话语分析相比，内容分析的研究对象可以是任意一种可被传播的信息，包括文字、图像、符号、视频、音频等记录在案的资料，并通过标准化、系统化、可量化的过程加以演绎，用以验证研究问题或假设。

本书划分国际运动训练理论流派后，为识别各流派不同训练理论组件的历史演进与创新规律，在确定研究问题和选取样本的基础上，通过如下步骤开展内容分析。①确定分析单位和记录单位：本书的记录单位为识别某一特定的有意义的文本或段落，当文本中缺少界定部分，或当内容分散于不同段落，需要认真阅读相关内容进行人工界定。②类目构建和制定编码方案：通过编码名称出现的频率高低比较其重要性。③编码：依据考察运动训练理论相关内容的不同维度，归纳或开发演绎的先验编码表，这一过程又包括开发可行编码和验证编码可靠性两个环节。④信度和效度测试：两名及以上编码者需具有高度一致性（一致性 ≥80% 或 kappa 统计量 >0.61）。⑤编码录入后，运用分析构念和具体方法处理编码获得的数据，分析数据模式的关系，以便做出统计推断，如相关分析、聚类分析等。

本书采用 Jaccard 相关系数度量不同运动训练要素间的相关性，由于该系数主要用于计算符号度量或布尔值度量的个体间相似程度，因此无法衡量差异具体的大小，只能得到"是否相同"的结果，故只体现个体间共同具有的特征是否一致，若 Jaccard 值越大表明相似度越高，反之则说明相似度越低。Jaccard 相关系数的具体算法如下：

$$J (A, B) = | A \cap B | / | A \cup B | = | A \cap B | / (| A | + | B | - | A \cap B |)$$

### 3. 定性比较分析法

定性比较分析（QCA）是一种不对称的数据分析技术，它结合定性方法的逻辑和经验强度，具有丰富的上下文信息与定量方法相结合的特点，可以处理大量的案例。QCA 技术具有多种类型，包括清晰集定性比较分析法（csQCA）、多值集定性比较分析法（mvQCA）、模糊集定性比较分析法（fsQCA）。本书选择 fsQCA，其原因主要在于它可以选取 0 和 1 之间的部分，允许集合分数刻度化，避免严格的二分法所造成的分析误差，保证结果编码和结果子集关系的一致性。

本文采用 fsQCA 对国际运动训练理论流派进行划分。具体步骤包括：①遴选合适案例：选择国内外具有典型性的运动训练理论学者及其代表性学术著作；②确定结果变量：运动训练理论学者的地缘或学缘；③确定条件变量：运动训练理论流派划分的识别维度；④构建真值表：依据结果变量和条件变量，将遴选案例编入模糊集真值表；⑤软件精简运算：使用 fsqca 3.0 软件运算，得出运动训练理论著作对流派划分维度的组态结果。

### 4. 逻辑法

逻辑法表现为多维比较、分析综合和论证推理，是人们正确认识并推理事物的一种思维方法。本书通过正确运用逻辑法，合理架构本书的逻辑结构和脉络层次，旨在保障本书的逻辑性和系统性。研究过程中对国际运动训练理论的发展历程进行剖析、归纳和总结，依据流派识别维度对国际运动训练理论主要流派进行划分和验证，并从时空要素两个维度阐述、论证和提炼不同流派的演进规律和创新方法。

### 5. 历史研究法

历史研究法是对所收集到的客观历史资料，依据发展脉络对某个事件或行为按照时间顺序进行纵向研究。本书隶属基础理论研究范畴，研究过程中需要大量收集和整理国际运动训练理论的历史资料，从训练实践的作用价值、科学理论提出、社会历史背景三个方面综合考量，了解和梳理不同时期运动训练理论主要流派的学术贡献和演变历程。

## 四 研究目标与重难点

### (一) 研究目标

本书意在以田麦久教授关于运动训练理论存在"欧亚"流派和"美澳"流派的感性判断为研究假设,在验证运动训练理论流派存在的基础上,对各流派的表现形式、历史演进、创新规律等一系列问题加以讨论,具体目标如下:

(1) 流派辨别:确立国际运动训练理论流派的科学标准;

(2) 流派认知:归纳国际运动训练理论流派的基本特点;

(3) 流派沿革:总结国际运动训练理论流派的演进规律;

(4) 流派拓进:提出国际运动训练理论流派的创新规律。

### (二) 研究的重点和难点

#### 1. 研究重点

本书的研究重点为国际运动训练理论不同流派的内容特征、演变规律与创新规律。

#### 2. 研究难点

本书的研究难点为:第一,国际运动训练主要流派的辨识和验证,以及如何区分其各自在发展和演进过程中的交互作用;第二,在世界竞技运动国际化交流日益频繁的背景下,如何理顺各流派专项训练理论与一般训练理论的关系。

# 第二章
# 国际运动训练理论流派的划分

## 第一节　国际运动训练理论流派划分的变量设计

### 一　学术流派识别的主要观点

　　学术流派，即学派，然而并没有学者对"学派"和"流派"做出细致区分，仅将"学派"作为"学术流派"的简称。"流派"在《辞海》和《现代汉语词典》中的解释分别是"因诠释主张不同而形成的门派"，"由于学说、观点不同而形成的派别"，上述释义侧重于"主张、学说、观点"的关系。《牛津英语大辞典》的解释为，学派（"school" or "school of thought"）是"在哲学、科学、艺术等某个理论的或实践的知识领域内，由于受教于同一大师，具有相同的师承关系，或因原理方法和风格上的普遍相似而联系在一起的学者群体，他们遵循共同的教义、原理或规训，甚至规范的话语"。

　　国内外不同学者对于学派也有着各自的认识，并在其研究中给予了操作性定义。其中，卢凌宇认为科学研究中的学派是坚守某种价值或信念的学术共同体，在政治学派中，学派的领袖要么具有出色的行政领导能力，要么拥有强大的学术创新能力，且最好二者兼有（卢凌宇，2010）。俞正樑提出在国际关系理论中，学派是指"某一特定研究群体，他们研究旨趣相似，理论导向相同，思想倾向相仿，学术风格相近，由师承关系不同、观察事物角度不同以及对现实与趋势判断不同而形成的学术流派"（俞正樑，2005）。然而田湘波、李金龙与之观点不同，他们认为在衡量社会科学学派时采用的标准是"由持相同学术观点而集结成的同人群体"（田湘波、李金龙，2006）。虽然中国传统的学派划分标准大致以师承或地缘为标准，但在当代似乎并不适用，这是由于教育制度的变革以及学术繁荣等，学者每每师承不明。张婷综合以往定义后认为，这些定义并没有完整地展现出学派的特征，也没有着重强调学派形成的根本标志，即完善的学术思想体系、规训制度以及特有的语言符合系统，由此着眼于学派文化将其界定为在"某个理论的或时间的知识领域内，因相同的师承关系或概念范畴、原理、方法和风格上的普遍相似而联系在一起的，具有完善的学术思想体系、独特的语言符号系统和特有的规训制度的学术团体"（张婷，2007）。

通过梳理国内外相关文献，以及综合黄明东等学者的观点（黄明东等，2015），本书认为学派概念的内涵中至少应该包括 7 个要素，即相同的学科（discipline）、相同或近似的观点和学术信念（view）、相同的理论基础和范式（theory）、相同的师承关系（核心人物、学术领袖）（relationship）、相同的学术符号系统（学术用语、概念、语境）（symbol）、相同的研究对象（object）、共同结成的一个集体（学会或研究机构，具有组织性、排他性、群体性）（group），而且在"学派"这 7 个构成要素"DVTRSOG"中，能够具备其中的任意 3 个要素便可将其称为学术流派。

## 二 国际运动训练理论流派划分的变量

本书选择学术观点、体系范式、研究纲领 3 个学派要素作为变量划分标准，并通过对代表人物学术著作的考察辨析流派归属。

### （一）学术观点

学术观点（Academic or Scientific Claims）是学术信息交流的重要内容，在学术研究过程中，研究者需要发现研究领域的科学问题，进而分析问题提出解决方案（徐健等，2021）。

**1. 理论观点型核心概念**

学术创新需要在探索客观世界和社会问题的基础上，对问题有独到的见解，并提出浓缩于这一见解的核心概念及阐释其思想的概念体系，使之成为独到的学术话语体系，并在学术界和实践界获得广泛影响力。所以，学术创新同学术概念创新密切相关，但又比概念创新包含着更为丰富和深刻的思想内涵。

概念是在头脑里形成的反映对象本质属性的思维形式，人类在认识过程中，从感性认识上升到理性认识，把感知事物的共同本质抽象出来，加以概括便形成了概念。黑格尔指出，科学只有通过概念自己的生命才能成为有机的体系。任何一个学科的核心素养由学科事实或概念、学科核心概念、学科方法、学科思想、学科思维与学科价值观构成（李润洲，2018）。依据抽象概念与概念体系涉及和适用的范围，核心概念的类型之一便是理论观点型核心概念（欧阳景根，2006），该类概念适用于或涉及某一种理论观点，经由此类概念可以提出分析某种理论问题的视角。

对于运动训练理论甚至竞技体育理论而言，提高运动员的竞技能力和在比赛中表现出已具备的竞技能力是两个最为重要的命题。由于对竞技性比赛的关注以及优异比赛成绩价值判断的不同，运动员的竞技状态是否可以测量存在争议，因此，竞技状态的周期性变化是经典分期理论的基础，强调对运动训练过程系统规划的俄罗斯（苏联）、乌克兰、中国等国家均将竞技状态这一概念置于突出地位；与之相对，聚焦职业赛事和注重操作方法的欧美国家，对这一概念相对淡化甚至较少提及，故具有观点型核心概念的特点。

**2. 运动员负荷承受的生物学基础**

缺乏理论基础的讨论仅是表面经验性的辩论，反之，若在理论层面站稳根基，便可借助理论来挖掘经验现象之中那些本已被忽略的事实，正如卡斯米尔（Casmir）所言，使用的理论会影响所看见的实在（reality）（Casmir，1994）；没有相关的理论辩论，便难以掌握丰富的经验现象。运动训练之所以能使运动员竞技能力提高，其本质原因之一在于运动员承受训练负荷后机体能力和能量底物适应性的提高，而解释这一过程生物学基础的差异便具有了学术观点属性。

国外著名生理学家自19世纪末开始关注运动对人体生理功能的影响，例如德国学者苏恩茨发现了膳食对能量代谢的作用（Zuntz，1911），法国

科学家萨尔考维斯基（Salkowski）分析了肌肉收缩时磷酸盐的释放现象
（Zuntz，1911），英国科学家阿奇博德·希尔提出了"氧债"学说（Hill，
1938）；等等。20 世纪 30 年代，加拿大学者西利（Selye）从病理学角度
提出了生命的"应激"和"适应"问题，机体对于非专门性病源刺激的反
应被称为"一般适应综合症"（GAS），此后他又提出了"应激反应"报
警、抵抗和疲惫 3 个阶段（Selye，1936）。以此为基础，美国著名游泳教
练员康希尔曼（Counsilman）提出了"运动训练的高级适应循环"，它以
"负荷上再加负荷"为基础，认为当负荷达到某一特定高度时，机体虽然
也有适应发生但不再继续恢复（陈小平，2017）。1972 年，苏联运动生物
化学家雅克夫列夫（Jakowlev）提出了"超量恢复"理论，认为运动能力
的提高是在更高层次上建立新的"平衡"，进而提出"运动训练的超量补偿
循环"模型，即适应的发生是一个"负荷—无负荷—加大负荷—无负荷"
的训练恢复模式。1981 年，马特维也夫综合了二人的观点，认为运动训练
过程需要处于一种长期不完全恢复和训练末超量恢复的状态，训练循环末
期，通过降低负荷，累积训练的整体效应，进而实现竞技能力的增强，即
"负荷—适应的循环超量恢复"模式（胡海旭，2016b）。然而，无论是康
希尔曼的训练应激还是雅克夫列夫的超量恢复，都不同程度地受到了质
疑。如"超量恢复"至今仍在许多方面缺乏科学的证据；肌糖原的超量恢
复现象扩展到整个运动训练机制；"应激"理论同样缺乏大量具体实验数
据的支持，目前的科学理论和技术还无法做到精确的量化解释（陈小平，
2017）。或许因为两种理论来源于当初意识形态不同的国家，运动员负荷
承受的生物学基础在不同流派中分别占据主流，进而也会产生注重训练过
程的系统性规划和监控训练负荷的区别。但它们又因对运动训练实践所起
到的基础性决定作用，所以可认为是代表了两种学术观点，进而对各自理
论的建构起到了重要的支撑作用。

（二）体系范式

理论是一种客观规划，是人们经由实践概括出来的知识系统结论，因
此理论需要一定的假设和方法。范式（paradigm）源于希腊文，库恩（Ku-
hu）在《科学革命的结构》中使用了这一概念，认为不同的范式规定着各

自领域内应该研究什么、如何提出问题以及解决的问题，科学范式是由许多相互联系、彼此影响的命题和原理组成的系统整体（曾令华、尹馨宇，2019）。学派和范式有所不同，前者包含了历史因素和偶然性，但后者则只是应然的逻辑归纳，然而学派作为一种公众性认知，则可以通过范式这一种理论的系统性界说予以判定（胡易容，2020）。

### 1. 学术著作的结构

研究的范式从本质上讲是一种研究的理论体系，如果在理论论述中不能确立一种结构性范式，那么也很难产生实质性成果。学者对于理论所应解决问题的认识，决定了其建构理论体系的基本结构。所谓理论的体系是指运动训练理论的构件组成系统，由于完整的理论所涉及内容与知识庞杂，故不同学科的理论多采用模块化结构予以构建。

对于运动训练理论应该涉及的内容，田麦久的观点是，"服务于运动训练实践的理论研究，涉及运动训练活动的基本准则即运动训练原则，以及训练内容、训练方法、训练负荷、训练安排 5 个构成要素，分别回答训练实践对于理论指导的需求"（田麦久，2017）。余银、胡亦海从解决训练实践出发，认为理论应该逐一回答"为啥练、练什么、练多少、怎么练、练咋样"等一系列问题，具体对应于竞技体育的本质、功能、价值，竞技能力与状态，负荷量度及状态程度，训练的特点、原则、方法、组织、结构，以及运动人体监控指标与评价体系 5 个部分（余银、胡亦海，2019）。这一观点借鉴了欧盟申根国家统一使用的《运动训练理论与方法》教材，即认为该理论主要集中在理论框架、基本规律、系统结构、方法手段、竞技能力、训练负荷、过程安排和过程监控 8 个方面。

### 2. 理论的原理与原则

原则是依据客观规律而必须遵循的基本准则。原则的提出并非畅想，而是有依可循的，通常沿着事物"规律"—"原理"—"原则"的逻辑演进，这一由感性认识向理性认识的进程是科学理论原则提出的必由之路。运动训练理论的范式建构具有主观性，这一过程与学者认识到的运动训练规律紧密相关，学科目标理应关注运动员竞技能力的提高与变化过程，是否意识到这些规律的存在，并将其准确、完整地提炼出来，反映了运动训练理论流派的学术关注。为此，对运动训练理论原理或原则的专门性表述可以作为学术流派的考查维度之一。

运动训练规律是运动训练系统内部各构成因素之间以及它们与系统外部各相关因素之间在结构与功能上的本质联系和发展的必然趋势。这些本质联系是不依人们主观意志转移的客观存在，并在运动训练活动中不断重复出现。田麦久提出，为了科学地确立能够反映运动训练活动客观规律的训练原则，首先要正确认识和把握运动训练与比赛活动中运动员竞技能力构成、变化与表现的规律。其中，竞技能力的构成规律包括竞技子能力的整体性、互补性、权重性、靶向性；变化规律体现在影响因素、训练负荷效应、负荷后的恢复 3 个方面（田麦久，2017）。

### 3. 理论体系型核心概念

在概念体系中，理论体系型核心概念是对其所置身于其中的某一学科以及相关学科的研究产生里程碑式的影响的核心概念，它的出现和界定，预示着此后的学科发展需要在这种新的研究传统、纲领或范式下，运用新的研究方法、从新的视角开展新的研究，即产生"范式革命"。因为这类概念是理论体系的基石，所以理论体系的建构过程又可以理解为理论体系型核心概念的建构过程。正如库恩所说，"范式一改变，这个世界本身也将随之改变"（库恩，2003）。

田麦久等认为，在生产运动成绩这一社会组织体系中，运动训练的从业者的行为目标包括在训练中提高运动员的竞技能力，培养和控制运动员的竞技状态，以便最终在比赛中创造理想的运动成绩（田麦久等，2020）。换句话说，包括运动训练在内的所有竞技体育活动，都应以围绕着获得优异比赛成绩展开，由此看出，运动成绩的概念以及对其决定因素的认识，可以为整个科学共同体提供新的研究方法、问题领域和解题标准。现实中，由于不同国家竞技优势项目不同，依据竞技优势项目建构的训练理论势必与优势项目专项特征本身存在关联。对于可测量类项目，相对公平的评判标准和不存在直接对抗的竞技过程，使得优异成绩的获得更多表现为运动员竞技能力的自身发挥。与之相比，打分类项目对裁判员的道德与业务水平提出更高的要求，对抗性项目优异成绩的取得较多受制于对手的竞技表现。

## （三）研究纲领

科学研究纲领理论由英国哲学家拉卡托斯（Lakatos）提出，并于 2003

年经全国科学技术名词审定委员会审定发布。他认为，人们对科学的评价往往不针对单独的理论，针对的是具有相同硬核、可变的保护带和正反启发法的理论系列；一个成功的科学研究纲领可以通过调整保护带不断产生新的预见并得到确证，这就导致了进步的问题转换；而当一个研究纲领不能预见新的事实或预见长期不能证实时，就形成了退化的问题转换。从研究纲领审视学派，科学进步在于科学家们倾向于哪个纲领。从这个意义上讲，"学派"是围绕着某一纲领形成的理论系列，纲领的不同是区分一个学派与另一个学派的标准之一。

**1. 理论的原理与原则**

拉卡托斯提出，科学研究纲领并非一个个相互独立的单个理论，而是一组有着严谨结构与组织且彼此联系并动态发展的理论体系，运动训练的原理或原则在将原本主观的训练实践规律上升至理论层次的同时，也将这些规律联系起来并以体系化呈现，故认为其可作为研究纲领的观测标准之一。虽然19世纪60年代运动训练便开始了自身科学化的进程，但直至20世纪中前期，基于解剖学、生理学、心理学等母学科的发展，体育科学才逐步形成，并形成了运动解剖学、运动生理学、运动生物化学、运动心理学等用于解释和阐述体育学知识的自然科学学科体系。20世纪40~50年代，苏联依照"欧亚"流派、相关自然科学基础知识、运动项目训练实践，开展了全面的竞技体育理论研究，改变了运动训练理论研究停留在进行简单经验总结的局面。

原则或原理需要展现运动训练的基本规律，而阐释内容的不同则表现为理论本身所应关注或涵盖的问题。其中，有些学者十分关注运动训练理论研究与训练实践之间的关系，形象地将二者比喻成卫星运行的轨道与地球，并把二者的脱节视为卫星与地球的距离（Buchheit，2017），认为运动训练理论的最终目标是提升运动员的竞技能力，但这一目标的实现包括发现训练实践中的问题、研究问题、分析讨论、将结论转化成训练语言、应用科研成果等，运动训练理论学科价值的体现在很大程度上取决于上述诸多环节的实现（黎涌明等，2020）。有些学者则认为，就体系性建构而言，运动训练理论既继承了教育学的框架结构，也从力学、生物学、医学、心理学等自然科学获取了研究方法与成果，还从运动训练实践中获取了事实材料（诸葛伟民，2009）。所以，运动训练理论一方面伴随着人类对竞技认识的深入而自我完善，另一方面又留着友邻学科或母学科发展的烙印，运动训练原则理应二者兼顾。

### 2. 理论学科型概念

理论学科型概念是一门学科成熟的标志，也是一门学科理论建构的基本材料，并且是基础性的学科和理论必不可少的构成元素。这类概念可以确定理论的科学领域与边界，并且规定了某一门学科的"给定材料"。科学理论的更新在于同一流派学者倾向于哪个纲领，从这个意义上讲，"学派"是围绕着某一纲领形成的理论系列。例如，当谈及物理学派时，"万有引力定律"就是牛顿学派的研究纲领，同时牛顿学派的支持者又会对这一纲领做出种种维护。

为了在竞技比赛中取得优异比赛成绩，教练员既需要在选材时选拔具有先天遗传优势的"苗子"，也要在日常训练中将先天遗传优势表现出来并不断提高其后天获得性能力，这是每名教练员和运动员坚持不懈的追求，也是运动训练理论研究高度关注的问题。从在理论中需要解决的问题以及材料性作用来看，运动员参赛本领属于典型的理论学科型概念。然而，这一概念虽得到不同国家的普遍重视，但却有着各自的理解与描述，例如，俄文将其称为"训练水平"；德文直译为"成绩能力"；日文的表述是"竞技力"；还有许多欧美国家使用"表现能力"的表述；中国早期多将其称为"运动能力"。鉴于"运动能力"含义过于宽泛，田麦久提出使用"竞技能力"概念表达。除文字表达外，上述概念也存在内涵与外延的区别，由此认为或许会对运动训练理论流派的产生造成影响。

依据上文对学术流派的划分标准和运动训练理论学术流派的划分维度的分析，本书提出国际运动训练理论主要流派的识别模型（见图 2 – 1）。首先，遴选国际运动训练主要著作和 Web of Science 数据库中核心概念的相关文献；其次，通过对著作和文献的解读与文献计量学分析，厘清内容体系的内涵差异并验证"欧亚"流派和"美澳"流派；再次，划归两大流派所属代表人物及其主要著作，并进一步检验代表人物和著作是否具有相对一致的学术观点、体系范式和研究纲领。

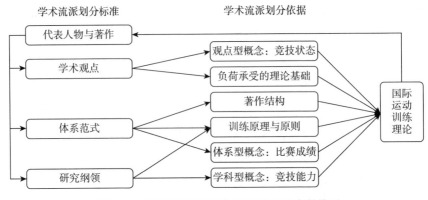

图 2 – 1　国际运动训练理论流派的识别变量模型

## 第二节　国际运动训练理论流派划分的考察样本

　　理论体系不是单一和孤立的，而是整体的，所以在考察运动训练理论时，应该立足于对运动训练进行的整体或系统论述，因此以对运动训练理论进行综合表述的学术著作或学术专著为考察对象，而非着眼于某个知识或领域的专门论述。

　　选取运动训练理论相关学术著作或学术专著的标准包括：（1）作者来自国际运动训练理论水平或整体竞技实力名列前茅的国家，且个人在该研究领域拥有较高的学术知名度和影响力；（2）著作或专著是对运动训练理论整体结构的系统论述，而并非某一专题或专项的片面论述；（3）著作或专著的表述以系统而非问题的形式呈现，具有相对严格的章节体规范；（4）著作或专著可以是教材。依据上述标准，本书选取国际运动训练理论学术著作 32 部，其中，罗马尼亚/加拿大学者博姆帕（Bompa）、美国学者戈登（Gordon）、英国学者弗兰克（Frank）、澳大利亚学者法罗（Farrow）的著作曾多次再版，本书分别选取他们早期和近期专著各 1 部。综合地域来看，来自俄罗斯（苏联）、乌克兰、罗马尼亚、民主德国学者著作 7 部；英国、法国、德国学者 6 部；北美学者 6 部；澳大利亚学者 3 部；中国学者 8 部；日本学者 1 部；南美洲学者 1 部。各著作的名称、出版时间、作者、国家来源、遴选依据如表 2 – 1 所示。

表2-1 本书纳入著作基本信息（按时间排序）

| 著作名称 | 出版时间 | 第一作者 | 国家和地区 | 遴选依据 |
|---|---|---|---|---|
| Trainingslehre | 1969 | Harre | 民主德国 | 该书是公认的运动训练学第一本标志性教材和经典著作，10余年9次再版 |
| Fundamentals of Sports Training | 1977 | Matveyev | 苏联 | 作者是公认的训练分期之父，2001年被授予奥林匹克勋章，该书已被翻译为10余种语言 |
| Periodization: Theory and Methodology of Training (1th, 6th) | 1983, 2017 | Bompa | 罗马尼亚/加拿大 | 作者是公认的周期训练理论发展人，该著作再版6次，被翻译并引入德国、西班牙、中国等地，被引近2000次 |
| Theory and Method of Sports Training | 1986 | Platonov | 苏联 | 作者是苏联乌克兰国家级科技奖获得者，被授予国际奥委会"顾拜旦奖章"。该著作是其为苏联撰写的统编教材 |
| Coaching Science (Active Learning in Sport) (1th, 4th) | 1988, 2009 | Gordon | 美国 | 作者为美国教练员学代表学者，该书于1988年、1997年、2003年、2009年再版4次 |
| Theory and Methodology of Training | 1990 | Bompa | 罗马尼亚 | 此书是罗马尼亚撰写的统编教材 |
| 《运动训练理论与方法》 | 1992 | 张博夫 | 中国 | 作者是中国台湾田径协会前理事长，该书是其代表著作 |
| 《运动科学与训练》 | 1993 | 林正常 | 中国 | 作者是中国台湾体育学会前理事长，该书是其代表著作 |
| 《运动训练科学化探索》 | 1988 | 田麦久 | 中国 | 作者是中国运动训练理论奠基人之一，该书是1958~1988年中国运动训练理论成果的汇总 |
| Training in Sport: Applying Sport Science | 1999 | Elliott | 澳大利亚 | 作者是悉尼体育学院教授，澳大利亚奥委会顾问 |
| 《运动训练学》 | 1999 | 徐本力 | 中国 | 作者是中国运动训练理论奠基人之一，该书是其代表著作 |
| 《运动训练学》 | 2000 | 田麦久 | 中国 | 该书是中国体育院系主要教材，获全国教材图书一等奖，已重复印刷30余次，发行超60万册 |
| 《运动训练智略》 | 2001 | 许树渊 | 中国 | 作者是中国台湾体育学会前理事长，该书是其代表著作 |
| 《奥林匹克运动员训练的理论与方法》 | 2005 | Platonov | 乌克兰 | 该著作是作者在2000年著作基础上的拓展版，已被中国、西班牙、巴西、意大利等国翻译出版 |

续表

| 著作名称 | 出版时间 | 第一作者 | 国家和地区 | 遴选依据 |
|---|---|---|---|---|
| Build a Better Athlete | 2006 | Yessis | 美国 | 作者是加州大学富尔顿分校（CSUF）名誉教授，其主编的杂志 Yessis Soviet Sports Review 对于将苏联运动训练理论引入美国贡献重大。该书为其代表性著作 |
| Coaching Science: Theory into Practice | 2006 | McMorris | 英国 | 作者是英国奇切斯特大学教授，该书是英国教练学的代表作 |
| Sports Training Principles (2th, 6th) | 1989、2015 | Frank | 英国 | 作者是英国体育联合会前主席，该书分别于1980年、1989年、1997年、2002年、2007年、2015年再版6次 |
| Principles and Basics of Advanced Athletic | 2008 | Issurin | 以色列 | 作者是特拉维夫大学教授，"板块分期"理论的创立者之一 |
| Long-Term Athlete Development | 2013 | Balyi | 加拿大 | 作者是加拿大、南非、巴林等国奥委会顾问，英国等19个国家顾问答询。该书中的LTAD理论是作者提出的重要命题 |
| Treinamento Desportivo | 2009 | Gomes | 巴西 | 作者是圣保罗联邦大学教授，巴西奥委会和铁三项联合会的科学顾问。该书是其代表作 |
| Developing Sport Expertise | 2007、2013 | Farrow | 澳大利亚 | 作者是澳大利亚体育学院技能训练领域教授 |
| la Preparation Physique | 2012 | Pradet | 法国 | 作者是法国运动训练理论权威学者，该著作是其代表作 |
| 《高水平竞技选手的科学训练与成功参赛》 | 2014 | 田麦久 | 中国 | 该书是继《运动训练科学化探索》之后又一次对中国运动训练的理论成果的汇总 |
| 《竞技运动训练理论与方法》 | 2014 | 胡亦海 | 中国 | 作者是中国运动训练学奠基人之一，该书是其代表著作 |
| Trainingslehre-Trainingswissenschaft | 2014 | Schnabel | 德国 | 作者是来比锡体育学院教授，当代德国训练理论代表人物之一 |
| Handbuch Trainings-Wissenschaft-Trainingslehre | 2016 | Hottenrott | 德国 | 作者是马丁·路德哈雷大学教授，当代德国运动训练理论代表人物之一 |
| Coaching Better Every Season: A Year-Round System for Athlete Development and Program Success | 2016 | Gilbert | 美国 | 作者是加州大学弗雷斯诺分校教授，International Sport Coaching Journal 主编，美国多支国家队、大学队、职业队顾问。该书为其代表作之一 |
| コーチング学 | 2017 | 福永哲夫 | 日本 | 该书是日本（教练员）指导学会推荐用书，当前日本体育专业权威教材 |

注：田麦久著《高水平竞技选手的科学训练与成功参赛》（2014），仅选取与运动训练有关部分。

资料来源：笔者自行整理。

# 第三节  国际运动训练理论流派划分的组态形式

## 一  国际运动训练理论变量定义与编码

依据田麦久教授对运动训练理论"欧亚"流派和"美澳"流派的感性判断，以学者的地缘或学缘归属设置为结果变量，即一类为国籍是俄罗斯（苏联）、德国、乌克兰、中国或曾经求学于上述国家的学者；另一类为其他国家且非求学于俄罗斯（苏联）、德国、乌克兰、中国的学者。条件变量为上文讨论确立的国际运动训练理论流派划分的观测维度，具体变量内涵及变量编码如表 2-2 所示。

表 2-2  变量定义与编码

| 变量名称 | 变量内涵 | 变量编码 |
|---|---|---|
| 结果变量 | 基于不同学者的地域，结合资料查询和变量定义，从作者的工作和求学经历进行定性比较和综合判断 | 与苏联、民主德国有地缘或学缘关系编码为1；否则编码为0 |
| 著作结构1 | 对不同著作中是否包含训练原则、内容、方法、负荷、组织安排等基本运动训练理论组件进行综合定性判断 | 组件完整编码为1；组件不完整编码为0 |
| 著作结构2 | 对不同著作是否包括运动训练支持保障或选材、参赛等非训练理论主体要素进行综合定性判断 | 包含训练支持保障或非训练理论主体要素编码为1；不包含编码为0 |
| 训练原理与原则 | 对不同著作中有关训练原理和原则的论述关注的范围，除运动员对训练的适应外，是否还遵循其他规律进行综合定性判断 | 主要包含运动员机体对训练的适应编码为1；还包含其他原理和原则编码为0 |
| 观点型概念：竞技状态 | 对不同著作中有关运动员比赛成绩获得状态下的相关要素进行综合定性判断 | 主要关注成绩指标和训练指标编码为1；关注运动员表现之外的指标编码为0 |
| 体系型概念：比赛成绩 | 对不同著作中有关影响运动员比赛成绩取得的相关要素进行综合定性判断 | 主要考虑运动员本身编码为1；关注参赛系统编码为0 |
| 学科型概念：竞技能力 | 对不同著作中有关影响运动员比赛能力的相关要素进行综合定性判断 | 主要考虑运动员自身能力编码为1；还考虑运动员自身能力之外的因素编码为0 |

| 变量名称 | 变量内涵 | 变量编码 |
|---|---|---|
| 负荷承受的生物学基础 | 对不同著作中考察运动员单次或连续负荷后机体状态的主要理论依据进行综合定性判断 | 认可超量恢复编码为1；不认可或较少论述超量恢复编码为0 |

在 32 个被考察的著作样本中，将所有条件变量进行 "0" 和 "1" 的二分编码处理，得到包括所有原始案例的二分数据表。

## 二　国际运动训练理论的流派组态

依据已有的结果变量和条件变量，构建关于国际运动训练理论流派识别的真值表，将数据录入 fsqca 3.0 软件进行模糊集真值表运算。根据初步运算结果，删除其中的冗余条件组合，将一致性 ≥0.8 的结果编码为 1，<0.8 的结果编码为 0，形成简要真值表，由简要真值表运算出解释力较强的变量条件组合，结果如表 2 - 3 所示。

表 2 - 3　国际运动训练理论涉及变量的真值

| 著作结构 1 | 著作结构 2 | 训练原理与原则 | 竞技状态概念 | 比赛成绩概念 | 竞技能力概念 | 负荷承受的生物学基础 | 结果变量 | 案例数 |
|---|---|---|---|---|---|---|---|---|
| 0 | 1 | 1 | 1 | 1 | 0 | 0 | 0 | 3 |
| 1 | 1 | 1 | 1 | 0 | 1 | 1 | 1 | 14 |
| 1 | 1 | 0 | 1 | 0 | 1 | 1 | 1 | 1 |
| 1 | 0 | 1 | 0 | 1 | 1 | 0 | 1 | 1 |
| 1 | 0 | 0 | 0 | 0 | 0 | 1 | 1 | 2 |
| 0 | 0 | 0 | 0 | 0 | 0 | 0 | 0 | 3 |
| 0 | 0 | 0 | 0 | 1 | 0 | 0 | 0 | 6 |

在进行组态分析前，需要对单项条件变量是否是构成结果变量的必要条件进行检验。若结果显示一致性水平超过 0.9，则认为该条件变量是结果变量的必要条件。单变量必要性分析如表 2 - 4 所示。

由表 2 - 4 可知，通过单变量必要性分析发现，7 个条件变量的一致性均低于 0.9，表明单一条件变量不足以单独实现对国际运动训练理论的流派划分，国际运动训练理论流派是在多个判别维度下交互表现的结果，故需要进行原因组合分析来探讨流派差异的维度组合方式。

表 2 – 4　国际运动训练理论涉及单变量的必要性分析

| 前因条件 | 国际运动训练理论的流派维度 | |
|---|---|---|
| | 一致性 | 覆盖率 |
| 著作结构 1 | 0.841 | 0.801 |
| 著作结构 2 | 0.371 | 0.505 |
| 训练原理与原则 | 0.795 | 0.821 |
| 观点型概念：竞技状态 | 0.424 | 0.511 |
| 体系型概念：比赛成绩 | 0.788 | 0.815 |
| 学科型概念：竞技能力 | 0.418 | 0.576 |
| 负荷承受的生物学基础 | 0.798 | 0.804 |

　　运用 fsqca 3.0 软件对真值表进行标准化分析后，得到复杂解、中间解和简约解的两个条件组合，即国际运动训练理论流派的存在由两个组态构成。其中，复杂解将所有逻辑余项设置为"假"，没有反事实案例，不作为分析的参考；中间解只包含简单反事实案例的逻辑余项，即确定一些条件为冗余条件并将其移除后得到的结果，会根据反事实前因条件而变化；简约解的前因条件稳定，包含所有会产生逻辑更简洁解的逻辑余项。因此，将简约解和中间解的并集确定的前因条件作为核心条件，结果如表 2 – 5 所示。

表 2 – 5　国际运动训练理论流派对判别维度的组态分析结果

| 前因变量 | 组态 | | |
|---|---|---|---|
| | 组态 1 | 组态 2 | 组态 3 |
| 著作结构 1 | ● | × | × |
| 著作结构 2 | ◎ | ◎ | ◎ |
| 训练原理与原则 | × | ● | × |
| 观点型概念：竞技状态 | × | ● | × |
| 体系型概念：比赛成绩 | × | × | ● |
| 学科型概念：竞技能力 | × | × | ◎ |
| 负荷承受的生物学基础 | × | ◎ | × |

续表

| 前因变量 | 组态 | | |
|---|---|---|---|
| | 组态 1 | 组态 2 | 组态 3 |
| 原始覆盖率 | 0.451 | 0.563 | 0.417 |
| 净覆盖率 | 0.062 | 0.024 | 0.035 |
| 一致性 | 0.818 | 0.923 | 0.904 |
| 解的覆盖率 | 0.812 | | |
| 解的一致性 | 0.839 | | |

注：●表示构型中该条件为核心条件；×表示构型中该条件不存在；◎表示构型中该条件为边缘条件。

由组态分析解的覆盖率和一致性检验结果可知，地缘和学缘关系对著作结构、训练原理与原则、核心概念、负荷承受的理论基础具有较强的关联性。其中，组态 1 表现为"著作结构 1 * 著作结构 2 （弱）"；组态 2 表现为"著作结构 2 （弱）* 训练原理与原则 * 竞技状态概念 * 负荷承受的生物学基础 （弱）"；组态 3 表现为"著作结构 2 （弱）* 比赛成绩概念 * 竞技能力概念 （弱）"。由此认为，不同流派之间在著作结构方面有着较为显著的差异；对竞技能力和负荷承受生物学基础的认可程度与训练原则和训练支持保障之间存在关联；对比赛成绩和运动员竞技能力概念的理解影响着非训练理论主体内容的纳入。

# 第四节　国际运动训练理论流派的差异分析

## 一　国际运动训练理论的变量差异

### （一）运动训练理论的知识结构

如前所述，运动训练理论的讨论内容至少包括训练行为准则、练什么、怎么练、练多少、如何组织训练活动等一系列问题，因此，本书将运动训练内容、方法、原理与原则、负荷、组织安排 5 部分作为运动训练理论的主体。此外，不同学术著作还适时地将训练监控/疲劳/恢复、运动员选材、青少年训练、运动饮食/营养、竞技参赛等纳入著作内容之中。为分辨不同运动训练理论学者著作的内容结构，本书以运动训练理论的主体 5 要素为横坐标，以其他知识要素为纵坐标对纳入的学术著作加以梳理，散点图结果如图 2 - 2 所示。

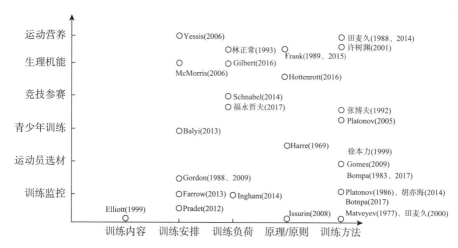

**图 2 - 2　国际运动训练理论研究的基本内容与扩展内容散点**

运动训练内容，即运动员竞技能力得到了所有著作的一致性关注，特别是身体能力方面的速度、力量、耐力 3 项基本素质和运动员的技术能力，几乎都得到了各个时期学者的详细论述。在其他运动训练理论组件中，从时间演进来看并未呈现明显的差异。

在运动训练理论基本 5 要素方面，马特维也夫、普拉托诺夫、伊苏林、哈雷、博姆帕、戈麦斯（Gomes）、田麦久、徐本力等学者的著作全部涵盖，虽然某些学者没有将训练负荷单列章节，但在表述负荷基本结构和判别方法的基础上，将训练负荷的动态变化融入训练安排板块之中。与之相对，耶斯（Yessis）、弗兰克、巴利（Balyi）、林正常等学者的著作仅论述了训练内容和安排，而对其他组件则选择性论述。在除基本 5 要素之外，不同学者的知识拓展较为广泛且规律性并不明显，例如，戈麦斯的儿童青少年训练和训练控制；伊苏林讨论了可训练性的遗传因素；耶斯论述了训练的最佳营养；弗兰克论述了运动训练的生理机能；林正常论述了在不同条件下的训练；等等。

## （二）运动训练理论原理与原则体系

随着训练实践和现代科技的发展，特别是运动生物科学的进步，人们对有机体在训练过程中的表现和规律认识逐步深入，对运动训练原则的概述、阐释和归纳也在发展和变化之中。针对相同或相近的内容，不同时期或学者有着各异的命名，徐本力、陈亮、胡亦海等都曾依据表述实质进行了分类（徐本力，2001；陈亮，2011；胡亦海，2019）。结合马特维也夫、田麦久的训练原则类型划分，可以认为系统性思想原则由系统类原则、全面类原则和控制类原则3类组成；体育教学论原则由动机类原则、直观类原则、导向类原则和区别类原则4类组成；运动训练特有原则由负荷类原则、周期类原则、恢复类原则和健康类原则4类组成（见表2-6）。

表2-6　国际主要运动训练理论学术著作涉及运动训练原则

| 学者 | 系统性思想原则 | | | 体育教学论原则 | | | | 运动训练特有原则 | | | |
|---|---|---|---|---|---|---|---|---|---|---|---|
| | 系统类 | 全面类 | 控制类 | 动机类 | 直观类 | 导向类 | 区别类 | 负荷类 | 周期类 | 恢复类 | 健康类 |
| Harre（1969） | ▲ | | | ▲ | ▲ | | ▲ | ▲ | ▲ | | |
| Matveyev（1977） | ▲ | ▲ | | ▲ | | ▲ | ▲ | ▲ | ▲ | | |
| Grosser（1984） | | ▲ | ▲ | | | ▲ | ▲ | ▲ | | | |
| Platonov（1986） | ▲ | | | | | | ▲ | ▲ | ▲ | | |
| Bompa（1990） | | ▲ | ▲ | ▲ | | | ▲ | ▲ | | | |
| 徐本力（1999） | | | | | | | | | | | |
| 田麦久（2000） | ▲ | | ▲ | ▲ | ▲ | | ▲ | ▲ | | ▲ | |
| Platonov（2005） | ▲ | ▲ | | | ▲ | ▲ | | ▲ | | ▲ | ▲ |
| Yessis（2006） | | | | | ▲ | | | ▲ | | | |
| Frank（2015） | | | | | | | | ▲ | | | |
| Issurin（2008） | | ▲ | | | | | ▲ | ▲ | | | |
| Gomes（2009） | ▲ | ▲ | | ▲ | | ▲ | ▲ | ▲ | | | |
| Schnabel（2014） | | ▲ | | | | | | ▲ | ▲ | | |
| 田麦久（2014） | ▲ | | | ▲ | | | ▲ | ▲ | | ▲ | ▲ |
| Hottenrott（2016） | | ▲ | | | | | | ▲ | ▲ | | |
| Bompa（2017） | | ▲ | ▲ | | | | ▲ | ▲ | | | |

通过整理和归纳本书所纳入著作或专著中关于运动训练原则的内容结构特征,运动训练原则是否或应该包含教学论原则,是苏联、德国、中国学者和美国、澳大利亚等国家学者提出的原则体系的主要区别。研究其为何被纳入教学论原则,马特维也夫认为有如下原因。第一,教育学的原理和原则反映着包括体育教育在内的一般性规律,在这个过程中,对运动员个性的全面和谐发展,乃至为劳动、保卫国防和身体健康都具有促进作用。第二,运动成绩虽然是竞技体育的重要目标,但从社会学和教育学立场又不应成为唯一目标,应该通过优异运动成绩提高运动员的精神和身体能力,将竞赛活动作为培养个性和社会需要的重要手段(马特维也夫,2005)。可见,教学论原则是否被纳入运动训练理论专著或教材的要点包含对运动员教育的全面性、竞技体育的价值观和特殊历史时期的国家意志等。与之相对,负荷类原则是所有学者关注的焦点,欧美学者近些年尤其关注运动训练过程中的负荷设置,无论是时间维度上的渐进性和变化性,还是空间操作上的超负荷与特异性,均指向了如何通过负荷搭配实现竞技能力,尤其是身体能力的提高。

## (三)运动训练理论的核心概念

### 1. 体系型概念:运动成绩

对于影响运动成绩的因素,普拉托诺夫认为受到主观因素、客观因素、可控因素的综合制约,其中,主观因素为运动员或运动队所具备的能力,即运动员个体竞技能力或团队竞技能力,当然团队能力还部分取决于团队配合;客观因素由参与比赛活动的所有人员行为以及比赛条件组成;可控因素则表现为控制比赛进程的行为,例如教练员的准备与临场指挥、运动员的交互作用(见图2-3)。这一观点与中国学者田麦久相似,即影响运动成绩的因素在于竞技比赛本身(田麦久,2000)。但与普拉托诺夫不同的是,田麦久在确立名次和比赛中表现出的水平两种运动成绩判别标准后,将运动成绩的作用因素视为一种比较优势,即除了比赛结果评定行为作为竞赛条件要素外,优异成绩的取得取决于本方和对手竞技表现的优劣差异,而竞技表现又由运动员的竞技能力和竞技状态综合起来发挥作用。

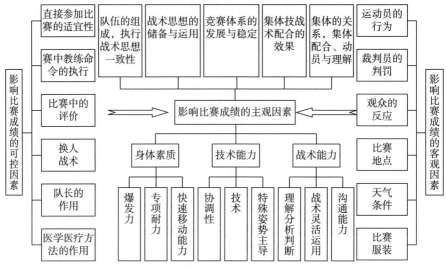

**图 2 - 3  影响运动成绩的因素**

资料来源：普拉托诺夫，2014，《奥林匹克运动员训练的理论与方法》，黄签名等译，天津：天津大学出版社。

欧美国家学者对于比赛成绩结构的认识相对宏观，甚至将视角引向了影响竞技成绩的国家社会文化因素。例如，贝克等人提出的首要因素主要是运动员的先天遗传性或后天获得性竞技子能力，而次要因素则包括了社会文化（项目的文化重要性、家庭的支持、高水平教练、训练物资资源）和外部环境（项目成熟度、竞争激烈程度）。史密斯从影响竞技表现的角度提出它是一个"心理—社会—生理"共同作用的系统，竞技表现在很大程度上取决于对相关变量进行整合和做出反应的能力，这些因素包括生物体（生理、心理、生物力）、方法谋略（技术、战术）及健康/生活方式的选择与优劣。在生活方式方面，工作、学习、资产带来的非训练压力将帮助运动员和教练员依据其变化做出训练调整（见图 2 -4）。

**2. 学科型概念：竞技能力**

无论是以上何种对运动员参赛能力的概念表达，包含的要素基本是一致的，国际主要训练理论学术著作均就运动员身体素质、技术能力、战术能力、心理能力等分列章节论述了表现形式、评测手段和训练方法，由此认为运动员参加比赛所应具备的能力要素不同国家学者已达成了共识。然而，与之相近但内涵存在差异的词语包括俄语的"训练水平"

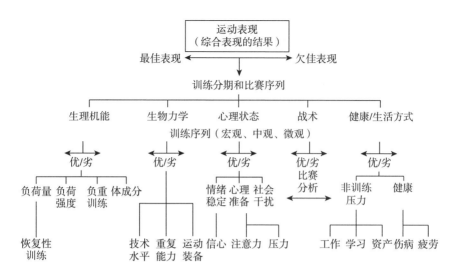

**图 2 - 4　运动成绩的模型结构**

资料来源：D. J. Smith. 2003. "A Framework for Understanding the Training Process Leading to Elite Performance," *Sports Medicine* 33：1103 - 1126。

（уровеньподготовки）和英语的"竞技表现"（Performance），它们所指代的状态和内涵与竞技能力之间存在差异。

"训练水平"与运动训练理论的另一核心概念"竞技状态"相对应，经典训练分期理论将年度大周期训练分为了一般和专门训练程度状态、竞技状态和降低训练程度3个阶段，当运动员尚未达到竞技状态时，即为训练水平状态。马特维也夫在其著作《运动训练基础》（*Fundamentals of Sports Training*）中定义了"训练水平"，认为它是"运动员在训练过程中所达到的水平，反映着训练中运动员能力的发展程度"。1964年，哈雷编写的《训练学》函授讲义中便借用了马特维也夫训练水平的概念，他把提高运动员比赛能力的状态称作训练状态，而这一状态所包含的要素即为运动员的竞技子能力。

竞技表现如果宽泛式使用，可以称为人体机能（human performance），如果将其限定在竞技运动领域，可以称为运动表现（sporting performance）或竞技表现（athletic performance）。田麦久提出的运动成绩决定因素中，运动员与对手的表现是竞技能力和在比赛中的发挥，使用竞技表现指代竞技能力，实则是用竞技能力的比赛状态替代了静态存在。对于竞技表现的决定因素，麦克杜格尔（MacDougall）认为它由先天天赋、后天训练，以及伤病、疲劳等训练负面效应，营养和治疗的外界助力整合而成，集中表现为运动员超乎常人的生物学功能（见图2-5）。

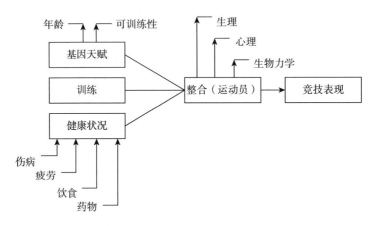

**图2-5 竞技表现的影响因素**

资料来源：J. D. Macdougall，H. A. Wenger. 1991. *Physiological Testing of the High Performance Athlete*，Human Kinetics。

### 3. 观点型概念：竞技状态

竞技状态是对运动员各竞技子能力所达到的水平的综合描述，也是经典训练分期理论的重要依据。欧美国家同样关注运动训练所产生的效果，并采用了"巅峰表现"（Peaking Performance）的概念，用于描述运动员为在比赛中发挥出已具备能力的状态，即巅峰表现是运动表现的最高形式。

马特维也夫对竞技状态的定义是对运动成绩的最佳训练程度和准备程度状态，即它是在训练程度各个方面（身体、技术、战术、心理等）达到高水平的基础上经过专门的整合加工形成的"上层建筑"，并强调训练程度状态与最佳准备程度状态既紧密联系又存在区别（姚颂平，2012）。此后，竞技状态在传播和使用的过程中产生了某些无意的"误用"，其内涵发生了改变。以马特维也夫为代表的学者使用的竞技状态是"专指"，认为只有"最佳准备程度状态"才可以被称为"竞技状态"（陈亮、吴瑛，2015）；而另一些学者则是"泛指"，即竞技状态是指运动员参加训练和比赛的准备与现实状态。这一观点的产生部分源于哈雷的《训练学》，他在关于"训练状态"的论述中提到"和运动员训练水平相适应的最佳训练状态的标志是上述这些主要因素和谐地统一和结合"，实则已将竞技状态的程度做出了区分。

随着邦达尔丘克、维尔霍尚斯基、伊苏林的著作传播至欧美国家，欧美学者认可了巅峰表现的存在，但与运动表现类似，同样未能给予公认的定义。本书从 Web of Science™ 核心合集数据库中检索到的相关文献来看，有关巅峰表现的研究主要针对疲劳、损伤预防、术后恢复等运动医学，耗氧量、乳酸、血乳酸、肌电等状态测量，速度、力量、耐力等基本运动素质，训练分期、抗阻训练、爆发力训练等训练方式展开。由此认为，一方面将所有有助于达到运动员巅峰表现的途径均纳入研究体系中，另一方面竞技状态可以通过具体的生理学和生物化学指标准确判定，同时也认可了竞技状态与训练分期之间存在实践操作的对应性。

## （四）运动员负荷承受的理论基础

训练负荷作为空间手段要素对于改变运动员的身体能力和专项能力具有基础性作用，通过负荷量与负荷强度的合理搭配，可以实现生物性改变、技战能力提高、心理过程适应。其中，训练类型、负荷和不同的任务是决定适应效果的刺激因素（Issurin，2008b）。西利提出适应理论后，得到了所有国家运动训练理论专家的认可，并试图找寻运动训练过程的适应机制。其中，苏联学者们多强调负荷作用下运动员身体能力和技术能力的变化，扎特奥尔斯基（Zatsiorsky）提出刺激大小、特异性和适应性是决定训练量是否增减的关键因素，并且只有将以上三要素进行最佳的搭配组合才能达到科学训练效果（见图 2-6）。其中，刺激大小由负荷量度的搭配以及新异刺激实现在原有基础上的超负荷效应；特异性体现为通过专项训练保证专项技能和专项身体能力的同步化提高；当刺激大小和特异性保持在特定的与适宜的变化水平时，运动潜力得以提升，否则，固定且变化不足的负荷难以产生效果甚至训练反应下降。

美国、英国、澳大利亚等国家的学者，将适应理论作为训练负荷安排的唯一基础，并认为运动员运动表现的提高是负荷适宜性的结果。例如，弗兰克对训练适应的价值判断中，将身体、知识和情感的适应均视为外界应激源和条件的作用对象，过度的负荷会消耗运动员的生理和心理潜能。

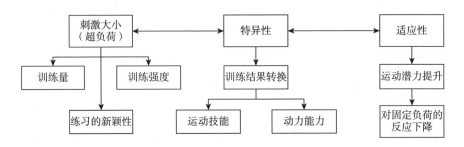

**图 2－6　运动员训练适应原理的表述**

资料来源：V. M. Zatsiorsky. 1995. *Science and Practice of Strength Training*, Human Kinetics。

与苏联、中国学者主要注重生理负荷不同，欧美国家的学者尤其关注竞技参与过程中的心理能力损耗与加强，如施纳贝尔（Schnabel）在训练方法中论述了"压力和应变"；霍滕罗特（Hottenrott）强调运动员的心理应变能力；弗兰克将"赢在心理和身体"作为单独章节；麦克莫里斯（McMorris）将运动员的认知与社会发展作为其个体发展的重要因素；等等。

苏联生物化学家雅克夫列夫提出的超量恢复理论从负荷、疲劳和恢复的相互关系中前瞻性地阐释了训练过程。对于周训练而言，上一次负荷后的机体反应与恢复情况，决定着之后训练内容的选择与组合方式。此后，俄罗斯（苏联）、中国、乌克兰等国家的学者应用这一原理，不断充实着短期训练的结构规划。例如，1984年，普拉托诺夫提出了依据不同性质大负荷课后的疲劳特征与恢复速度，速度、无氧、有氧为单一内容训练课的一般组织结构；2000年，普拉托诺夫又进一步提出了连续进行1次、2次、3次不同内容大负荷课的组织形式，由此系统构建了小周期负荷安排的基本模式；2000年，田麦久从重大比赛前不同能量底物和能量状态均实现超量恢复的角度出发，提出了"超量恢复集合安排"模式的赛前训练周负荷设计。

需要指出的是，俄罗斯、乌克兰、中国等国家的学者无论是应用适应机制还是超量恢复，均以其作为理论基础对运动训练过程进行系统规划，与之相比，美国、英国、澳大利亚等国家的学者更强调训练过程的不可控性，因此采用运动员适应水平的生物学监控做出适时调整。比如，马特维也夫构建的经典训练分期中，将准备期的生物学基础确立为适应性机制；

普拉托诺夫将适应分为了急性不稳定和长久相对稳定两种类型，前者与欧美国家学者的观点类似，后者在长期的大负荷量后，会产生器官肥大、酶活性增强、细胞结构改变、核酸和蛋白质合成加强等一系列稳定性适应变化，而这些有益变化可以通过规划予以实现（普拉托诺夫，1991）。

## 二　国际运动训练理论流派的基本特征

整体和部分的关系是唯物辩证法的重要范畴，由于任何事物都是整体与部分的统一，人们在认识事物时也就必须遵循这种辩证关系及其规律。一方面，从整体的角度认识事物特征有利于发现问题的全貌，即"欧亚"流派的观点；另一方面，在认识事物和处理问题时，又应该努力通过部分去认识事物整体，通过部分去改造事物整体，也就是"美澳"流派的观点。为此，依据国际运动训练理论主要学者的学术著作，本书将国际运动训练理论流派分为"欧亚"流派和"美澳"流派（见表2-7）。需要指出的是，"欧亚"流派和"美澳"流派并无优劣之分，只是个人科学观导致其认识运动训练的视角不同。

表 2-7　国际运动训练理论"欧亚"流派和"美澳"流派的差异与特征

| | | "欧亚"流派 | "美澳"流派 |
|---|---|---|---|
| 代表性学者所在地区 | | 俄罗斯、德国、乌克兰、中国、罗马尼亚 | 美国、英国、加拿大、澳大利亚 |
| 理论体系 | | 包括训练原则、内容、方法、负荷、组织安排的全部或大部分训练学构件，近些年略有拓展 | 主要包括训练内容（身体素质）和组织安排，学者认知涉及选材、营养、监控等众多领域 |
| 原理与原则 | | 包括思想原则、体育教学论原则、运动训练特有原则三大组成部分 | 主要强调运动训练的负荷安排 |
| 核心概念论域 | 比赛成绩 | 影响竞技行为的过程因素 | 影响竞技行为的个体因素 |
| | 比赛能力 | 运动员自身的体能、技能、战术能力、心理能力等 | 影响运动员竞技表现的所有因素 |
| | 竞技状态 | 运动员比赛时取得优异比赛成绩的状态 | 影响运动员竞技表现的所有因素 |
| 运动员承受负荷基础 | | 超量恢复＋适应理论 | 适应理论 |

资料来源：笔者自制。

"欧亚"流派研究系统模式、结构和规律，研究各种系统的共同特征，定量地描述其功能，寻求建立适用于一切系统的原理、原则和数学模型，具有逻辑性和数学性质。国际运动训练理论"欧亚"流派的学者多与苏联有着密切的地缘关系或学缘关系。在理论体系的构建过程中，通常将运动训练基本构件全部纳入其中，以求论述体系的完整性，近些年有向运动员选材、运动营养、生理机能特征等方面拓展的趋势。由于认为训练是教学的特殊形式以及对人全面发展的认识，原理或原则阐述兼顾了"欧亚"流派思想原则、体育教学论原则和运动训练特有原则三大组成部分。核心概念表述清晰，具有明确的指向性，为后续的学科发展和科学研究指明了方向。在运动员承受负荷的生物学基础方面，将短期的超量恢复和长期的生物适应相结合，有助于短期的操作性和长期的规划性。

"美澳"流派是主张把高级的运动形式还原为低级运动形式的一种哲学观点。它认为现实生活中每一种现象都可以看成更低级、更基本的现象的集合体或组成物，因而可以用低级运动形式的规律代替高级运动形式的规律。国际运动训练理论"美澳"流派的学者多来自北美、西欧、大洋洲等国家和地区。由于不存在通用教材的约束和限制，理论体系主要包括训练内容（身体素质）和训练的组织安排，学者根据学科认识的差异会适当将青少年运动员选材、运动营养、训练监控、生理基础等纳入论述中。由于视角关注竞技提高本身，对原理或原则的论述主要围绕着训练负荷安排展开。在尚未形成学科范式的背景下，虽然核心概念的使用已得到认可，但论域十分宽泛，涉及影响运动员竞技表现的各个方面。为满足训练自由化和可操作性的需要，生物学基础主要依据生理和心理的应激性与适应性变化。

# 第五节　国际运动训练理论流派形成的思想内核

## 一　构建理念：运动训练理论的体系关注

在苏联/俄罗斯的学术研究中，把世界看作包含最高组织原则的整体观念，所以苏联/俄罗斯系统思想强调组成要素之间的关系、组成要素与整体之间的关系、整体与外界环境之间的关系。其中，苏共领导人、苏俄科学家和哲学家波格丹诺夫（Bogdanov，1873－1928）的系统性思想对哲学和自然科学研究产生了重大影响，尤其是他在《组织形态学》著作中对系统哲学与系统科学有意识的阐述，在苏联全国"一盘棋"的社会主义体制中关于竞技体育理论的研究，也有较大可能携带了组织形态学理论的"基因"。

波格丹诺夫的核心思想是，强调对象间的联系和研究对象的整体一致，追求建立一门适用于各个领域的普适性科学，而之后苏联的系统研究大致被划分为了三个基本范畴：系统方式、一般系统论、具体的系统概念。所以，苏联/俄罗斯的系统研究按照两个方向进行：一是哲学、方法论和系统研究理论；二是对科学和科学行为活动的系统研究（刘程岩，2013）。由上文对知识体系结构、原则或原理体系、核心概念体系的论述可知，"欧亚"流派的上述三类运动训练理论要素相对齐备，流派间不同学者大都秉承着这一体系展开论述，形成了相对明确的流派特征。

"欧亚"流派学者著作日益拓宽的知识内容体系是其系统性思想的表现形式之一。1977年，马特维也夫在《运动训练基础》一书中，已经将视角延伸至整个竞技体育的学科体系，他认为20世纪60～70年代有关竞技运动理论的问题已得到相当的发展，除运动训练理论外，运动竞赛的相关概念和原理也已得到较为清晰的阐述，如果将这些知识加以整合，便可以建构起完整的竞技体育理论，并最终建立起以文化学、人类学和教育学为母学科基础，以满足竞技体育实践需要为目标的竞技性整体学科。与之相比，"美澳"流派尽管将运动训练培养和运动员竞技能力本身拓展至竞技运动领域，但他们将运动表现视作竞技体育活动的行为与行为的结果，并认为这一过程由能力水平（运动技巧作为个人体验的总合）、运动竞赛（竞技运动的精髓形式）、运动训练（提高运动能力的过程）共同实现（见图2－7），三者之间虽存在联系但并未形成完整的系统。

"欧亚"流派注重理论系统性的另一体现是对竞技运动项目的划分。为了消除一般训练理论构筑困难，单项训练理论难以反映全貌的弊端，"欧亚"流派学者在其学术著作中几乎全部采用了分类表达的论述方式。马特维也夫从方法论的角度提出，运动训练理论分类处理的客体包括了竞

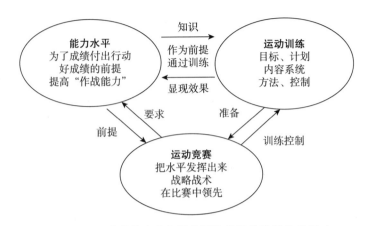

**图 2 - 7　竞技体育中与运动训练学相关学科的关系**

资料来源：G. Schnabel，H. D. Harre，J. Krug. 2014. *Trainingslehre-Trainingswissenschaft//Trainingslehre*，*Trainingswissenschaft*. Meyer & Meyer Sport。

技项目、运动训练的方法手段、训练过程的结构、运动成绩水平等（马特维也夫，2005）。其中，中国学者田麦久针对之前运动项目分类存在的不足，于 1984 年构建了以运动员竞技能力主导因素为分类标准的项目群类体系，并于 1998 年正式主编了《项群训练理论》。不同时期竞技运动项目的分类体系见表 2 - 8。

**表 2 - 8　不同时期竞技运动项目的分类体系**

| 标准 | 时间 | 分类者 | 主要大类 |
|---|---|---|---|
| 身体素质 | 20 世纪60 年代 | 苏联中央体育研究所 | 速度力量项目、耐力性项目、协调性和其他能力项目 |
| | 1977 | Matveyev | 单一结构的项目、多结构的项目、复杂竞技项目 |
| | 1990 | Bompa | 周期类、非周期类、混合类 |
| 人的关系 | — | Zamgarov | 严格的身体接触、身体接触、条件性身体接触、无身体接触 |
| | 1994 | Barth | 个人、团队综合、团队同步、团队作用 |
| 系统综合 | 1964 | Harre | 技术性项目、爆发力类项目、耐力类项目 |
| | 1965 | Matveyev | 非循环性综合类、耐力与球类、单人竞赛类、混合类、同类多项类 |
| | 1982 | Nabatnikova | 周期性项目、爆发力项目、球类运动项目、一对一运动项目、动作协调性复杂项目 |
| | 1984 | 田麦久 | 体能主导类、技能主导类 |
| | 2014 | Platonov | 周期性运动项目、速度力量性运动项目、与动作协调性相关联运动项目、单人对抗性项目、球类运动项目、全能运动和组合性运动项目 |

资料来源：笔者依据资料整理。

然而，"美澳"流派学者的学术著作却大都没有明确的项目群类划分，而是采用了项目枚举的方式阐述运动训练一般规律。虽然美国学者奥斯特比（Ostby）曾根据最大摄氧量和平均红细胞体积指标的比例关系提出了项目划分体系（见图 2-8），抛弃以往分类注重运动形态、结构与功能的显性特征，转而关注肌肉收缩和能量供应的微观隐性视角，对于深入了解竞技项目的机能特征、负荷性质、本质特点具有重要的启示意义，但势必会在论述技术、战术等其他竞技子能力训练时遇到困难。

| （70% MCV）<br>高 | 田径投掷、体操、帆船、田径全能、举重 | 高山/自由式/单板滑雪、自由式/古典式摔跤 | 拳击、皮划艇、赛艇、速度滑冰、水球 |
|---|---|---|---|
| （20%~50% MCV）<br>中 | 射箭、摩托车、摩托艇、赛车 | 撑竿跳高、花样滑冰、柔道、田径短跑 | 篮球、五人制足球、中距离跑/游泳、手球、网球 |
| （20% MCV）<br>低 | 高尔夫、射击 | 棒球、垒球、击剑、乒乓球、排球 | 越野滑雪、曲棍球、竞走、长跑、足球 |
| | （<40% $VO_2max$）<br>低 | （40%~70% $VO_2max$）<br>中 | （>70% $VO_2max$）<br>高 |

**图 2-8 奥斯特比的运动项目分类**

资料来源：余银、胡亦海，2019，《运动训练学》，北京：高等教育出版社，第 14~22 页。

当然，"美澳"流派的学者并非不认可"欧亚"流派的项目分类，甚至在开展研究时不谋而合，虽然概念表述不同，但指代内涵和所包含项目完全一致，如表现难美性项群被称作复杂协调性运动（Complex Coordination Sports）、同场对抗性项群被称作碰撞性运动（Collision Sports）等（见表 2-9）。

**表 2-9 部分国外项群表述及研究成果**

| 中文表述 | 英文表述 | SCI 期刊源研究成果名称（刊物及发表年份） |
|---|---|---|
| 技能主导类<br>表现难美性项群 | Complex Coordination Sports | "Believe in Yourself, Channel Energy, and Play Your Trumps': Olympic Preparation in Complex Coordination Sports"（*Psychology of Sport and Exercise*，2012） |
| 技心能主导类<br>表现准确性项群 | Target Sports | "Relations among Self-Regulation Ability, Sports Concentration and Perceived Athletic Performance of Target Sports Players"（*The Korean Society of Sports Science*，2016） |

| 中文表述 | 英文表述 | SCI 期刊源研究成果名称（刊物及发表年份） |
|---|---|---|
| 技战能主导类同场对抗性项群 | Collision Sports | "The Effect of Concussive Injury on Individual Game Performance in Professional Collision-Sport Athletes"（*Journal of Sport Rehabilitation*，2019） |
| 技战能主导类格斗对抗性项群 | Combat Sports | "Combat as an Interpersonal Synergy：An Ecological Dynamics Approach to Combat Sports"（*Sports Medicine*，2019） |

资料来源：N. Stambulova，A. Stambulov，U. Johnson. 2012. "'Believe in Yourself, Channel Energy, and Play Your Trumps'：Olympic Preparation in Complex Coordination Sports. *Psychology of Sport and Exercise* 13：679 - 686；Choi，Kwan-Yong，Park，Ji-Hyun. 2016. "Relations among Self-Regulation Ability，Sports Concentration and Perceived Athletic Performance of Target Sports Players." *Korean Journal of Sports Science* 25：287 - 296；C. P. Ochs，M. C. Kay，J. K. Register. 2019. "The Effect of Concussive Injury on Individual Game Performance in Professional Collision Sport Athletes." *Journal of Sport Rehabilitation* 28：1 - 16；K. Krabben，D. Orth，V. K. John. 2019. "Combat as an Interpersonal Synergy：An Ecological Dynamics Approach to Combat Sports." *Sports Medicine* 9：1825 - 1836。

正如当被问及苏联和美国的运动训练理论有何区别时，马特维也夫说道："在美国，没有人思考运动训练的整个理论，尤其是长期的训练过程安排。在美国，教练员忙着去解决单一的问题，比如用哪种方式跳高，如何用脚着地，或者如何摆动手臂。他们在美国进行了很好的研究，但据我所知，整个理论的问题并不是美国研究人员关注的中心，来自北美和南美的专家们并没有注意到这一点。"（David，2008）。

## 二　人的发展：运动训练理论的教育关注

苏联教育学家凯洛夫（Kairov）的教育思想和哲学对包括运动训练理论在内的所有理论与课程体系均产生了重大影响，他信奉赫尔巴特（Herbart）的教师中心论。凯洛夫的教育理论体系形成于 20 世纪 30 年代，其教育思想和教育主张，则集中体现在他所主编的《教育学》一书中。作为社会主义教育家，他力图用马克思主义的立场、观点、方法进行分析论证，阐述教育的产生、发展和基本问题，但在他的教育观点中，认为教学过程实质是"师生之间直接发生影响的过程"，认为教师在教学过程中有绝对的权威；在教育过程方面，他认为其是使学生掌握知识的过程，这一过程由直觉到思维，再到实践；在课堂教学模式方面，提倡"五段式"教学法的工作流程。

20 世纪 50～70 年代，苏联和民主德国运动训练理论的知识体系主要是在体育教育理论与方法的学科范围内展开，并被认为是教育理论的一个专门分支（姚颂平等，2020）。马特维也夫认为，从一般教育学理论来看，运动员培养系统是一个长期的过程，是对运动员进行专门实用性教育教学的过程，即在教练员进行教学调节的条件下开展的过程。在其进程中，出现了系统化传授和运动员掌握竞技运动必要知识，保障形成和完善竞技运动领域中要求的各项技能，同时提升对于竞技进步所需的个人身体素质、意志品质、道德品质。在这个层面上来看，把运动员培养看作服从一般教学论和教育规律性方向的过程是合理的。

与苏联不同，实用主义教育是西方现代资产阶级教育思想的重要流派，以美国学者杜威（Dewey）为代表的学者对西方乃至全世界均产生了广泛而深远的影响。实用主义教育主张批判师道尊严，强调要解放学生，以学生为中心，向学生学习，建立民主、平等、合作的师生关系，根据学生个性心理特点实施启发教育。杜威的实用主义与其对民主社会的重视不无关系，他认为，对于一个好的社会来说，其成员富有合作精神和公共观念，人们公平公开地享有公共利益，理智之中亦有情感，且对其他社会和团体持有一种开放的态度。而在教育哲学上，他一方面强调实用主义和人文主义相得益彰，另一方面认为个体成长与社会发展相互促进，他关于"教育即生活、学校即社会"的论断，有着知识论和社会论的依据（王霞，2020）。在实用主义的引领下，"美澳"流派的运动训练理论思想与体育教育思想类似，一是突出运动技能的重要性，要求运动员在早期掌握多项基本技术；二是更加重视体育态度和能力的培养。因此，以教练员主导的目标导向和参训动机便显得微不足道。

## 三　竞技目标：运动训练理论的参赛关注

第二次世界大战结束后，苏联、民主德国试图在奥运会等世界大赛中实现对美国的赶超和压制。从竞技体育的价值观上，"欧亚"流派的学者更加认可"奥运夺金"所产生的国际、政治、社会效益。例如，哈雷在《训练学》第 1 章"竞技体育在民主德国的地位、作用和发展"中论述了竞技体育地位、社会作用、在德国的发展及现状；田麦久论述的"竞技体

育现代社会价值"中包含"展示国家、地区和社会团体的综合实力"(田
麦久,2000)。

依照"5年计划经济"的时代背景和系统论思想,苏联开始建立全面
系统的运动员培养体系,在奥运会中夺得金牌榜首的同时,更高的夺金率
也展现出对精英级运动员培养的控制效果。苏联在奥运会中的成功与实施
的举国体制不无关系。1976年,《美国新闻报道》(US News Report)发文
《苏联如何赢得奥运会》("How Soviet Wins Olympics"),概述了苏联成功
的体制性关键因素:(1)未来冠军的早期选择和培训(如5岁时开始参加
游泳训练);(2)利用特殊人才培养运动员能力;(3)国家对运动员的高
度支持。相比之下,美国奥委会(USOC)没有从政府获得任何财政补贴,
而是依靠自愿捐款,也没有有组织地来培养运动员,甚至连奥运会选拔赛也
安排得十分随意。例如,为1960年奥运会进行的奥运选拔赛安排在7月1~
2日进行,获得参赛资格的运动员只有7~8周的时间进行赛前准备,而苏
联运动员为了备战奥运会通常会制订详细的多年和年度训练计划。

为此,马特维也夫曾自豪地认为,"毫不夸张地说,我国(苏联)优
秀的运动员培养系统是世界竞技运动中最先进的系统之一。之所以有这样
的可能性,首先是因为在高成绩运动领域中集中了人力和经费,同时不断
地激励不同行业的干部参与深入解决完善高水平运动训练方面的科学问
题、方法问题和组织问题"。

以训练分期为代表的长期训练安排更加能够体现"欧亚"流派学者的
参赛关注。经典训练分期主要针对奥运会、世锦赛等重大比赛,原则上不
针对赛程几乎布满全年的职业俱乐部联赛或巡回赛。普拉托诺夫在回应伊
苏林提出的异议时指出,"经典训练分期不符合全年大部分时间积极参加
比赛活动的实践要求,而其本身的内容是为运动员在重大比赛中获得最高
成绩建立条件"。马特维也夫同样对商业性竞技运动始终持不十分赞成的态
度,认为它对创造最高运动成绩会产生一定的消极影响(姚颂平,2012)。

与之相对,以美国为代表的"美澳"流派国家,崇尚自由的教育理念
和业余体育精神,职业运动员的高校培养模式又塑造了大学的竞技体育价
值观,这包括大学重视学生的人格发展,体育运动是培养人格的重要手
段;竞技场上的获胜并非体育竞赛的终极目标;运动员在训练和参赛过程

中，克服困难，追求卓越的拼搏精神；等等（王超、王永盛，2017）。在职业体育范围内，运动员每周参加 2~3 场竞技比赛，密集的赛事一方面不可能使运动员保持最佳竞技状态，力量、耐力等专项素质会随着赛季的进行难以保持，另一方面伤病和人员轮换无法保证运动员训练过程的系统性（Platonow，2008）。这样，以周训练或中周期训练的短期训练形式，采用板块式或波浪式的训练安排更加符合实际，这或许也是美国康希尔曼教练领导的印第安纳训练系统备受推崇的原因。

## 四 学者履历：运动训练理论的知识关注

履历（Curriculum Vitae，CV）是总结工作经验的方式。其作为研究人才的新视角，通过探寻人才的相关条件，分析其成长模式，在人才职业发展、人才流动、科研合作以及科研体制评估中具有积极作用（徐孝婷等，2019）。通常来讲，学历、职称以及代表著作、发表文献等信息反映的是人才发展的结果，而个人基本信息、教育经历、从业经历、研究方向、社会活动参与等信息映射了个人职业生涯轨迹（Dietz et al.，2000）。

本书多方查询了纳入专著作者的个人履历，发现德国学者哈雷、施纳贝尔，苏联学者马特维也夫、普拉托诺夫，中国学者田麦久、胡亦海等学者曾拥有高水平运动员从训及教练员执教经历，研究生学位论文的考察对象也多集中于高水平运动员训练实践；与之相对，美国学者耶斯具有语言翻译学背景，美国学者吉尔伯特（Gilbert），澳大利亚学者法罗、埃利奥特（Elliott），英国学者麦克莫里斯、英格姆（Ingham）则具有医学或生物学学科背景（见表 2-10），且研究生学位论文的研究内容多为针对非高水平人群或动物的实验。

表 2-10 本书纳入学者的背景经历

| | 拥有高水平运动员或教练员经历 | 以医学、生物学、语言学背景为主 |
|---|---|---|
| 学者 | 哈雷、马特维也夫、博姆帕、普拉托诺夫、伊苏林、戈麦斯、戈登、弗兰克、施纳贝尔、张博夫、许树渊、田麦久、胡亦海 | 埃利奥特、耶斯、麦克莫里斯、巴利、法罗、英格姆、吉尔伯特、霍滕罗特、林正常 |

如前文所述，运动训练理论具有综合性特征，其研究范式的建立与生

物科学、人文社会科学、教育科学有直接关联。在自然科学中，自然是唯一的研究对象，学科的客观性和科学性要求割裂人与自然的关系，从而剔除精神或主观对研究的影响。而在社会科学中，只有通过人和自然的相互关系，自然之物才能进入研究领域，研究的目的在于它的价值或意义，而不是它本身的属性。实际上，近两个世纪以来的历史也已证明，自大、偏执、冲突并未随着科学的进步而消减，其中，仿造自然科学方法的社会科学在标准化的同时也并未使问题得到根本解决（王赟，2021）。

一部分学者有着丰富的运动经历与执教经历，从理论构建之初便试图架构起完整的体系。由于时代和个人的知识体系不够完备，他们对运动训练的认知通常建筑在训练经验科学哲学基础之上，并借鉴了与之邻近学科，如教育学、管理学的相关理论加以支撑。这类学者的理论体系延续性较强，哈雷、普拉托诺夫、博姆帕、田麦久等学者在日后自己的再版著作中不断调整学科体系并更新知识内容，而这种学术观点和理论范式又影响着后续的支持者，他们共同努力实现着运动训练理论的学科化与科学化进程。

另一部分学者有着非高水平参与的经历，但却有着相对深厚的自然科学基础，他们对科学的认识讲求证据而不是经验，认为只有被重复验证的知识才科学。由于训练个体和过程的复杂性，运动训练难以被完全重复，加之个人学科限制和相对严谨的学术风格，他们大都只对自己擅长并认为正确的领域做出详细表述。所以，这类学者的著作体系差异性较大，内容更新较快，具有较强的操作性，学术著作延续性相对有限，即便是学术观点相似学者之间，其理论范式也存在一定差别。

## 五 冷战思维：运动训练理论的学术壁垒

冷战虽然使得以苏联为首的东方集团与以美国为首的西方国家科学交流中断，运动训练理论的政治集团内部交流却明显增加。1968年，西德田径投掷教练，此后担任德国体育类学术刊物《表演体育》（*Leistungs Sports*）主编的施纳（Tschiene）将马特维也夫的著作《运动训练的分期》（*Periodization of Sports Training*）翻译成德文出版，这是国外对马特维也夫训练分期理论的第一次比较全面的介绍。

就中国而言，改革开放为中国学习、引进国外先进理论敞开了大门，与其他许多学科一样，中国的运动训练理论是由引进开始的。1979 年，由蔡俊五领衔，中国学者将民主德国学者哈雷博士 1977 年的著作 *Trainingslehre Einfuhrung in die Theorie und Methodik des sportlichen Traingings*（《训练学——运动训练的理论与方法导论》）翻译成中文，第一次将这一学科展现在中国学者和教练员面前。该书序言中提到，"正值我国运动训练界厉兵秣马走向世界体坛，并广泛开展对训练理论的研究之际，这一译著的出版为我国引进体育科学先进国家的系统的训练学理论做出了有益的贡献"。1982 年，科隆体育大学格罗塞尔（Grosser）教授来华讲学，体育学博士田麦久编译了他的讲稿《运动训练学》。此后的 20 世纪 80 ~ 90 年代，中国学者又陆续对俄罗斯（苏联）、乌克兰、罗马尼亚等国家学者的部分经典著作进行了翻译，如纳巴特尼科娃（Nabatnikova）的《少年运动员训练控制原理》（1982），普拉托诺夫的《运动训练的理论与方法》（1986）、《现代运动训练》（1991），博姆帕的《运动训练理论与方法》（1990），马特维也夫的《体育理论与方法》（1994）、《竞技运动理论》（1997），至此，中国已基本了解了国外先进运动训练体系与内容，为中国系统构建运动训练学奠定了基础。

对于"美澳"流派的国家和学者，直至 1975 年，马特维也夫的经典著作《分期问题》（*The Question of Periodization*）出版 10 年后，英国国家田径队教练迪克（Dick）才首次用英语发表了论文《分期：训练年度的一种方法》（"Periodization：An Approach to the Training Year"），较为全面和深入地介绍了马特维也夫分期训练理论的主旨和内容。此时，英语世界的国度才发现，原来苏联和社会主义阵营中的其他国家的运动员采用了与西方截然不同的训练哲学。此后，迪克于 1976 年和 1977 年又分别在《田径技术》（*Track Technique*）上发表系列论文，对周期化训练进行了更详细表述，例如训练课、小周期、大周期、多年分期等。

正如美国俄亥俄州立大学著名运动训练学家克雷默（Kraemer）回忆说："训练分期的很多术语来自苏联和东欧国家，1973 年，我从米勒（Miller）发给美国举重运动员的材料中读到了这些术语。随着时间的推移，美国举重运动员、教练员和科研人员采用了这些概念和术语，使许多训练分期的概念和术语的混合体得以存在，并在今天继续发展。"

虽然美国缺乏系统的训练理论，并且也发现马特维也夫的经典训练分期是一种很好的训练安排规划方法，然而，正如库恩在《科学革命的结构》（*The Structure of Scientific Revolution*）中所说，"科学家很少会受到新发现的启发，公开承认并采用新的思维方式"（Thomas，2016），西欧和美国的教练员并未立刻将理论转化为实践。尽管具有明显的应用价值，但认可并吸收苏联的运动训练理论是一个缓慢的过程。巴利在澳大利亚教练员研讨会中指出，除了耶斯在《苏联体育评论》（*Soviet Sports Review*）中的早期介绍外，翻译和吸收苏联和东欧时期的训练文献花费了几十年才被西方教练员、运动员和体育科技工作者广泛接受，即使有了这些文献，不准确的翻译往往会掩盖信息的真实含义（Balyi，1992）。此外，在冷战时期，苏联许多科技文献是保密的，西方教练员不确定哪些信息是正确的，又有多少信息是保密的，因此对周期性方法的相对效益和不合法性使用药物之间的关系提出了疑问。

# 本章小结

（1）依据国内外对学术流派"学术观点""体系范式""研究纲领"的多维认识，本书提出了国际运动训练理论流派划分的变量，包括运动训练理论的体系范式、运动训练理论的核心概念及概念体系、运动训练理论的原理及原则、运动员负荷承受的生物学基础 4 个维度。

（2）运用定性比较分析法，以遴选出的 32 本国际主要运动训练理论专家学术著作为样本，以国际运动训练理论流派的划分变量为条件变量，以理论专家的地缘或学缘关系为结果变量进行了组态分析，结果显示地缘或学缘关系与流派之间具有较强的关联性，由此将其分别定义为"欧亚"流派和"美澳"流派。

（3）"欧亚"流派与苏联有着地缘或学缘关系；学科论域兼顾训练原则、内容、方法、负荷、组织安排 5 大要素；核心概念表述清晰，具有明确的指向性；原理或原则兼顾了系统思想原则群、体育教学论原则群和运动训练特有原则群；将短期的超量恢复和长期的生物适应相结合纳入运动员负荷承受的生物学基础。

"美澳"流派学者多来自北美、西欧、大洋洲等国家和地区；学科论域除训练内容和训练组织安排外，会纳入选材、医学、营养、监控等内容；原理或原则主要围绕着训练负荷安排展开；核心概念使用统一但论域宽泛甚至不清；生物学基础依据运动员生理和心理的"应激—适应"变化。

（4）国际运动训练理论流派产生的原因与理论的构建理念、人的发展理念、竞技目标、学者履历和冷战产生的学术壁垒有关。就思想内核来看，"欧亚"流派秉承系统科学哲学思想和以教练员为中心，重视世界大赛成绩，学者多具有运动员和教练员背景；"美澳"流派注重实证主义和以运动员为中心，重视职业体育，学者多具有医学和生物学背景，对"欧亚"流派创造的先进理论获得途径有限且主观信任不足。

# 第三章
## 国际运动训练理论流派训练原则的演进与创新


## 第一节　国际运动训练理论流派训练原则的内容分析


### 一　类目建构与编码

　　本章意在讨论"欧亚"流派和"美澳"流派运动训练原则各自的演进特征与创新路径，故以包含该内容论述的学术著作为考察对象，其分析单位为具体论述的运动训练原理或原则，在著作中分散论述的字词、段落、篇章、语义等，以及上述各项的不同组合。为了在更大程度上获取有关著作更加具体的细节内容，本书分别选择字词、句子两种分析单位进行内容分析。

　　（一）分析框架

　　1. X 维度：运动训练原理与原则的主体层次

　　从广义角度来讲，运动训练理论可理解为运动员培养过程中的理论合集，不同的训练要素的施加方式可以由单一或多个主体完成，即运动训练效果受到多元主体的影响。因此，本书的 X 维度以教练员、运动员、运动训练管理人员、队医、科研服务人员 5 个运动训练活动的执行客体为研究方向。其中，教练员是训练计划的制订者和训练安排的执行者；运动员既是训练的客体也是主体，高水平运动员有着较强的训练把握与参与能力；运动训练管理人员制定宏观的训练组织架构，并为竞技体育的顺利开展提供保障；队医的职责在于运动营养与损伤防治，以避免训练的生理负面反应；科研服务人员提供包括技术诊断、战术分析、负荷监控等隐性科技支持，同样是训练参与的主体层次之一。各主体层次的编码方式为：教练员编号为 1；运动员编号为 2；运动训练管理人员编号为 3；队医编号为 4；科研服务人员编号为 5；多主体参与编号为 6。

### 2. Y 维度：运动训练原理与原则的操作层次

运动训练原则需要阐明运动训练活动的基本准则，而训练实施则既需要具体操作也需要宏观设计。对于训练基本要素而言，无论是训练内容、方法，还是负荷与组织安排，均可依据宏观、中观、微观予以划分（见表 3-1）。其中，训练内容针对整体、复合抑或单一竞技能力；训练方法聚焦整体控制性、多项组合性抑或单一操作性；训练负荷表现为整体性、组合性抑或单一性负荷刺激；训练计划包括多年、年度、周课训练计划。各操作方式的编码方式为：宏观层次结构编号为 1；中观层次结构编号为 2；微观层级结构编号为 3。

**表 3-1 运动训练组成构件的操作层次结构**

| 运动训练理论组件 | 宏观 | 中观 | 微观 |
| --- | --- | --- | --- |
| 训练方法 | 整体控制性方法 | 多项组合性方法 | 单一操作性方法 |
| 训练负荷 | 整体负荷刺激 | 组合负荷刺激 | 单一负荷刺激 |
| 训练计划 | 多年训练计划 | 年度大、中周期训练计划 | 周课训练计划 |

资料来源：笔者自制。

### 3. Z 维度：运动训练原理与原则的客体层次

运动训练的客体是运动员，其行为目标是不断发展竞技能力和培养竞技状态，而竞技状态的实质是运动员竞技能力水平的一种状态或运动员各竞技子能力的提高所形成的一种状态（李赞，2009）。由此认为，运动训练围绕着竞技能力的提高展开，故本书将运动员的竞技能力作为客体层次。不同训练主体采用不同操作方式均可实现对客体的作用，但作用的范围和取得的效果却有所不同，且各竞技子能力呈现非线性"涌现"式发展

（仇乃民，2015），故各客体层次的编码方式为：整体性竞技能力编号为 1；组合性竞技能力编号为 2；单一性竞技能力编号为 3。

结合以上分析与编码方式，运动训练原则论述的是训练主体通过操作方式对训练客体施加作用所遵循的基本准则，针对不同时期提升运动员竞技能力的需要，实施主体对操作性方法进行合理建构才能达成训练目标，由此绘制的结合 X 维主体层次、Y 维操作层次、Z 维客体层次的三维框架体系如图 3 - 1 所示。

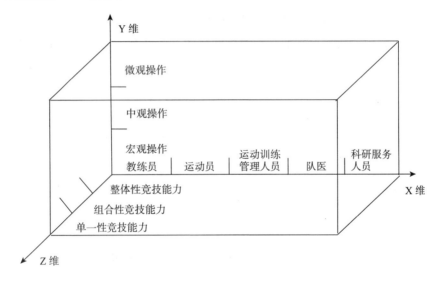

**图 3 - 1　运动训练原则内容分析的三维框架**

资料来源：笔者自制。

在确立分析单位和维度框架后，本书将分析单位归入不同的类目（categories），通读纳入的运动训练理论著作，对样本进行分析、总结、抽象化，将共同特征和主题从文本中提炼。将 X 维度主体层次作为参考编码节点，采用 Nvivo12.0 软件进行内容分析，认为某一原则内容中至少包含一个核心论点，通过核心论点提取，将其编码放到对应的节点中。

（二）信度检验

内容分析法的信度检验包括两类，一是稳定性信度，即编码者对相同内容在不同时间进行类目建构时产生结果的一致性检验；二是编码员间信度，即独立编码者评估同一文本达到相同结论的程度。内容分析若保证研究信度，需要在编码过程中表现出稳定性、可重复性和准确性三个特征。

稳定性信度间隔时间为 30 天，编码员间信度由笔者和另一位学者分别独立完成。所用检验方法包括百分比一致性 $PA_o$ 和 Kappa 两个指标，二者其一达到标准即认为通过信度检验。

百分比一致性 $PA_o$ 计算公式为：

$$PA_o = A/n$$

其中，A 为 2 人次编码一致的单位数目；n 为编码总单位数；取值范围为 [0，1]；当 $PA_o > 80\%$ 时，认为具有高度一致性。

Kappa 指数的计算公式为：

$$P_i = (PA_o - PA_e) / (1 - PA_e)$$

其中，$PA_o$ 为观察一致率；$PA_e$ 为随机一致率，即每个数值出现概率的平方和；当 $Pi \geq 0.71$ 时，认为一致性可接受，当 $P_i \geq 0.81$ 时，认为具有高度一致性。

在本书纳入的 32 部运动训练理论学术著作中，有 21 部对运动训练原理或原则进行了专门性阐述，与此同时，不同著作对系统类、全面类、控制类、动机类、直观类、导向类、区别类、负荷类、周期类、恢复类和健康类原则的纳入数量存在较大区别。为厘清各原则的历史演进与创新路径，本书对 21 部著作中的部分运动训练原则进行内容分析，原则遴选的依据为：第一，可纳入著作的数量较多；第二，兼顾"欧亚"流派和"美澳"流派学者的著作。依照上述遴选依据，共纳入负荷类原则（20 部）、周期类原则（18 部）、系统类原则（17 部）、区别类原则（14 部）4 类原则。动机类原则（14 部）、全面类原则（12 部）因仅存在于"欧亚"流派学者著作中，直观类原则（7 部）、控制类原则（7 部）、导向类原则（6 部）、恢复类原则（6 部）、健康类原则（2 部）因所列著作较少未展开专门研究。

运用 Nvivo12.0 软件，分别计算出 4 类运动训练原则稳定性信度和编码员间信度的 $PA_o$ 和 $P_i$ 指数，结果如表 3-2 所示。从数据来看，$P_i$ 均大于 0.71，$PA_o$ 均超过了 80%，由此认为编码通过了信度检验。

表 3 – 2　编码信度检验统计

| | 稳定性信度 | | 编码员间信度 | |
|---|---|---|---|---|
| | $P_i$ | $PA_o$ | $P_i$ | $PA_o$ |
| 负荷类原则 | 0.794 | 95.00% | 0.910 | 96.67% |
| 周期类原则 | 0.861 | 96.67% | 1.000 | 100.00% |
| 系统类原则 | 0.948 | 98.33% | 0.962 | 98.33% |
| 区别类原则 | 0.816 | 86.67% | 0.774 | 91.67% |

## 二　数据分析结果

依照系统性思想原则的编码相似性，列出了所纳入学者著作的 Jaccard 相关系数表，所纳入各运动训练原则的 Jaccard 相关系数（见表 3 – 3 至表 3 – 6）。与此同时，本书依据纳入运动训练理论学术著作中的相关运动训练原则的编码相似性进行聚类分析（见图 3 – 2 至图 3 – 5）。

在负荷类原则的 Jaccard 相关系数中，田麦久 2000 年《运动训练学》和 2014 年《高水平竞技选手的科学训练与成功参赛》2 部著作的编码相似性最高，达到 0.730；马特维也夫的《运动训练基础》（1977）和伊苏林的《高等体育原理与基础》（*Principles and Basics of Advanced Athletic*）2 部著作的编码相似性最低，仅为 0.108。从各著作间 Jaccard 相关系数的总体趋势来看，来自德国的哈雷、罗马尼亚/加拿大的博姆帕与中国学者之间，俄罗斯、乌克兰、南美、日本学者之间，北美、英国、德国等学者之间著作的数值较高；北美、英国、德国等国家学者与其他国家学者著作的数值较低。这一相似性关系在聚类分析（见图 3 – 2）中同样得到了验证，依据聚类关系，Elliott（1999）、Yessis（2006）、McMorris（2006）、Issurin（2008）、Balyi（2013）、Frank（2015）、Hottenrott（2016）7 位学者著作所组成的聚类与其余 13 位学者著作所形成的聚类产生区别，这一结果又从另一方面验证了国际运动训练理论学者在负荷类原则领域具有的流派差异。

在周期类原则的 Jaccard 相关系数中，普拉托诺夫出版的 2 部著作《运动训练的理论与方法》（*Theory and Method of Sports Training*，1986）和《奥林匹克运动员训练的理论与方法》（2005）编码相似性最高，为 1.000；马特维也夫的《运动训练基础》（1977）和耶斯的《打造更优秀的运动员》

表 3 - 3 负荷类原则的 Jaccard 相关系数

| | 1 | 2 | 3 | 4 | 5 | 6 | 7 | 8 | 9 | 10 | 11 | 12 | 13 | 14 | 15 | 16 | 17 | 18 | 19 |
|---|---|---|---|---|---|---|---|---|---|---|---|---|---|---|---|---|---|---|---|
| 2 | 0.235 | | | | | | | | | | | | | | | | | | |
| 3 | 0.311 | 0.336 | | | | | | | | | | | | | | | | | |
| 4 | 0.291 | 0.301 | 0.298 | | | | | | | | | | | | | | | | |
| 5 | 0.344 | 0.222 | 0.387 | 0.270 | | | | | | | | | | | | | | | |
| 6 | 0.311 | 0.235 | 0.301 | 0.237 | 0.256 | | | | | | | | | | | | | | |
| 7 | 0.257 | 0.365 | 0.310 | 0.312 | 0.312 | 0.267 | | | | | | | | | | | | | |
| 8 | 0.301 | 0.384 | 0.256 | 0.356 | 0.256 | 0.312 | 0.333 | | | | | | | | | | | | |
| 9 | 0.233 | 0.296 | 0.298 | 0.298 | 0.264 | 0.325 | 0.315 | 0.314 | | | | | | | | | | | |
| 10 | 0.296 | 0.232 | 0.245 | 0.198 | 0.300 | 0.258 | 0.369 | 0.364 | 0.389 | | | | | | | | | | |
| 11 | 0.284 | 0.214 | 0.309 | 0.264 | 0.275 | 0.300 | 0.416 | 0.406 | 0.279 | 0.343 | | | | | | | | | |
| 12 | 0.251 | 0.301 | 0.258 | 0.301 | 0.269 | 0.260 | 0.502 | 0.359 | 0.264 | 0.314 | 0.410 | | | | | | | | |
| 13 | 0.375 | 0.108 | 0.267 | 0.278 | 0.501 | 0.315 | 0.312 | 0.247 | 0.301 | 0.451 | 0.315 | 0.345 | | | | | | | |
| 14 | 0.225 | 0.296 | 0.214 | 0.345 | 0.412 | 0.365 | 0.278 | 0.296 | 0.364 | 0.300 | .0412 | 0.298 | 0.335 | | | | | | |
| 15 | 0.165 | 0.213 | 0.131 | 0.197 | 0.279 | 0.314 | 0.412 | 0.205 | 0.200 | 0.224 | 0.287 | 0.331 | 0.371 | 0.307 | | | | | |
| 16 | 0.112 | 0.198 | 0.202 | 0.224 | 0.132 | 0.212 | 0.189 | 0.334 | 0.730 | 0.161 | 0.169 | 0.194 | 0.288 | 0.125 | 0.299 | | | | |
| 17 | 0.132 | 0.131 | 0.187 | 0.300 | 0.201 | 0.484 | 0.161 | 0.297 | 0.461 | 0.199 | 0.171 | 0.252 | 0.331 | 0.362 | 0.301 | 0.524 | | | |
| 18 | 0.154 | 0.138 | 0.199 | 0.131 | 0.416 | 0.143 | 0.116 | 0.111 | 0.129 | 0.331 | 0.236 | 0.317 | 0.449 | 0.511 | 0.523 | 0.410 | 0.478 | | |
| 19 | 0.167 | 0.206 | 0.203 | 0.379 | 0.159 | 0.191 | 0.238 | 0.124 | 0.277 | 0.132 | 0.325 | 0.331 | 0.221 | 0.135 | 0.401 | 0.379 | 0.245 | 0.412 | |
| 20 | 0.146 | 0.168 | 0.113 | 0.201 | 0.444 | 0.119 | 0.130 | 0.164 | 0.163 | 0.121 | 0.428 | 0.242 | 0.304 | 0.103 | 0.310 | 0.321 | 0.310 | 0.279 | 0.343 |

注：表中编号 1～20 著作的作者分别为 Harre（1969）、Matveyev（1977）、Bompa（1990）、Platonov（1986）、田麦久（1988）、张博夫（1992）、徐本力（1999）、Elliott（1999）、Platonov（2000）、Yessis（2006）、McMorris（2006）、Issurin（2008）、Gomes（2009）、Balyi（2013）、田麦久（2014）、Frank（2015）、Hottenrott（2016）、Bompa（2017）、福永哲夫（2017）。

表 3-4 周期类原则的 Jaccard 相关系数

| | 1 | 2 | 3 | 4 | 5 | 6 | 7 | 8 | 9 | 10 | 11 | 12 | 13 | 14 | 15 | 16 | 17 |
|---|---|---|---|---|---|---|---|---|---|---|---|---|---|---|---|---|---|
| 2 | 0.294 | | | | | | | | | | | | | | | | |
| 3 | 0.315 | 0.311 | | | | | | | | | | | | | | | |
| 4 | 0.215 | 0.244 | 0.401 | | | | | | | | | | | | | | |
| 5 | 0.301 | 0.265 | 0.301 | 0.375 | | | | | | | | | | | | | |
| 6 | 0.354 | 0.187 | 0.333 | 0.358 | 0.298 | | | | | | | | | | | | |
| 7 | 0.216 | 0.237 | 0.396 | 0.412 | 0.322 | 0.341 | | | | | | | | | | | |
| 8 | 0.197 | 0.321 | 1.000 | 0.279 | 0.245 | 0.412 | 0.279 | | | | | | | | | | |
| 9 | 0.312 | 0.148 | 0.421 | 0.301 | 0.301 | 0.356 | 0.199 | 0.677 | | | | | | | | | |
| 10 | 0.381 | 0.168 | 0.279 | 0.233 | 0.199 | 0.298 | 0.237 | 0.329 | 0.402 | | | | | | | | |
| 11 | 0.279 | 0.241 | 0.264 | 0.296 | 0.203 | 0.198 | 0.312 | 0.311 | 0.279 | 0.312 | | | | | | | |
| 12 | 0.167 | 0.314 | 0.301 | 0.384 | 0.313 | 0.264 | 0.356 | 0.591 | 0.167 | 0.356 | 0.369 | | | | | | |
| 13 | 0.312 | 0.345 | 0.364 | 0.264 | 0.401 | 0.301 | 0.298 | 0.344 | 0.312 | 0.298 | 0.312 | 0.331 | | | | | |
| 14 | 0.354 | 0.246 | 0.237 | 0.301 | 0.307 | 0.278 | 0.314 | 0.301 | 0.254 | 0.198 | 0.502 | 0.279 | 0.401 | | | | |
| 15 | 0.267 | 0.214 | 0.312 | 0.364 | 0.264 | 0.435 | 0.491 | 0.233 | 0.267 | 0.264 | 0.312 | 0.264 | 0.279 | 0.289 | | | |
| 16 | 0.501 | 0.169 | 0.356 | 0.311 | 0.301 | 0.311 | 0.279 | 0.296 | 0.521 | 0.301 | 0.299 | 0.301 | 0.267 | 0.237 | 0.441 | | |
| 17 | 0.431 | 0.432 | 0.298 | 0.502 | 0.364 | 0.291 | 0.264 | 0.284 | 0.264 | 0.278 | 0.203 | 0.364 | 0.312 | 0.312 | 0.311 | 0.375 | |
| 18 | 0.614 | 0.341 | 0.416 | 0.324 | 0.192 | 0.235 | 0.367 | 0.292 | 0.523 | 0.672 | 0.348 | 0.412 | 0.289 | 0.314 | 0.451 | 0.314 | 0.214 |

注：表中编号 1~18 著作的作者分别为 Harre（1969）、Matveyev（1977）、Platonov（1986）、田麦久（1988）、张博夫（1992）、徐本力（1999）、田麦久（2000）、Platonov（2005）、Yessis（2006）、McMorris（2006）、Balyi（2013）、Gomes（2009）、Farrow（2013）、田麦久（2014）、胡亦海（2014）、Frank（2015）、Bompa（2017）、福永哲夫（2017）。

表 3 - 5　系统类原则的 Jaccard 相关系数

| | 1 | 2 | 3 | 4 | 5 | 6 | 7 | 8 | 9 | 10 | 11 | 12 | 13 | 14 | 15 | 16 |
|---|---|---|---|---|---|---|---|---|---|---|---|---|---|---|---|---|
| 2 | 0.302 | | | | | | | | | | | | | | | |
| 3 | 0.199 | 0.348 | | | | | | | | | | | | | | |
| 4 | 0.203 | 0.214 | 0.198 | | | | | | | | | | | | | |
| 5 | 0.598 | 0.167 | 0.311 | 0.235 | | | | | | | | | | | | |
| 6 | 0.168 | 0.298 | 0.222 | 0.298 | 0.321 | | | | | | | | | | | |
| 7 | 0.241 | 0.198 | 0.235 | 0.154 | 0.359 | 0.251 | | | | | | | | | | |
| 8 | 0.184 | 0.264 | 0.365 | 0.351 | 0.247 | 0.312 | 0.123 | | | | | | | | | |
| 9 | 0.245 | 0.214 | 0.284 | 0.421 | 0.296 | 0.509 | 0.215 | 0.473 | | | | | | | | |
| 10 | 0.246 | 0.167 | 0.196 | 0.199 | 0.205 | 0.215 | 0.423 | 0.321 | 0.214 | | | | | | | |
| 11 | 0.214 | 0.305 | 0.468 | 0.203 | 0.168 | 0.212 | 0.201 | 0.298 | 0.228 | 0.301 | | | | | | |
| 12 | 0.167 | 0.346 | 0.246 | 0.214 | 0.241 | 0.384 | 0.320 | 0.198 | 0.199 | 0.214 | 0.354 | | | | | |
| 13 | 0.212 | 0.167 | 0.216 | 0.167 | 0.179 | 0.143 | 0.501 | 0.264 | 0.203 | 0.411 | 0.240 | 0.178 | | | | |
| 14 | 0.284 | 0.365 | 0.214 | 0.307 | 0.145 | 0.219 | 0.200 | 0.601 | 0.333 | 0.290 | 0.298 | 0.365 | 0.208 | | | |
| 15 | 0.143 | 0.134 | 0.167 | 0.205 | 0.246 | 0.125 | 0.398 | 0.310 | 0.245 | 0.408 | 0.198 | 0.284 | 0.456 | 0.278 | | |
| 16 | 0.201 | 0.196 | 0.145 | 0.712 | 0.214 | 0.355 | 0.189 | 0.348 | 0.284 | 0.214 | 0.264 | 0.196 | 0.199 | 0.511 | 0.214 | |
| 17 | 0.198 | 0.401 | 0.644 | 0.321 | 0.169 | 0.222 | 0.179 | 0.298 | 0.305 | 0.167 | 0.365 | 0.416 | 0.203 | 0.179 | 0.167 | 0.301 |

注：表中编号 1～17 著作的作者分别为 Harre（1969），Matveyev（1977），Platonov（1986），Bompa（1990），田麦久（1988），张博夫（1992），Elliott（1999），徐本力（1999），田麦久（2000），许树渊（2001），Platonov（2005），Gomes（2009），Balyi（2013），田麦久（2014），Frank（2015），Bompa（2017），福永哲夫（2017）。

表 3-6 区别类原则的 Jaccard 相关系数

| | 1 | 2 | 3 | 4 | 5 | 6 | 7 | 8 | 9 | 10 | 11 | 12 | 13 |
|---|---|---|---|---|---|---|---|---|---|---|---|---|---|
| 2 | 0.215 | | | | | | | | | | | | |
| 3 | 0.232 | 0.232 | | | | | | | | | | | |
| 4 | 0.414 | 0.214 | 0.301 | | | | | | | | | | |
| 5 | 0.301 | 0.301 | 0.830 | 0.215 | | | | | | | | | |
| 6 | 0.205 | 0.205 | 0.247 | 0.232 | 0.178 | | | | | | | | |
| 7 | 0.296 | 0.296 | 0.311 | 0.214 | 0.198 | 0.300 | | | | | | | |
| 8 | 0.124 | 0.291 | 0.279 | 0.501 | 0.264 | 0.214 | 0.295 | | | | | | |
| 9 | 0.201 | 0.231 | 0.167 | 0.314 | 0.301 | 0.412 | 0.164 | 0.144 | | | | | |
| 10 | 0.311 | 0.145 | 0.312 | 0.312 | 0.278 | 0.278 | 0.441 | 0.312 | 0.407 | | | | |
| 11 | 0.179 | 0.299 | 0.311 | 0.278 | 0.214 | 0.478 | 0.311 | 0.278 | 0.097 | 0.317 | | | |
| 12 | 0.128 | 0.145 | 0.198 | 0.312 | 0.232 | 0.189 | 0.279 | 0.112 | 0.264 | 0.232 | 0.219 | | |
| 13 | 0.135 | 0.112 | 0.145 | 0.189 | 0.214 | 0.311 | 0.157 | 0.189 | 0.301 | 0.214 | 0.231 | 0.312 | |
| 14 | 0.201 | 0.214 | 0.631 | 0.105 | 0.501 | 0.124 | 0.222 | 0.314 | 0.278 | 0.301 | 0.154 | 0.389 | 0.290 |

注：表中编号 1～14 著作的作者分别为 Harre（1969）、Matveyev（1977）、Bompa（1990）、Platonov（1986）、徐本力（1999）、张博夫（1992）、田麦久（2000）、Platonov（2005）、Yessis（2006）、McMorris（2006）、Gomes（2009）、田麦久（2014）、Frank（2015）、Bompa（2017）。

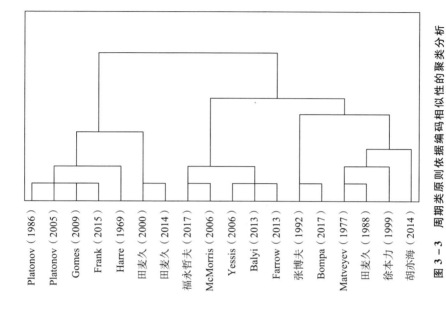

图 3-3 周期类原则依据编码相似性的聚类分析

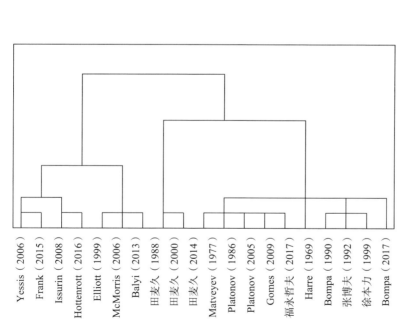

图 3-2 负荷类原则依据编码相似性的聚类分析

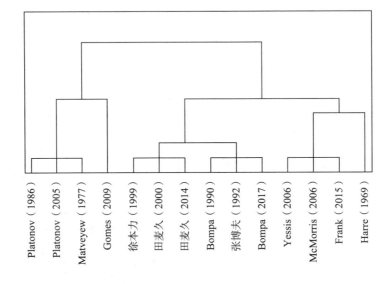

图 3 - 5　区别类原则依据编码相似性的聚类分析

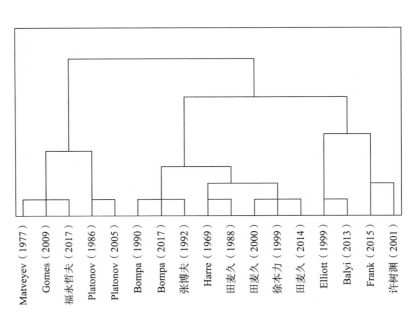

图 3 - 4　系统类原则依据编码相似性的聚类分析

（*Build a Better Athlete*，2006）编码相似性最低，仅为 0.148。从各著作间 Jaccard 系数趋势及聚类图来看，哈雷（1969）、Platonov（1986、2005）、Frank（2015）以及中国学者田麦久（2000、2014）之间，"美澳"流派的 Yessis（2006）、McMorris（2006）、Balyi（2013）、Farrow（2013）、福永哲夫（2017）之间，Matveyev（1977）、田麦久（1988）、张博夫（1992）、徐本力（1999）、胡亦海（2014）、Bompa（2017）之间具有较高的相似度和聚类关系。由此表明，"美澳"流派学者认可由马特维也夫创立的周期训练安排，但在"欧亚"流派内部依然存在观点差异。

在系统类原则的 Jaccard 相关系数中，博姆帕 1990 年出版的《训练理论与方法论》和 2017 年《分期：训练年度的一种方法》（第 6 版）2 部著作的编码相似性最高，达 0.712；马特维也夫的《运动训练基础》（1977）和弗兰克的《运动训练原则》（*Sports Training Principles*）（2015）编码相似性最低，仅为 0.134。结合各著作间 Jaccard 相关系数数值的总体趋势以及聚类分析图来看，并未呈现明显的"欧亚"流派和"美澳"流派差异，尽管 Matveyev（1977）、Platonov（1986、2005）、Gomes（2009）、福永哲夫（2017）5 部"欧亚"流派学者著作的数值较高，Elliott（1999）、许树渊（2001）、Balyi（2013）、Frank（2015）4 部"美澳"流派学者的数值同样较高，但来自民主德国、中国、罗马尼亚/加拿大的学者的著作却与"美澳"流派学者著作存在更为明显的相关与聚集关系。

在区别类原则的 Jaccard 相关系数中，罗马尼亚/加拿大学者博姆帕的著作《训练理论与方法论》（*Theory and Methodology of Training*，1990）与中国台湾学者张博夫的著作《运动训练理论与方法》（1992）编码相似性最高，为 0.830；而美国学者耶斯的《打造更优秀的运动员》（2006）和巴西学者戈麦斯的《运动训练》（*Treinamento Desportivo*）（2009）的编码相似性最低，仅为 0.097。除"欧亚"流派的 Harre（1969）与"美澳"流派的 Yessis（2006）、McMorris（2006）、Frank（2015）具有较高相似性与聚类关系外，来自苏联或求学于苏联的 Matveyev（1977）、Platonov（1986、2005）、Gomes（2009）同样具有较高相似性，而中国学者与罗马尼亚/加拿大学者博姆帕的著作则有着紧密联系。

# 第二节 国际运动训练理论流派训练原则内涵解读

## 一 负荷类原则的内涵解读

对于运动训练原则的识别除所用名称前缀的形容词外，还应包含相关学者论述时的科学基础与训练要点。其中，前缀形容词体现了学者对相关原则的特征认知；科学基础反映了特定时期对训练客观规律的普遍认识以及学者个人的主观倾向；训练要点则是学者依据科学基础提出的对训练实践的基本指导方式。本书纳入的 20 部学术著作中有关负荷类原则的命名、科学基础、训练要点如表 3 - 7 所示。

从负荷类原则的命名来看，主要表现为递进性（渐进性）、波动性（变化性）、适宜性（合理性）3 种类型，且递进性和波动性在不同流派之间均有所采用，适宜性主要被中国大陆学者采纳。其中，递进性从哈雷最初认识的简单"增加"，过渡到提升幅度的"渐进"以及"跳跃"。就科学基础而言，学者们首先观察到随着运动员竞技水平的提高，负荷承受能力随之增强的现实；其次，从竞技能力提高的非线性变化，以及不同机体能力发展时序与负荷的关系角度，负荷的增长应趋向于"极限"的相互联系；再次，鉴于高水平运动员对渐进式负荷作用效果的下降，跳跃式的负荷增加方式得到认可。在训练操作上，随着认识的深入，负荷安排形式逐步拓展，最终形成了应对专项、运动员水平、赛事需要的标准、线性、分级、集中、平行等集合负荷安排模式。

对负荷安排波动性的认识，表现为波段持续时间由运动员竞技能力长期波浪式发展，向中、小周期短时间集中安排演进。早期马特维也夫认为负荷波动设计与年度训练大周期有关，即与竞技状态的获得、保持、消退时象相对应，负荷的波动设计相对平缓，具有长期"线性"的特征。随着维尔霍尚斯基等人提出"板块训练分期"以来，通过集中负荷效应实现竞技子能力序列式提高模式受到关注，负荷波动性安排缩短并更加强调强度的作用，且这种模式以及原则的科学基础与训练要点更加受到"美澳"流

表 3 - 7 负荷类原则论述要点

| 序号 | 学者（年份） | 命名 | 科学基础 | 训练要点 |
|---|---|---|---|---|
| 1 | Harre（1969） | 增加 | 负荷与竞技能力水平保持对应关系 | 分阶段跳跃式提高负荷 |
| 2 | Matveyev（1977） | 动态与波浪性 | 渐进性并趋于"极限" | 跳跃式增长必须渐进式提高负荷作为基础 |
| 3 | Bompa（1990） | 逐步提高 | 机体效率及工作能力在长时期内逐步提高 | 针对不同能力或素质的负荷增加幅度不同，持续时间逐步延长 |
| 4 | Platonov（1986） | 渐进至最大 | 同1和3 | 年度时间和每周课逐步增加；负荷量反向搭配 |
| 5 | 田麦久（1988） | 定向化与个体化 | 总目标和阶段性任务的不同；个体生物适应的差异 | "补短"与"扬长" |
| 6 | 张博夫（1992） | 渐进 | 人体各系统承受负荷的顺序不同 | 不同竞技子能力提高负荷的方式 |
| 7 | 徐本力（1999） | 合理安排 | 不同任务、对象的差异化要求 | 依据目标、任务，水平做出合理安排 |
| 8 | 田麦久（2000） | 适宜 | 生物适应与劣变现象；人体机能的"极限" | 负荷与间歇搭配：直线、阶梯、波浪、跳跃式增加方式 |
| 9 | Platonov（2005） | 增强并趋向最大、波动起伏 | 突破机体极限的需要；不同训练任务与内容的相应作用 | 各类型训练周期的次数、组数、内容、方法的变化 |
| 10 | Gomes（2009） | 波动性 | 负荷变化对竞技能力和竞技状态的相应作用 | 年度负荷变化发展竞技能力、"延缓传导"效应诱导竞技状态 |
| 11 | 田麦久（2014） | 适宜 | 同8 | 同8 |
| 12 | Bompa（2017） | 变化、顺序 | 不同专项和运动员水平对负荷的适应差异；人体生长发育阶段性与"敏感期" | 标准、线性、分级、集中、平行负荷安排方式；能力靶向负荷的对应关系 |
| 13 | Elliott（1999） | 渐进性 | 人体对负荷刺激接受是渐进式的 | 依据机体对负荷的反应做出调整 |
| 14 | Yessis（2006） | 变化性 | 有助于不同身体素质的持续增长 | 渐进式地改变负荷量与间歇 |
| 15 | McMorris（2006） | 渐进性 | 人体机能存在"阈值" | 在阈值的相关范围内设计负荷 |

续表

| 序号 | 学者（年份） | 命名 | 科学基础 | 训练要点 |
|---|---|---|---|---|
| 16 | Issurin（2008） | 波动性 | 负荷强度对竞技能力的独特作用 | 采用集中强度的负荷刺激 |
| 17 | Balyi（2013） | 渐进性 | 负荷与人体发育的敏感期相对应 | 关注成绩与负荷关系，确定何时进入下一个（专项化）的阶段 |
| 18 | Frank（2015） | 变化性 | 负荷量与负荷强度的组合方式产生的效果不同 | 发展竞技能力和诱导竞技状态的特殊负荷搭配；延缓能力消退的负荷组合方式 |
| 19 | Hottenrott（2016） | 波动性 | 强度与功率之间存在关系，强度变化更有助于能力提升 | 采用集中强度的负荷刺激 |
| 20 | 福永哲夫（2017） | 渐进至最大、波动性 | 同 2 和 4 | 同 2 和 4 |

资料来源：笔者依据相关文献内容自制。

派学者的认可。

中国早期对负荷类原则的理解基本引自国外，过家兴、徐本力等人均使用了"合理安排负荷原则"的概念，而后逐步被"适宜负荷原则"代替，其原因在于运动员在适宜和过度负荷下会产生生物适应和劣变现象，由此强调对潜力"临界值"的关注以及将负荷与恢复统一建构于训练负荷的体系之下。

## 二 周期类原则的内涵解读

周期类原则的命名相对一致，如"周期化原则""周期安排原则""周期循环原则"等，但不同学者论述的内涵与实质则存在一定差异。作为现代运动训练分期理论的创立者，马特维也夫借鉴了莱图诺夫（Letunov）和普罗科普（Prokop）对"竞技状态"的界定，以及对苏联国内生理学、生物化学、训练学进行调查，并将运动医学、生物学、心理学的监控应用于竞技状态的评测，故在他的原则论述中，着重强调了"竞技状态"产生、保持、消失的时象，以及依据项目特征选择单、双、多周期的使用要点。训练分期理论引入中国早期，田麦久、徐本力、过家兴等学者继承了这一观点，即认为周期类原则应依照竞技状态变化讨论如何诱导。

与最初人们认为周期化训练安排与自然周期和生命节律有关类似，哈雷沿用了周而复始的气候条件科学基础，同时将赛事安排作为周期化训练的另一理论前提，此后，自然周期性不再被学者提及，但对比赛安排固定因素的认识得到普遍认可，并将其与竞技状态周期性变化理论结为一体。例如，普拉托诺夫提出需要综合考察训练状态、比赛安排和训练目标，以现实状态和目标状态确立周期类型，在马特维也夫年度训练分期基础上，进一步细化了训练课、小周期、中周期、大周期等多种序列结构，并将超量恢复理论确立为小周期训练的科学基础；田麦久强调需处理好固定因素（赛事）和变异因素（训练）的组合等；弗兰克认为训练应兼顾比赛安排和状态特征，以便实现运动员发展进程中各个周期的链接。

与"欧亚"流派学者普遍认可竞技状态的理论基础不同，"美澳"流派学者倾向于通过周期化训练安排促进竞技能力的提高，因此在他们论述的科学基础上，大多强调目标状态的达成途径，尤其是训练负荷在竞技能力提升过程中的基础性作用。例如，耶斯提出了依据多维因素选择和安排周期以最大限度满足运动员成才需要的观点；麦克莫里斯认为应依据不同的目标设定选定相应周期类型；法罗应用训练与成绩的辩证关系，认为训练周期的选择需与运动员发展相吻合。周期类原则的命名、科学基础和训练要点如表 3－8 所示。

表 3－8　周期类原则论述要点

| 序号 | 学者（年份） | 命名 | 科学基础 | 训练要点 |
|---|---|---|---|---|
| 1 | Harre（1969） | 周期循环 | 周而复始的气候与赛事特征 | 基于气候变化和赛事安排训练 |
| 2 | Matveyev（1977） | 周期分类 | 不同项目运动员竞技状态具有时象性 | 根据项目特征选择周期类型 |
| 3 | Platonov（1986） | 周期类型 | 综合考察训练状态、比赛安排和训练目标 | 结合现实状态和目标状态确立周期类型 |
| 4 | 田麦久（1988） | 周期衔接 | 生理学、心理学、训练学均可观测竞技状态的出现 | 依据项目、运动员、任务进行周期安排及衔接 |
| 5 | 张博夫（1992） | 周期化 | 负荷必须依循休息期的配合原则，有适当的恢复及高层次的代偿作用 | 周期化设计应与负荷动能、训练任务、训练价值、训练目标相结合 |
| 6 | 徐本力（1999） | 周期变化 | 生物钟变化、超量恢复 | 处理好不同类型训练周期与竞技状态调控之间的关系 |
| 7 | 田麦久（2000） | 周期规律 | 生物节奏变化规律 | 依据赛事固定因素和人体变异因素综合调节 |
| 8 | Platonov（2005） | 周期类型 | 不间断性、一般和专项训练的统一、训练负荷的变化的需要 | 同 3 |
| 9 | Yessis（2006） | 周期安排 | 运动员竞技能力提高、项目特点、训练目标 | 依据多维因素选择和安排周期以最大限度满足运动员成才需要 |
| 10 | McMorris（2006） | 周期类型 | 训练计划与目标设定紧密相关 | 依据不同目标选定周期类型 |
| 11 | Balyi（2013） | 周期化 | 运动员的发展目标和竞技表现的相互关系 | 选择特定时期适合运动员发展的周期 |
| 12 | Gomes（2009） | 周期性 | 气候条件的周期性、比赛时间的固定安排和生命的生物学规律 | 基于多维因素组织周期性训练 |
| 13 | Farrow（2013） | 周期规律 | 训练与成绩的辩证关系、生物适应规律 | 周期选择与运动员发展相吻合 |
| 14 | 田麦久（2014） | 周期性 | 人体生物适应过程的周期性 | 分阶段组织训练；进行固定因素和变异因素的组合 |

| 序号 | 学者（年份） | 命名 | 科学基础 | 训练要点 |
|---|---|---|---|---|
| 15 | 胡亦海（2014） | 周期关系 | 竞技能力提高规律和不同时期训练目标的对应关系 | 依据竞技能力和训练目标将训练过程合理分解为不同的训练时期 |
| 16 | Frank（2015） | 周期安排 | 比赛安排、竞技状态调控 | 运动员发展进程中各个周期的选择及连接 |
| 17 | Bompa（2017） | 周期类型 | 竞技能力获得与项目特征、比赛时间等因素协同关系 | 根据运动员个体、项目特点等多种因素决定周期类型，以期表现出最佳状态 |
| 18 | 福永哲夫（2017） | 周期性 | 训练负荷的波幅变动和训练过程的周期性 | 四阶段训练计划中运动员的竞技能力先后提高、维持和下降 |

资料来源：笔者依据相关文献内容自制。

## 三 系统类原则的内涵解读

从系统类原则命名的词义来看，主要有持续性（不间断、连贯）和序列（衔接）两种表达方式。其中，持续性系统类原则由最初哈雷认为的运动员竞技能力得以稳定和保持需要开展持续稳定训练，到博姆帕提出的运动员发展需要不同竞技子能力，进而实现整体能力的系统性和协调性提高，再到徐本力、田麦久等学者认为竞技能力提高具有整体性特征，并提出了训练中断后训练效应消退的原理。直至弗兰克认为竞技子能力提高具有有序性，表现出对竞技能力"静态性—动态整体性—动态协调性"的历史演进规律，而在训练要点方面却无明显变化，均认为应该对竞技生涯做出系统规划，确保先天遗传能力和后天获得能力的提高。系统类原则的命名、科学基础和训练要点如表3-9所示。

表3-9 系统类原则论述要点

| 序号 | 学者（年份） | 命名 | 科学基础 | 训练要点 |
|---|---|---|---|---|
| 1 | Harre（1969） | 持续性 | 熟练习得稳定知识和能力 | 科学进行系统性训练 |
| 2 | Matveyev（1977） | 不间断 | 训练过程的"秩序性、延续性、间歇性" | 保证训练过程的不间断 |
| 3 | Platonov（1986） | 连贯性 | 训练的各个环节相互联系和制约 | 在不断的合理交替工作和休息过程中巩固和提高竞技能力 |

续表

| 序号 | 学者（年份） | 命名 | 科学基础 | 训练要点 |
|---|---|---|---|---|
| 4 | Bompa（1990） | 多边协调 | 竞技能力的系统性和协调性提高 | 循序渐进提高竞技能力 |
| 5 | 田麦久（1988） | 序列 | 多年训练的长期性和连续性 | 按照特定程序安排各个训练阶段的内容 |
| 6 | 张博夫（1992） | 持续 | 训练持续性决定运动表现 | 按照长、中、短期训练计划实施 |
| 7 | Elliott（1999） | 科学计划 | 按序逐步提高竞技子能力 | 将各个阶段的训练任务和要求进行科学规划 |
| 8 | 徐本力（1999） | 持续、连贯、有序 | 训练的控制和适应，竞技状态的周期性和节奏性 | 保持科学训练的长期、有序、连贯和系统 |
| 9 | 田麦久（2000） | 持续且渐进 | 适应的长期性和阶段性，以及不稳定的训练效应 | 科学组织系统的和阶段的训练过程 |
| 10 | 许树渊（2001） | 规划 | 生长发育时序决定有序提高各种能力 | 对训练过程做出合理设计与规划 |
| 11 | Platonov（2005） | 链条 | 整个训练环节环环相扣 | 合理规划整个训练生涯 |
| 12 | Gomes（2009） | 连续 | 训练过程的连续性特点 | 在连续训练基础上提高运动员整体能力 |
| 13 | Balyi（2013） | 阶段与组合 | 训练的阶段性和各竞技能力的先后提高相统一 | 科学规划不同阶段的训练 |
| 14 | 田麦久（2014） | 连接与衔接 | 运动员竞技能力提高的系统性和循序渐进性 | 运动训练全过程的组织安排应科学化 |
| 15 | Frank（2015） | 规划 | 有序提高各竞技子能力 | 合理规划各个训练阶段的任务和要求 |
| 16 | Bompa（2017） | 多边发展 | 同4 | 同4 |
| 17 | 福永哲夫（2017） | 衔接 | 所有训练阶段紧密联系 | 有序过渡和连接各个训练过程 |

资料来源：笔者依据相关文献内容自制。

持有序列性系统类原则观点的学者主要是经典训练分期的创立者与支持者，他们认为系统性在于训练过程的阶段性与连续性，通过序列式的衔接和搭配达成训练目标。其中，马特维也夫对训练过程"秩序性、延续性、间歇性"的特征归纳兼顾了多年、年度、训练课三种计划形式；普拉托诺夫发展了这一科学基础，提出运动员的运动寿命和职业生涯是由"大周期、中周期、小周期组成的不间断的链条"的观点。其他支持者，如戈麦斯和福永哲夫将训练过程视为紧密联系的阶段，应该通过训练内容、负荷、方法等训练要素间的连接，处理好前一阶段与之后阶段的过渡。

## 四 区别类原则的内涵解读

从区别类原则前缀的词义来看，主要表现为区别对待、个体化（个性化、特异性）、专项化三种表达方式。选择"区别对待"表述的学者大都关注不同训练条件或实施所产生的特殊效益，其中，哈雷的认识主要在训练负荷的特异性上，并认为只有采用"接近最高水平的训练刺激"，才能"深入且因人制宜地安排训练进度"。对于运动员个体差异产生的原因，博姆帕认为包括生理年龄、日历年龄、训练年龄之间的关系，以及训练经历、健康状况、个人恢复能力、性别等，由此设计的负荷安排与训练计划必须结合实际表现做出变化调整。中国学者在此基础上将训练因素拓展至训练专项、训练对象和训练条件三重维度，进而提出包括制胜规律考察、运动员多学科特征、训练环境、过程设计等在内的训练学应对要点，将训练区别类原则范畴拓展至理论的各组件层面。

采用个体化（个性化、特异性）表述的学者，认识到运动员个体的差异所带来的训练区别，且这些差异主要为运动员的健康状况、功能结构、遗传因素、伤病风险、负荷应答、认知情感等生物学和心理学特征，所提出的训练学要点主要论及对训练内容与训练负荷的关注。例如，耶斯提出构建针对运动员健康、伤病、机能特征的保障性、恢复性、促进性训练系统；麦克莫里斯认为特异性训练应关注运动员的最大摄氧能力、无氧乳酸阈水平、最大力值、运动经济性等；弗兰克则从负荷适应与应激的角度提出应考察应激源所可能导致的综合性与特异性刺激，相同训练难以对不同运动员产生一致效果。

采用专项化表述的学者除关注运动员个体差异外，还将运动项目的专项化导向统一纳入原则阐述，他们认为，为实现个体最高成绩和深入专项化，需要将内容、方法、负荷动态变化地体现在训练安排之中，而运动员先天所具有的神经、器官、形态决定了训练效益的反应、速度与巩固效果（普拉托诺夫，1986）。需要指出的是，尽管戈麦斯的观点与之类似，但由于其著作《运动训练》将职业足球训练作为论述主题和案例来源，故他认为训练区别还体现在对赛事选择的差异性上，即运动员难以在全年联赛赛程中保持高超且稳定的竞技状态，个体选择性参赛有助于损伤预防和状态保持。区别类原则的命名、科学依据、训练要点如表 3-10 所示。

表 3-10　区别类原则论述要点

| 序号 | 学者（年份） | 命名 | 科学依据 | 训练要点 |
|---|---|---|---|---|
| 1 | Harre（1969） | 区别对待 | 运动员对不同负荷刺激的差异性 | 负荷安排接近极值，因个体差异安排训练进度 |
| 2 | Matveyev（1977） | 个体化、专项化 | 运动员具有情感和生理的"个性" | 个体竞技选择的专项化 |
| 3 | Bompa（1990） | 个人区别对待 | 运动员的运动能力取决于生物与实际年龄差、运动经历、个人能力、训练状态、负荷应对与恢复速度、体成分、性别等 | 加强客观评定与主观观察 |
| 4 | Platonov（1986） | 加深专项化 | 每个人的能力受先天和生长条件制约 | 提高个体专项训练的目的性与针对性 |
| 5 | 张博夫（1992） | 个体差异 | 同3 | 综合考虑年龄、发育、遗传、心理、社会、负荷适应能力等 |
| 6 | 徐本力（1999） | 区别对待 | 训练专项、训练对象和训练条件的差异 | 考虑成绩决定因素和发展规律；运动员的多维特征；训练所处阶段和条件 |
| 7 | 田麦久（2000） | 区别对待 | 同6 | 同6 |
| 8 | Platonov（2005） | 专业化 | 运动专项"极值化"发展趋向 | 选材与训练负荷项目需要与个性发展 |
| 9 | Yessis（2006） | 特异性 | 运动员结构、生理、伤病风险等差异 | 在考察运动员个体特征后，确保健康，消除伤病风险，增强机体能力 |
| 10 | McMorris（2006） | 特异性 | 专项、训练过程、个体差异的特异性 | 依据最大摄氧量、无氧阈、专项与力值测试个性化训练 |
| 11 | Gomes（2009） | 个性化 | 运动员竞技状态难以保持稳定 | 依据个人需要和赛事赛程选择性参赛 |
| 12 | 田麦久（2014） | 区别对待 | 专项竞技特异性；运动员竞技能力个体性与变异性 | 诊断运动员个人特点，针对性组织训练 |
| 13 | Frank（2015） | 特异性 | 相同训练设计难以对不同运动员产生效果一致性 | 充分考虑应激源与运动员之间的关系 |
| 14 | Bompa（2017） | 个体化 | 运动员表现、能力、潜力、心理等个体差异 | 根据差异水平制订计划；训练负荷个性化；关注性别差异；结合训练变化 |

资料来源：笔者依据相关文献内容自制。

## 第三节　国际运动训练理论流派训练原则的演进与创新规律

### 一　国际运动训练理论流派训练原则的演进规律

通过上文对负荷类、周期类、系统类、区别类 4 类运动训练原则的内容分析与内涵解读，"欧亚"流派和"美澳"流派 4 类原则的演进路径见表 3 – 11。

表 3 – 11　运动训练原则的演进路径

| 原则类型 | "欧亚"流派 | "美澳"流派 |
|---|---|---|
| 负荷类 | 动态：简单增加 – 渐进增加 – 跳跃增加<br>静态：合理负荷 – 适宜负荷 | 平缓线性波动 – 集中负荷效应 |
| 周期类 | 竞技状态变化 – 竞技状态变化 + 比赛安排 | 竞技能力变化 – 竞技能力变化 + 比赛安排 |
| 系统类 | 训练过程：秩序 – 链条 – 过渡 | 竞技能力：稳定 – 整体发展 – 协调发展 |
| 区别类 | 负荷特异性 – 运动员特异性 – 内外条件特异性<br>个体专项能力化 – 个体专项能力与赛事化 | 机能个体化 – 负荷应答个体化 |

资料来源：笔者依据相关文献内容自制。

训练负荷以方法与手段为载体，通过负荷量与负荷强度的有效搭配实现运动员机体能力及对负荷适应能力的提升。国内外学者深刻意识到负荷对训练效果产生的价值，几乎所有原则论述都涉及训练负荷问题。"欧亚"流派学者对负荷类原则的理解包括动态和静态两类，动态观意在论述负荷增加的方式，而静态观则着重说明负荷所应达到的程度。与之相比，"美澳"流派学者认可的负荷渐进式增加主要关注多年长期训练，使之与生长发育和竞技能力增强相对应，而在负荷所应达到的程度方面，提出了"超负荷原则"，并认为最优负荷是对特定运动产生最大输出功率的负荷。

周期化训练作为现代运动训练最为普遍的组织形式得到国际运动训练学者的普遍认可，然而不同流派学者的理论基础存在较大不同。"欧亚"流派学者以"竞技状态"的变化时象为建构起点，由最初的年度单周期演变出双周期和多周期，进而形成了集训练课、小周期、中周期、大周期为一体的周期层次结构，并将适应机制和超量恢复理论同时作为科学基础。与之相比，"美澳"流派学者认为周期划分的目的是提高运动员竞技能力，通过负荷刺激的周期波动变化引发机体的生物适应现象。在发展过程中，"欧亚"流派和"美澳"流派不约而同地意识到比赛安排对周期安排的导向作用，进而将原本的竞技状态和竞技能力与比赛固定因素相结合，形成了当前周期类原则的复合式结构。

"欧亚"流派学者对系统类原则多关注训练的纵向发展，即在完整的训练过程中，各阶段之间以何种形式组合起来，其观点沿着由单纯的秩序结构，到衔接的链条关系，再到动态的有机过渡转变。与之相比，"美澳"流派学者关注训练的横向关系，即运动员的竞技子能力以何种方式组合起来，其观点沿着子能力的稳定性保持，到子能力整体性发展，再到子能力协调发展的路径演进。

区别对待原是教学论原则之一，"欧亚"流派的引入借鉴过程表现出人的差异性和培养过程差异性的区别。其中，人的差异性认识从关注运动员生物学、社会学、心理学因素，过渡到与训练有关的相关组件以及训练环境；培养过程差异性认识结合了竞技需要导向作用，其观点由竞赛规则的专项能力需要提升至竞赛规则、规程、赛制的竞技过程需要。"美澳"流派的学者同样认可人的差异和培养过程的差异，但在培养过程差异中仅关注训练负荷的特异性效益，认为不同运动员个体针对负荷的应激反应和适应性应答，即适应特定于某个应激源，而应激源的效果特定于某个运动员。

## 二　国际运动训练理论流派训练原则的创新规律

### 1. 负荷类原则的创新方法

"欧亚"流派学者对负荷的认识基于连续负荷后的适应机制，提出了年度和大周期训练过程中负荷量与负荷强度、专项训练与一般训练之间的波动变化规律，这一思想也是经典训练分期的基石之一。由于著作论述系统性的需要，原有以负荷结构变化为主的动态部分被移至多年、年度和周课运动训练计划的章节板块，静态的负荷量度、负荷极值等因素逐渐构成了新时期负荷类原则的主体内容。在此过程中，"欧亚"流派的学者注重对训练分期理论、适应理论等公理和规律的演绎，负荷设计讲求与公理间的联系，体现了演绎发明法的创新思路。

"美澳"流派学者对负荷的观点包含了渐进性原则和超负荷原则两部分。在渐进性原则方面，由于耶斯在苏联的访问主要与维尔霍尚斯基对接，并未深入了解马特维也夫的训练分期理论，故没能将负荷的变化与训练的时间安排对应起来，而是更倾向于田径投掷和跳跃训练对"金字塔"结构的要求。博姆帕移居北美后，结合康希尔曼的训练负荷监控手段，将视角聚焦于机体的适应性。因此从本质上说，"美澳"流派的负荷渐进原则不存在体系性创新，而是依据训练适应的标准和尺度，比较和对照后的再创造，属于类比创造法的范畴。超负荷原则早期论述的成因与渐进性原则类似，更多体现在耶斯对维尔霍尚斯基田径快速力量项目力量训练思想的引进。此后，以哈夫为代表的美国学者做出大量实证研究，论证了极限负荷训练对力量素质发展效果的价值。从创新技法来看，对客观事实比较和对照后的再创造，具有类比创造法的特征。

**2. 周期类原则的创新方法**

虽然周期性安排训练过程早在 19 世纪末便已使用，但真正将其系统构建并以原则形式呈现，依然是现代运动训练理论，特别是"欧亚"流派学者的重大贡献。此后，不论是普拉托诺夫对多周期的发展，还是板块分期、波动分期的提出，都以周期化安排作为基本逻辑结构。中国学者虽然没有提出鲜明的周期化模式，但一方面明确了比赛对训练的导向作用，并将机体的内部变化与比赛的设置要求统一结合起来；另一方面辨析了项群的周期化差异，以及拓展了多年训练的链接机制。由于经典训练分期的提出整合了竞技状态理论，苏联运动员生理、生化、训练实践调查，系统哲学与系统科学意识，将几种学科领域的原理和技术复合，故认为采用了创新方法中的综合应用法。

**3. 系统类原则的创新方法**

对于系统类训练原则而言，最初认识源于现代科学哲学的思想，将训练的完整性和连续性与训练目标和任务相对应，着重论述不同状态训练累加效应、分阶段累加比赛负荷效应、训练课内容变化等对提高运动员竞技能力的适宜性。20 世纪 80 年代末期，国际对训练中断研究凸显，专项素

质和身体机能随着中断时间的延长训练效益呈现先快后慢的趋势，且竞技
水平越高这一现象愈加明显（陈亮，2020）。由此，训练效应、训练组织、
生物适应结为一体成为当前系统类原则的科学基石。从创新方法的角度
看，系统类原则的发展一方面始终与训练研究的深入相对应，具有逻辑式
推理的演绎发明法的特点；另一方面从实践认识中提取要素，反映了从分
解要素到信息交合的创新过程。

**4. 区别类原则的创新方法**

"欧亚"流派的区别类原则取自教学论中的因材施教原则，即在教学
中应根据不同学生的认知水平、学习能力以及自身素质选择合适的方法进
行针对性教学。区别类原则借用这一思想，综合考量了运动员的生理年
龄、训练年龄、个人竞技能力和负荷能力、训练和健康状态、总负荷及恢
复可能性、素质和神经类型、性别等要素，进而在训练设计和训练条件上
做到差异化对待。就思想性而言，无疑使用了移植法，但区别对待的关注
要素，需要利用多学科知识加以推理，属于演绎发明法的范畴。与之相
比，"美澳"流派的特异性原则的论述内容针对力量素质的获得，但从论
述来看，一方面更接近于区别对待原则，即运动员个体对训练负荷适应具
有差异性；另一方面内涵又与中国学者田麦久提出的"适宜负荷原则"类
似，强调寻找负荷刺激的适宜范围，以求达到最大刺激又不至于产生伤病
和过度训练。从创新技法来看，具有演绎发明法遵循逻辑推理的特征。

通过以上对负荷类、周期类、系统类、区别类 4 类运动训练原则创新
方法的辨析，得出了"欧亚"流派和"美澳"流派的一般性创新规律
（见表 3 - 12）。

表 3 - 12　国际运动训练理论不同流派训练原则创新方法

| | "欧亚"流派 | "美澳"流派 |
|---|---|---|
| 负荷类原则 | 演绎发明法 | 类比创造法 |
| 周期类原则 | 综合应用法 | 演绎发明法 |
| 系统类原则 | 演绎发明法 + 信息交合法 | 演绎发明法 |
| 区别类原则 | 移植法 + 演绎发明法 | 移植法 + 演绎发明法 |

资料来源：笔者依据相关文献自制。

"欧亚"流派的训练原则体系丰富，并借鉴了系统思想原则和教育教学原则的要义或知识。其中，系统类原则表现为由空间结构性向时间序列性演变，创新方法以演绎发明法和信息交合法为主，体现了对训练科学认识的推理能力；区别类原则由早期的单纯式借用教学论原则向引进最新科学科技成果演变，创新方法以移植法为主，但加入了对科学科技成果的演绎推理；负荷类和周期类原则是训练原理的本体，创新方法以综合利用多门学科领域原理和技术的综合应用法为主。

"美澳"流派的训练原则体系相对简单，主要围绕着训练负荷的设计与使用展开。历史演进特点表现为，各原则早期采用简单的引入和陈述，后期从负荷渐进性、超负荷、负荷变化性原则向注重实证比较验证方向发展，创新方法主要采用类比创造法。特异性原则内涵近似于"欧亚"流派的"区别对待"和"适宜负荷"。系统类原则展现出由个体到整体，由静态到动态的认知过程，因而均具有演绎发明法的创新特征。

# 本章小结

（1）运动训练原则是完成运动训练活动所应遵循的客观准则，从施加主体、施加手段、施加对象的角度，可将运动训练原则的分析框架分为运动训练原理与原则的主体层次、操作层次和客体层次，其中，主体层次包括教练员、运动员、运动训练管理人员、队医、科研服务人员；操作层次包括宏观、中观、微观操作方式；客体层次分为运动员的整体性、组合性、单一性竞技能力。

（2）以负荷类、周期类、系统类、区别类4类训练原则为考察对象，得出"欧亚"流派的历史演进路径为：负荷类原则或由动态的简单增加至渐进增加再至跳跃增加，或由静态的合理负荷至适宜负荷；周期类原则表现为由竞技状态变化向竞技状态变化与比赛安排的结合转变；系统类原则的论述体现了训练过程的秩序性、链条式、过渡性变化；区别类原则既注重对负荷、运动员、训练内外条件特异性的深入认识，又注重从专项特征向竞技特征的培养过程转变。"欧亚"流派的创新方法较为复杂，既有创新度较高的综合应用法和信息交合法，也有借鉴系统科学和教育学的移植法和演绎发明法。

（3）"美澳"流派的负荷类原则由渐进式波动向超负荷集中效应转变；周期类原则关注竞技能力变化过程中训练因素到比赛导向因素；系统类原则体现出运动员竞技能力横向结构的子能力稳定、整体发展、协调发展的认知深化；区别类原则从运动员机体差异向机体对负荷的适应差异化表现转变。"美澳"流派的创新技法较为简单，大都源自对"欧亚"流派和运动生物科学的类比创造、演绎发明和移植。

# 第四章

# 国际运动训练理论流派训练空间要素的演进与创新

## 第一节　运动训练理论空间要素的
体系结构与考察方式

### 一　运动训练理论空间要素的体系结构

张英波借鉴了协同学中的"时间"和"空间"的概念，认为运动员竞技能力由现实状态向目标状态转移的顺利实现，要依赖具有自组织功能的人体和具有非衡特征的运动训练体系内部多重子系统间的相互作用和协调（张英波，2000）。运动员竞技能力状态转移时空系统体系包括了组成结构、表现形式和协同组合三大部分。运动训练的空间要素包括运动员竞技能力的内空间要素，以及训练方法手段、负荷量度、训练恢复等外空间要素。

运动员竞技状态转移的时空协同也意味着可以将运动训练理论的构成要素划分为时间和空间维度，其中，以练什么、怎么练、练多少所要求的运动员竞技能力构成、运动训练方法和运动训练负荷代表了理论中的空间因素。由之前讨论得知，不论是"欧亚"流派还是"美澳"流派，均对运动训练内容认识一致。然而，对运动训练方法的论述则产生了较大的差异，"欧亚"流派大都单列章节做出专门讲述，但"美澳"流派则认为竞技子能力的提高具有方法特异性，故将训练方法的讲解融入各子能力的训练中。

"欧亚"流派为了保证理论体系的完整性，试图划分并建构起运动训练的方法学系统。20 世纪 80 年代之前的著作对运动训练方法的体系建构并未成型，"美澳"流派对竞技子能力尤其是身体能力的训练进行了论述，如普拉托诺夫针对竞速类项目的竞技需要，提出了包括速度、力量、专项耐力、动作经济性、心理稳定性的方法学策略（普拉托诺夫，1991）。进入 90 年代，"欧亚"流派学者开始列章节专门论述运动训练方法，论述方式主要包括三种：第一种是采用枚举的方式，如中国台湾学者许树渊在"运动训练方法"中列出了循环训练法、法特莱克训练法等 11 种训练方法；第二种是采用多维度划分的方式，如中国学者胡亦海的分类依据是竞技能力提高目的、训练内容组合特点、训练负荷与间歇关系、训练过程外部条件；第三种是进行整体性分类，如马特维也夫提出，分析运动员训练练习的组成时，根据用于一般训练和专项训练的动作形式和内容的特点，可将其划分为一般、纯专项、准专项练习 3 类（马特维也夫，2005）。

作为科学研究的命题之一，欧美国家的学者同样认识到运动训练方法划分对体系建构和辨识的价值，其中，特夏克特（Tschakert）等学者按照一级标准将训练方法分为了有间歇与无间歇两类（见图 4 - 1），二级标准一是依据运动节奏分为了节奏改变和不改变两类，二是依据间歇是否充分分为重复和间歇两类，进而依据负荷强度划分成了极限强度和次极限强度（Tschakert，2013）。通过这一分类方式，原本看似繁杂多样的训练方法建构在了统一体系之中，便于认清身体能力尤其是耐力素质的训练架构。然而，这种分类在"欧亚"流派中早已有之，只不过他利用了无氧阈和最大乳酸稳态的概念，提高了负荷与间歇的可操作性和判别的客观性。

人类发明方法并非臆想，其创新过程的内涵至少包括如下要素：方向性、基本途径、手段策略、工具方法以及操作程序（李志才，1995）。这便提示，运动训练方法其实是难以绝对孤立存在的，原因在于：第一，有些训练方法只能适用于某些竞技子能力；第二，不同方法可以达成相同的训练目标；第三，相同方法施加不同负荷将会产生不同的效果。换句话说，训练方法、训练内容和训练负荷之间实则具有不可分割性，训练涉及因素越多，需要提高的竞技子能力越综合，训练实践中使用的难度也就越

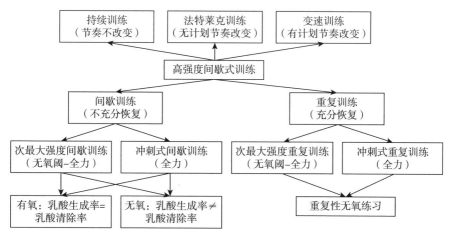

**图 4 - 1  有间歇和无间歇训练方法的分类**

资料来源：G. Tschakert，P. Hofmann. 2013. "High-Intensity Intermittent Exercise：Methodological and Physiological Aspects," *International Journal of Sports Physiology & Performance* 8：600 - 610。

大（胡亦海，2014）。徐本力提出的运动训练方法要素体系证实了上述观点，他提出的方法构成要素包含手段、负荷、间歇、条件 4 个要素，依次对应于运动训练的持续性、生物学、恢复性和环境性要求，适宜或不适宜的训练方法选择将会造成积极性、扰动性甚至消极性的训练效果（徐本力，1999）。

## 二　运动训练理论空间要素的考察方式

空间是物质存在的客观形式，是物质存在的广延性和伸张性表现。本书对于国际运动训练理论空间要素演进与创新的考察通过力量素质和耐力素质的训练方法来实现。其原因在于：第一，力量素质和耐力素质是所有运动训练著作关注的重点，同时也是大多数运动项目体能表现的关键；第二，力量和耐力与其他身体素质之间存在明显联系，如力量和速度、柔韧性之间的关系已得到普遍认可与证实；第三，运动项目之间的技术和战术差异十分显著，难以从一般层面体现演进与创新的普遍性规律；第四，运动训练的内容、方法、负荷存在紧密关联，不同方法和负荷对竞技子能力具有特异性，但方法本身也包含着训练负荷的属性。

文献检索结果显示，国内外学者虽然对运动训练方法的历史阶段划分与演进规律做出过探讨，但一方面均未形成明确的阶段划分标准，如依据科学技术发展（吴贻刚，1999），依据竞技体育发展（陈笑然，2005），依据奥运冠军成绩的历史划分依据（胡海旭，2016a），等等；另一方面无论是论述一般理论还是理论构成要素，亦未能将训练内容、方法、负荷统一起来，其原因或许在于史料的有限性以及训练要素之间存在的内在关联，当某一训练被普遍认可后，训练实践会将诸多训练结为一体，从而难以判定哪种训练形式起到主导作用。例如，美国学者尼古拉斯的田径训练史研究虽符合历史学的研究范式，但将空间维度的训练内容、方法、负荷与时间维度的训练分期混合起来（Nicholas，2008），未能实现训练理论构成要素的分野；李金海通过辨析运动训练理论的友邻学科借鉴，认为田径训练方法经历了初期汲取教育、医学知识，现今步入关注运动中人体生物学变化规律的科学训练阶段（李金海，1995），该观点虽意识到友邻学科知识引入、借鉴、自主的发展过程，但忽视了教练员和运动员作为训练主体的本质作用。与之相对，陈小平、褚云芳梳理了20世纪田径经典训练方法的历史发展和特征，客观评价了法特莱克训练法和间歇训练法的前期经验总结和后期实证检验（陈小平、褚云芳，2013），这或许也是上述训练方法成为经典，以至于迄今仍被包括田径训练在内的几乎所有运动项目普遍采用并推崇的原因之一。

## 第二节　不同流派力量训练的演进与创新

### 一　类目建构与编码

（一）分析框架

**1. X 维度：力量训练的形成发展层次**

澳大利亚运动训练学者毕晓普（Bishop）提出了运动训练理论应用研究的 8 阶段模型，在开展理论研究与应用前应明确问题、进行描述性研究、寻找指标、进行实验检验、寻找决定因素之后，才可以进行干预研究以及障碍清除后的效果研究。现实中，力量训练经典理论的产生并不一定完全按照这一路径进行，依照可能获得启发的依据，既可以在明确问题后从医学、生理学、生物力学等友邻学科中直接找寻答案，也可以将对非精英级运动员干预实验的结论应用至竞技训练实践，还可以依照教练员和运动员的训练经验，省去中间步骤直接创新式地提出。为此，力量训练的形成过程层次，分为了知识借鉴、干预实验、训练归纳3种，3种力量训练形成过程层次的编号分别为1、2、3。后续发展的编码方式为：无明显发展编号为1；向其他项目发展编号为2；向操作细化发展编号为3；向其他项目和操作细化同时发展编号为4。

**2. Y 维度：力量训练的操作方式层次**

力量素质是人体神经肌肉系统在工作时克服阻力的能力。影响力量的要素包括运动单位动员、肌肉横截面积、运动单位激活同步性、肌肉工作协调性等物理性或功能性要素，而改变上述要素的途径并不唯一。结合当前对训练负荷的广义认识，无论是身体练习、技战术练习还是心理练习，都会对运动员机体产生刺激，引起运动员机体不同系统的应答反应并发生功能性变化。而对于力量训练而言，除增加训练负荷量和负荷强度外，动用非训练学刺激方式，改变肌肉收缩的结构与顺序均已被证实可产生肌纤维结构性与功能性效果。为此，各力量训练的操作方式层次的编码方式为：负荷量度改变编号为1；刺激方式改变编号为2；肌肉收缩方式改变编号为3。

**3. Z 维度：力量训练的作用对象层次**

运动训练后力量素质的功能性提升既可以由单一肌群独立实现，也可以通过多肌群综合性表达，这一整体性表现为上、下肢与腰腹部肌肉之间，发力肌群与稳定肌群之间，力量与专项技术之间，单关节力量与多关节力量之间的多重关系，同时从精英级运动员专项能力的角度出发，还必须关注力量需求、运动方式、发力方向等特殊性。从力量训练的肌群数量和专项需要两个维度出发，可以将力量训练的作用对象层次分为单肌群一般力量、单肌群专项力量、多肌群一般力量、多肌群专项力量4类，4类作用对象层次的编号分别为1、2、3、4。

X、Y、Z维度的内容分析三维框架如图4-2所示。

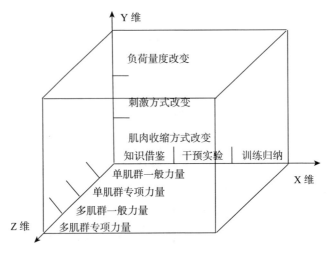

图 4 - 2　力量训练内容分析的三维框架

## （二）信度检验

为保证纳入的力量训练可以涵盖国际运动训练理论的经典和前沿，一方面系统整理本书所纳入著作（见表 2 - 1）中列出的相关方法；另一方面查阅国内外力量训练的专门性著作和相关学术论文，共得到青少年基础力量训练、冲击式训练、末端释放训练、核心力量训练等 16 项力量训练理论与方法。需要指出的是，尽管各著作均对一般性的最大力量、快速力量（爆发力）、力量耐力、相对力量做出了负荷量与负荷强度的讲解，但这些内容并未形成特殊的方法论体系或可视为渐进式抗阻训练的变化形式，故不在本书的论述范围之内。本书所列力量训练理论与方法及遴选依据如表 4 - 1 所示。

表 4 - 1　本书遴选的力量训练理论与方法

| 序号 | 理论与方法 | 创立者 | 国家 | 创立时间 | 遴选依据 |
|---|---|---|---|---|---|
| 1 | 渐进式抗阻训练 | Delorme | 美国 | 1945 | 第一个系统性力量训练理论，有助于提高力量、功率、耐力、速度等素质 |
| 2 | 等长训练 | Hellebrandt | 美国 | 1946 | 首创了通过非动力性收缩发展力量的方法，对发展最大肌力的作用达成共识 |
| 3 | 青少年基础力量训练 | Valik | 苏联 | 1966 | 开创了依照发育时序提高力量素质的先河 |

续表

| 序号 | 理论与方法 | 创立者 | 国家 | 创立时间 | 遴选依据 |
|---|---|---|---|---|---|
| 4 | 等动训练 | Hislop | 美国 | 1967 | 负荷变化与动力学相结合，有益于发展快速和最大力量 |
| 5 | 冲击式训练 | Verkhoshansky | 苏联 | 1967 | 在不同国家又被称为超等长训练、快速伸缩复合训练，被公认为发展快速力量的有效方法 |
| 6 | 电刺激训练 | Kotz | 苏联 | 1970 | 首次采用外界刺激的方式，在短跑运动员 Burzoff、举重运动员 Alexiev 训练中应用成功 |
| 7 | 美式"金字塔"训练 | Berger | 美国 | 1970 | 被验证较之渐进式抗阻训练效果更好 |
| 8 | 末端释放训练 | Newton | 美国 | 20世纪70年代 | 对提升爆发力水平和专项技术效果具有重要作用 |
| 9 | 极限强度训练 | Abbadeyev | 保加利亚 | 20世纪70年代 | 在举重训练中普遍使用的训练方法 |
| 10 | 复合式训练 | Verkhoshansky | 苏联 | 1973 | 对最大力量、爆发力、动作速率具有显著效果，在高水平集体球类项目中被证实训练价值 |
| 11 | 德式"金字塔"训练 | Bührle | 德国 | 20世纪80年代 | 将肌肉质量提高与肌内和肌间协调统一起来 |
| 12 | 全身振动训练 | Nasarov | 苏联 | 1987 | 在诸多项目中被证实对最大力量、爆发力、协调性、柔韧性具有良好训练效果 |
| 13 | 聚组训练 | Byrd | 美国 | 1988 | 改进了传统抗阻训练，避免组内动作速率下降 |
| 14 | 血流限制训练（BFRT） | Sato | 美国 | 1997 | BFRT 装置对提升肌肉力量效果得到证实与认可 |
| 15 | 功能性力量训练 | Gary | 美国 | 1997 | 将多项基础性力量素质对专项爆发力的作用结为一体 |
| 16 | 核心力量训练 | Benkibler | 美国 | 2006 | 优化了人体不同部位力量组合方式，近些年影响较大 |

资料来源：笔者依据相关文献自制。

同样采用运动训练原则部分所述的信度检验方法，对 16 项力量训练理论与方法使用百分比一致性 $PA_o$ 和 Kappa 两个指标进行稳定性和编码员间信度检验。结果显示，稳定性信度的 $P_i$ 值为 1.000，$PA_o$ 为 100.00%；编码员间信度的 $P_i$ 值为 0.912，$PA_o$ 为 94.67%，均满足 $P_i$ 值大于 0.71，$PA_o$ 超过

80%的信度检验要求。

## 二 数据分析结果

依据上文建构的力量训练内容分析三维框架，分别对纳入的16项力量训练方法加以辨析，并依照系统性思想原则的编码相似性，列出了所纳入力量训练理论与方法的Jaccard相关系数表（见表4-2）。与此同时，本书将所纳入的力量训练理论与方法的编码相似性进行聚类分析（见图4-3）。

在力量训练理论与方法的Jaccard相关系数中，渐进式抗阻训练与德式"金字塔"训练的编码相似性最高为0.854，而渐进式抗阻训练与全身振动训练的编码相似性最低为0.157。结合相关系数与聚类关系后发现，苏联等国家创立的力量训练理论与方法和美国的渐进式抗阻训练、美式"金字塔"训练具有较高的相似性，而等长、末端释放、血流限制、核心力量、功能性力量5种力量训练形式在形成过程、操作方式、作用对象3个维度中较为接近。

按照力量训练的形成时间排序，有利于辨析力量训练历史演进的多维规律。其中，在形成过程维度方面，表现为以早期训练归纳为主，过渡到以干预实验和知识借鉴为主，由此认为力量训练产生的方式由教练员和运动员的实践经验向注重实证和学科融合变化。在操作方式维度方面，表现为以早期负荷量度改变为主，过渡到以肌肉收缩方式改变和刺激方式改变为主，由此认为力量训练的应激源不再仅限于传统负荷本身，而是向着提供外力新异刺激和提升刺激训练效益转变。在作用对象维度方面，表现为由单肌群向多肌群，以及由一般力量向专项力量转变，由此认为力量训练不再仅考虑绝对力量、快速力量等一般力量水平的提高，而更多关注力量产生的过程以及如何有助于专项运动过程中的力量表达与增强支撑效果。

## 三 国际运动训练理论力量训练的演进与创新要点

本书纳入的力量训练理论与方法既然可以被国际运动训练理论界学者普遍认可，表明其均已在训练实践领域取得了突出的效果。然而，即便是依照教练员和运动员实践经验归纳得出的力量训练方法，从运动员伦理的角度讲，不应该是毫无依据的凭空臆想，或是在创立之前依据某些生物学

表 4 – 2　力量训练理论与方法的 Jaccard 相关系数

| | 1 | 2 | 3 | 4 | 5 | 6 | 7 | 8 | 9 | 10 | 11 | 12 | 13 | 14 | 15 |
|---|---|---|---|---|---|---|---|---|---|---|---|---|---|---|---|
| 2 | 0.319 | | | | | | | | | | | | | | |
| 3 | 0.364 | 0.358 | | | | | | | | | | | | | |
| 4 | 0.345 | 0.432 | 0.271 | | | | | | | | | | | | |
| 5 | 0.417 | 0.192 | 0.348 | 0.367 | | | | | | | | | | | |
| 6 | 0.649 | 0.370 | 0.427 | 0.198 | 0.479 | | | | | | | | | | |
| 7 | 0.277 | 0.299 | 0.269 | 0.479 | 0.159 | 0.444 | | | | | | | | | |
| 8 | 0.453 | 0.418 | 0.370 | 0.278 | 0.251 | 0.673 | 0.451 | | | | | | | | |
| 9 | 0.384 | 0.345 | 0.597 | 0.790 | 0.296 | 0.338 | 0.435 | 0.273 | | | | | | | |
| 10 | 0.494 | 0.430 | 0.307 | 0.450 | 0.548 | 0.547 | 0.356 | 0.620 | 0.543 | | | | | | |
| 11 | 0.854 | 0.291 | 0.438 | 0.437 | 0.317 | 0.189 | 0.375 | 0.547 | 0.259 | 0.312 | | | | | |
| 12 | 0.157 | 0.436 | 0.199 | 0.189 | 0.446 | 0.278 | 0.616 | 0.431 | 0.449 | 0.325 | 0.229 | | | | |
| 13 | 0.350 | 0.200 | 0.354 | 0.579 | 0.380 | 0.433 | 0.194 | 0.287 | 0.194 | 0.541 | 0.274 | 0.534 | | | |
| 14 | 0.341 | 0.392 | 0.511 | 0.442 | 0.614 | 0.444 | 0.751 | 0.381 | 0.345 | 0.179 | 0.326 | 0.541 | 0.246 | | |
| 15 | 0.614 | 0.216 | 0.315 | 0.198 | 0.425 | 0.268 | 0.312 | 0.468 | 0.259 | 0.259 | 0.446 | 0.358 | 0.417 | 0.621 | |
| 16 | 0.352 | 0.418 | 0.327 | 0.389 | 0.194 | 0.661 | 0.352 | 0.547 | 0.246 | 0.370 | 0.192 | 0.649 | 0.437 | 0.384 | 0.655 |

注：力量训练理论与方法序号同表 4 – 1。

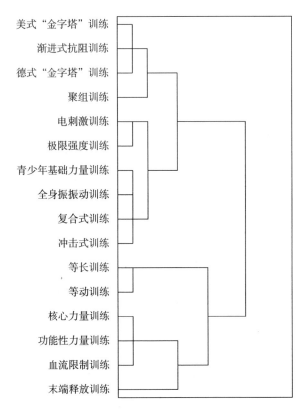

**图 4 - 3　力量训练理论与方法依据编码相似性的聚类分析**

理论，或是在之后经受了干预实验和机制研究的验证，形成了普遍认可的基本原理。除此之外，训练理论产生之后也不可能停滞不前，通过对训练要素的重新组合与排序，既可以强化训练效益，也可以将其拓展至同群项目或不同群项目的训练实践中，甚至与其他训练方法相结合，演变为新的训练方法。本书整理了所纳入的 16 种力量训练理论与方法的创立原因和后续发展，如表 4 - 3 所示。

　　不同力量训练理论与方法有着特定的历史形成背景，之后也有着各自的自主发展路径，尤其是在经过机制验证之后，不但被理论认可，且在多个甚至全部专项训练实践中得到了普遍应用，由此进入"庙堂"成为理论的重要组成部分。本书试述不同力量训练理论与方法的历史演进过程，进而为归纳出一般规律奠定基础。

表 4 – 3 力量训练理论与方法的内容特征

| 名称 | 创立原因 | 后续发展 |
|---|---|---|
| 渐进式抗阻训练 | 使肌肉横截面积、肌间协调、肌内协调依次改善 | 通过负荷顺序的改变增强肌力并消除疲劳 |
| 青少年基础力量训练 | 人体生长发育时序性，技术掌握的需要 | 生长发育下技术习得与力量发展的关系 |
| 美式"金字塔"训练 | 平行式的分组练习会使运动员难以完成后续练习 | 缓解因总体负荷量过大导致的疲劳，训练结束前通过极限负荷提高肌肉内或肌肉间协调能力 |
| 德式"金字塔"训练 | 中、低强度的训练难以实现骨骼肌群间和骨骼肌内部肌纤维间的协调 | —— |
| 极限强度训练 | 举重运动员极限强度和不增长体重的需要 | —— |
| 冲击式训练 | 离心收缩后快速向心收缩将产生牵张反射 | 缩短"耦联时间"与"代偿阶段"时长 |
| 复合式训练 | 抗阻训练后结合爆发力训练将获得更好的运动表现，可同时提高最大力量和爆发力 | 改变负荷，速度—力量和跳跃训练相结合；对多种能力起特异作用，抗阻与冲击式训练多重组合 |
| 全身振动训练 | 高频率振动促进肌梭活动并引起张力性振动反射 | 提高神经肌肉系统协调性，丰富屈伸肌群多种力量形式，影响运动前后有氧能耗和底物 |
| 电刺激训练 | 电脉冲可以代替神经冲动，给予所刺激的肌肉一个更强的收缩刺激 | 增强绝对、相对和静力力量，提高肌肉激活水平，提升技术效益，损伤防治，消除疲劳，等等 |
| 等长训练 | 未收缩的肌肉同样可产生最大力值 | 等长收缩时的最适初长度和持续时间 |
| 等动训练 | 肌肉收缩时在整个关节范围内都能产生最大张力 | 增强力量、耐力、协调、平衡的作用，预防损伤，缓解疲劳和肌肉酸痛 |
| 末端释放训练 | 传统抗阻训练动作减速的缺陷，背离专项的需要 | 如何提升冲刺、跳跃、灵敏、投掷能力以及专项技术效率等 |
| 聚组训练 | 传统抗阻训练动作减速的缺陷，背离专项的需要 | 组间与组内间歇方式产生的效果差异 |
| 血流限制训练 | 长期影响血流限制的动作感觉与抗阻训练类似 | 加压装置、训练负荷、运动形式的差异和组合 |
| 功能性力量训练 | 技术动作表现是不同形式力量功能性表现的结果 | 运动链中不同平面的加速、减速及稳定性动作的发展方式 |
| 核心力量训练 | 始于人体脊柱的解剖和生理学理论，主要用在人体康复领域 | 完善操作、检测、评定体系，与抗阻训练组合使用 |

其中"欧亚"流派涵盖：渐进式抗阻训练、青少年基础力量训练、美式"金字塔"训练、德式"金字塔"训练、极限强度训练、冲击式训练、复合式训练、全身振动训练、电刺激训练。"美澳"流派涵盖：等长训练、等动训练、末端释放训练、聚组训练、血流限制训练、功能性力量训练、核心力量训练。

## （一）"欧亚"流派力量训练的演进与创新要点

### 1. 渐进式抗阻训练

渐进式抗阻训练的创立者美国人德洛姆（Delorme）曾是专业举重运动员，他原本制订的力量训练计划意在提高二战伤兵康复速度。此后的干预实验表明，该训练方法除有助于增强肌肉力量、耐力和提升速度、功率（Chui，1950；Chui，1964）外，还可以通过训练负荷顺序的改变起到消除疲劳的作用（Zinovieff，1951）。渐进式抗阻训练的理论依据在于负荷的组合与变化导致的肌纤维肥大，即逐步增加的负荷强度有利于肌肉横截面积的增加。

德洛姆的"渐进式力量训练"，奠定了现代力量训练研究的基础。从创新技法来看，"渐进式力量训练"意在解决增加肌肉横截面积的外在形态和系统性地提升肌肉内的协调能力，然后通过分析运动员机体对负荷关系的反应，不断增加组间负荷量与训练强度，以便达成发展力量和消除疲劳的目的。这种设想的原理经过了实验与实践的证实，具有形态分析法的创新特点。

### 2. 青少年基础力量训练

20 世纪初，"肌肉束缚"（muscle‐bound）的错误观点认为，肌肉的过度生长，是以牺牲敏捷性和灵活性为代价的，因此在以提高神经肌肉灵敏度为主的青少年阶段，不应注重力量素质尤其是最大力量和力量耐力的提高。1966 年，苏联学者瓦立克（Valik）的研究认为，依照人体生长发育的时序性，青少年运动员如果着重发展背部、腿部、腹部、手臂等特定部位肌群力量，将有助于同步进行的技术训练和提高协调能力，同时也意识到，采用抗阻训练发展力量并不可取，强调负荷强度依生长发育增长的必要性。

青少年基础力量训练源自对肌肉束缚错误观念的否定与科学认识，而人体生长发育阶段性以及身体素质发展"敏感期"为循序渐进发展相对力量、特定机群提供了理论依据。从创新技法来看，该力量训练理论注重对科学认识的推理，并建构与实践需要之间的联系，因而具有演绎发明法的创新特点。

### 3. "金字塔"训练

美国人伯杰（Berger）于 20 世纪 70 年代在渐进式抗阻训练的基础上，

进一步对负荷强度、每次练习次数、练习组数的组合方式展开研究与实践，他发现，原本每组等同的练习次数会使运动员在之后的练习组中难以完成原定重复次数，运动员对负荷的承受差异降低了训练效益。对此，韦斯特（West）设计了美式"金字塔"式力量训练方案，其特点是每组重复次数逐步减少但负重强度逐渐增加，如在 3 组抗阻训练中，重复次数分别为 10 次、5 次、1 次，负荷强度分别为 55%1RM、75%1RM、95%1RM。

德国在发展举重运动员最大力量时发现，中、低强度的训练难以实现骨骼肌群间和骨骼肌内部肌纤维间的协调，进而提出了以大负荷甚至极限负荷强度的力量训练方式，由于这种安排的重复次数和负荷强度间具有反比关系，故将其称为"金字塔"结构（Buhrle，1989）。例如，德国学者布尔勒（Buhrle）提出的"金字塔"结构是：100%1RM、95%1RM、90%1RM、85%1RM、80%1RM、75%1RM 强度下，分别重复练习 1 次、2 次、3 次、5 次、7 次、10 次。

美式"金字塔"训练提出的初衷在于渐进式抗阻训练无法解决运动员能力不足，无法化解既定负荷的矛盾，综合负荷量和负荷强度的递增式负荷，既可以缓解因总体负荷量过大导致的疲劳，又可以在训练结束前通过极限负荷提高肌肉内或肌肉间的协调能力。为此，从创新技法来看，基于渐进式抗阻训练的改进式具有形态分析法的特点，以运动员，特别是高水平运动员最大肌力发展为目标的极限或次极限强度训练，体现了演绎发明法的应用规律。德式"金字塔"力量训练提出的初衷同样在于渐进式抗阻训练无法解决运动员能力不足，无法化解既定负荷的矛盾。与美式相比，德式"金字塔"训练注重训练要素组合对运动员机体的作用，即力量训练应该以肌肉质量的提高为基础，继而提高肌肉内的协调能力。

### 4. 极限强度训练

极限强度训练法由保加利亚举重教练员阿巴德耶夫（Abbadeyev）于 20 世纪 70 年代创立，其操作方式为通过不低于 90% 最大强度的负荷进行集中刺激，直至使神经肌肉系统产生多次极度疲劳，其训练特点一方面非常突出负荷的强度，几乎每周每天每项练习都达到甚至超过运动员承受负荷的极限；另一方面采用阶梯而非周期的负荷强度增加方式，2 周为一个阶梯，专项成绩提高就上升一个阶梯，下降则返回原来阶梯（万德光、万猛，2003）。

极限强度训练秉承着力量训练的"超负荷"原则，并与举重运动的竞技特征有关，极限的负荷强度使用，便于最大限度地调动神经肌肉系统，引起肌内和肌间协调，且避免因中低强度负荷导致的蛋白合成增多与肌纤维肥大。该方法的创立依据形态学的特点，分析了举重运动的力量需求要素和产生原理，具有演绎发明法的创新特点。

### 5. 冲击式训练

竞技运动中的力量应用通常并非肌肉收缩的最大值，而是通过速度与力量的结合，即快速力量表现出来。1967 年，苏联学者维尔霍尚斯基在训练中利用跳箱练习发展运动员的下肢快速力量，并将这种先下落再纵跳的练习方法称为"冲击式训练法"（Shock Method）。该训练方法在世界范围内广泛传播，其中在北美被称作增强式训练或快速伸缩复合训练（Chu，2011），在中国被翻译为"超等长训练"。此后，欧美学者对冲击式训练机制进行了研究，认为提高训练效果需要缩短耦联时间（coupling time）与代偿阶段（amortization phase）（Radcliffe et al.，1999）。鉴于该训练方法过高负荷强度引发的肌肉酸痛以及潜在的骨骼、肌肉和韧带损伤风险，水中超等长训练是近年来发展起来的新型训练方法，水中训练不但与陆上训练效果类似，而且可以减少甚至避免上述风险，为运动员特别是青少年运动员提供更多选择（张晓晖，2021）。

冲击式训练法的理论依据源自希尔（Hill）在 1950 年的研究成果，他系统论述了肌肉经过预收缩（拉长）能够增大肌肉力量的现象。各种类型的跳跃是增强式训练的典型，跳跃练习在田径、球类等项目的日常训练中并不新鲜，但正是肌肉拉长和快速收缩后的多重效应，才使得这种训练方法的形式化和组织化变得独特。显然，这种在已有训练方法基础上的创新属于移植法的范畴。此外，自冲击式训练开始，力量训练方法的进步大都依据相应的理论模型及实验验证，机制先导的创新模式体现出演绎发明法的特点。

### 6. 复合式训练

复合式训练由维尔霍尚斯基在冲击式训练基础上改进创立，在大强度抗阻训练后进行冲击式训练将获得更好的运动表现，并可同时提高运动员的最大力量和爆发力（Carter，Greenwood，2014）。此后，维尔霍尚斯基进一步深入，改变了负荷的形式，形成了速度—力量和跳跃训练相互结合等多种复合式训练形式；另外，将冲击式训练和抗阻训练的顺序以及间隔时间进行调整，在复合式训练基础上派生出了混合式训练（周彤、章碧玉，2017）。

虽然抗阻训练和冲击式训练组合形式多样，但普遍认为，一是它能有效刺激和激活神经和肌肉系统使之转化为更大的爆发力，二是该训练具有后激活增强效应，为爆发力的输出提供了有利条件。复合式训练来自"欧亚"流派的苏联，虽然前期是将传统抗阻训练与冲击式训练结合起来，但在之后的发展中，一方面经历了由简单结合向改变负荷的形式的方向改进，另一方面要求分析项目的专项技术，以使得练习方式与专项技术动作中的生物力学特征保持一致。由此看出，该方法由多项方法成果综合在一起产生，是一种将集中原理、技术、效应复合与应用的结果，因而属于综合应用法的创新思路。

### 7. 全身振动训练

20 世纪 60 ~ 70 年代，研究发现振动刺激能够引起张力性振动反射（TVR），反射特点与牵张反射类似，利用电磁振动增强力量曾被用于高山滑雪运动员。1987 年，苏联教练员纳萨罗夫（Nasarov）结合振动刺激和力量训练，运动员肌力增加（Luo et al.，2005）。之后，振动训练仪器的不断研发，使得振动训练迅速成为多个运动项目重要的力量练习手段。全身振动仪的出现对全身振动训练的使用和推广具有重要意义。研究显示，振动训练辅助传统力量训练，有助于提高不同神经肌肉系统的协调性，丰富屈伸肌群多种力量形式、提高协调能力和柔韧性（李玉章，2010），并影响有氧运动的能量消耗和底物（卜淑敏、韩天雨，2014）。

虽然不是振动训练研究的提出者，但全身振动训练由"欧亚"流派的苏联专家率先使用。当长期力量训练出现瓶颈时，提高神经肌肉系统的协调控制能力便成为重要途径之一。该方法最初源自医学和生物学领域中振动引起的机体反射，因而使用了移植创新的方法；通过改变振动的幅度、时间间歇、应用组合等要素，不但改善了肌肉功能，促进力量功效的提高，还推广到了氧代谢领域，具有以客观事实为依据进行科学逻辑推理的特点，因而又可认为使用了演绎发明法。

### 8. 电刺激训练

19世纪90年代，肌肉电刺激被应用于肌肉萎缩治疗。1970年，苏联学者科茨（Kotz）在训练实践中采用了电刺激训练法，发现有益于运动员力量增强，此后苏联诸多精英级田径、举重等体能主导类项目运动员通过电刺激训练获益，此后该方法传播至北美和欧洲，一度成为肌肉力量训练的流行方法，加拿大多名田径精英级运动员同样因此获益。电刺激训练法通过电脉冲促使肌肉强直收缩，后续研究将其分为直接刺激和间接刺激，并在应用中聚焦于增强肌肉绝对、相对、静力力量，提高神经肌肉激活水平，提升技术效益，损伤治疗与疲劳消除等。然而，随着力量训练应用的融合，电刺激训练法与抗阻训练、冲击式训练如何配合使用并显现更大效益尚未形成训练实践的共识。

电刺激训练法由"欧亚"流派的苏联专家最先使用，之后得到了"美澳"流派学者的使用和认可。该方法引自医学领域，利用了电刺激对肌肉萎缩人群治疗的原理与思想。在取得初步成功后，尝试通过改变电量的大小、时间间歇、应用组合等要素，一方面提高不同的力量素质，另一方面避免其产生不良功效，因而借鉴了训练学的逻辑负荷变化进行逻辑推理。为此，综合来看，电刺激训练法使用的创新方法主要为移植法和演绎发明法。

## （二）"美澳"流派力量训练的演进与创新要点

### 1. 等长训练

20世纪30年代，美国学者实验证实，肌肉未发生收缩的短暂静力性练习具有力量功能（Rasch，Pierson，1963），而另一项实验指出，初始状态长度的肌纤维仍能发挥最大肌力，即等长状态实则是肌肉的最适初长度；1946年，黑勒布兰特（Hellebrandt）正式提出等长训练，并认为要使肌肉肌力增强到最大的程度，需将肌肉控制在最适初长度；随后的相关实验证实了静力性肌肉收缩对肌力增强的作用（Rasch，Morehous，1957）。

等长训练源于普通力量实验的偶然发现，但通过对固定肌肉收缩初始状态和力值递增的验证，得出了该方法效果产生的内在机制，之后提出的操作性训练负荷使之成为广泛认可并使用的力量训练方法。在创新过程中，一方面以客观事实为依据进行科学逻辑推理，另一方面蕴含着对分析系统的要素及其形态的分合思想，故认为综合采用了演绎发明法和形态分析法。

### 2. 等动训练

等动训练又称等速练习法，其练习方式是借助专门的等动装置，使肌肉在任何一个关节始终保持同一运动速度，已达到增强各个关节范围肌肉力量的目的。传统抗阻训练无法达到等动训练的效果，Cybex（美国）、Merac（美国）、Spark System（瑞典）等专门仪器和设备的研发弥补了这一不足。为了便于测量，研究者们提出最大肌力矩、关节角度、最大功率、平均功率等多个力学指标以测定身体各部位的力量，并反复验证了其有效性和可靠性（Perin，1986）。已有研究表明在等动装置器上进行等速训练的优势在于：发展快速力量和绝对力量以及提高耐力素质；提高对抗肌间的平衡性和协调性；练习过程中由于肌肉所承受负荷的限制性可有效预防损伤，且训练后无延迟性肌肉酸痛和疲劳感。目前，该训练方法的应用范围已从普通人群拓展到各个竞技运动项目。

等动训练的发明基于20世纪中期对肌肉解剖学结构的认识，以及积分肌电图（EMG）被发现肌肉收缩过程的运动单位激活。针对向心和离心的动力性收缩未能避免施加负荷均等分布的缺陷，认识到通过采用动态负荷以解决问题的可行性。这一创新过程思考了前提和目标之间的联系，因而具有演绎发明法的特点。

### 3. 末端释放训练

20世纪70年代之前，传统抗阻力量训练陷入困境，其原因不但在于抗阻训练的练习动作速度缓慢，且随着动作的完成速度逐渐减慢，这与竞技现实需要的快速发力能力相违背，并且无法提高精英级运动员的力量使用效率，即速度—力量曲线的边际效用减弱。为解决这一难题，末端释放训练强调运动员在整个训练动作范围内做加速运动，直至在动作末端将负荷释放，以最快的速度完成技术动作。与抗阻训练相比，该方法符合诸多项目在最后阶段快速发力的需要，并使整个技术环节保持全程加速的状态。进入90年代，针对末端释放训练的研究逐步增多，在研究和应用领域，一方面提高运动员的最大爆发力以及冲刺能力、跳的能力、灵敏能力、投掷等运动能力；另一方面显示出对专项特定技术的价值，如有助于提升排球运动员纵跳摸高能力、棒球运动员躯干旋转能力以及传递效率等。

爆发性力量是诸多运动项目竞技表现的核心素质之一，众多单一技术或技术组合都是由投掷、跳跃、加速冲刺等爆发性动作组合而成的。末端释放训练主要由"美澳"流派的国家学者创立。方法的提出来自理论概念模型，而该方法具备可以同时解决力量速率和爆发力赤字的优点，使其具备了在确定提高爆发力训练目标基础上，将上述矛盾分解后再交合的特征，而之后的发展历程，则是采用了专项技术动作分解的视角。为此，本书认为末端释放训练主要采用了信息交合法。

### 4. 聚组训练

聚组训练（Cluster Training）的相关研究最早出现在 20 世纪末，以未经训练的人群为实验对象（Byrd et al.，1988）。竞技体育领域则是由哈夫在 2003 年的研究中以田径和举重运动员为研究对象首次提出的（Haff et al.，2003），随后被应用到具有抗阻训练的练习经验的人群以及练习篮球、足球等竞技运动的人群。相比传统力量训练而言，该方法在练习过程中不仅在组间安排相应的间歇时间，而且在组内间歇过程中也安排相应的力量训练（Haff et al.，2008）。虽然还需更多的研究来检验该方法的影响表现和生理机制，但已有研究结果的短期和长期效果显示，该方法可作为训练刺激的一部分，尤其适合于爆发力项目群。

与末端释放训练类似，聚组训练提出的目的是传统抗阻训练多次重复后，机体产生疲劳，进而引起向心收缩速率下降。例如，若将原本每组重复 10 次，组间 120 秒的练习，变为 5 次后增加 30 秒短时间间歇，组间间歇缩短至 90 秒，可使练习者始终保持稳定的收缩速率。聚组训练并未改变传统抗阻训练的练习方式，而是利用力量训练的组合变化，即组间间歇和组内间歇的时间搭配，会取得不同的训练刺激效果。这一创新过程，建立在以客观事实为依据的科学逻辑推理上，因而主要采用演绎发明的创新技法。

### 5. 血流限制训练

血流限制训练是意外发现的典型。1966 年，血流限制训练的创立者佐藤（Sato）在参加长时间佛教盘腿跪坐后，感觉到明显的腿部肿胀和不适感，而这种感觉与负重提踵练习类似，进而他产生了凭借这一原理进行力量训练的想法。1983年，他研发了BFRT装置并开展了对普通人群的力量训练尝试；1997年，该方法被应用于竞技训练，对增强力量有重要价值。此后，该方法被应用到多个运动项目并应用于医学和老年学领域（Nakajima et al.，2006）。目前，血流限制训练的定义是对上、下肢近端进行外部加压，使静脉血流闭塞的同时部分阻塞动脉血流以提高训练效果的训练方法（Loenneke et al.，2014），影响其训练效果的因素包括加压装置、训练负荷、运动形式等。

BFRT最初的提出基于偶然的发现，通过有意或无意的联想过程获得了成功，这属于联想技法的范畴。此后的研究证实，BFRT产生力量训练效果的原因可能在于激素分泌、蛋白质合成与抑制调节、肌纤维募集和细胞肿胀等作用机制（魏佳等，2019）。BFRT在人体康复医学获得成功后推广至竞技训练领域，具有发散思维的移植法特征。目前，BFRT在跆拳道、手球等单项中取得了显著训练效果，这既是基于该方法对快速力量耐力素质的特殊要求，也体现出专项素质和专项技术分析的重要性。为此，形态分析法中的因素分析、形态分析、方案选优是拓展其应用价值的关键所在。

### 6. 功能性力量训练

以往力量训练多关注完成某技术动作单一肌群的收缩效果，单一的训练仅会增强环节性力量。1997年，加里（Gary）借鉴康复医学的观点，提出了功能性力量训练的概念，指出应将人体运动视为一个运动链，通过对人体不同动作的分析，寻找其薄弱环节，从而进行有针对性的力量训练。此外，加里提出了力量结构的金字塔理论，即由动作幅度、控制、平衡、稳定为基础的功能性力量，上升至功率和速度的功能性表现，最终形式反映动作质量的功能性技术（郑丽、孟国正，2017）。然而，功能性力量训练的内涵是存在争议的，例如运动链上的技术动作是立体且变化性存在的；功能性力量仅是传统力量训练与平衡、稳定、动态训练相结合的产物，其本质是有目的的专项技术训练。

功能性力量训练来源于理疗和康复领域，最初目的是使缺乏完整功能能力的病人恢复广义的功能（马海峰、胡亦海，2021），并应用了全身振动力量训练、核心力量训练的成果和思想，因而采用了移植创新方法。但不同之处在于，一方面，功能性力量处于金字塔的最底端，具有根基性作用；另一方面，振动力量训练注重神经肌肉系统的协调，核心力量训练关注核心肌群的稳定、支撑、传导作用，功能性力量注重的是人体多关节力量协调用力（董德龙等，2010）。此后，无论是加里本人还是其他学者，对功能性力量的解释和发展都是以人体运动过程的系统性为指导思想，通过因素分析和形态分析使运动员竞技表现良好，因而具有形态分析法的创新特点。

**7. 核心力量训练**

1985 年，美国学者潘雅碧（Panjabi）从医学的角度提出了脊柱稳定性的概念；1989 年，美国旧金山脊柱研究所提出了中位脊柱的问题；1992 年，潘雅碧提出了核心稳定性的概念（黎涌明等，2008）。2006 年，本基布勒（Benkibler）的相关研究开启了核心稳定性训练的先河，他认为"核心稳定性是指在运动中控制骨盆和躯干部位肌肉的稳定状态，使力量的产生、传递和控制达到最佳化的一种能力"。核心力量训练在运动损伤康复、运动员专项能力提高方面展开了干预实验和实践应用尝试，但也表现出了对竞技体育的作用观点不一，操作、检测、评定体系与方法不完善，与传统抗阻训练间的关系不清等暂时性困惑。

核心稳定性的概念最早始于人体脊柱的解剖和生理学理论，其主要应用在人体康复领域，美国学者依据这一原理讨论了产生、传递、控制力量使用效果 3 个核心力量的主要功能，但之后认识的不统一主要表现在核心肌群在产生力量过程中的作用。从创新的起源和发展来看，核心力量借鉴和融合了多门学科各自的原理和技术，在创新技法中采用了综合应用法和移植法。

## 四　国际运动训练理论流派力量训练的演进与创新规律

### （一）力量训练理论与方法的科学基础演进

19 世纪末 20 世纪初，资本主义国家加快了城市化、工业化和科技化的进程，移民运动和大兴交通使居民居住更为集中，生活模式的改变使人们开始关注生活质量。此时有代表性的竞技体育事件包括欧洲俱乐部、北美马戏团和大力士表演、校际竞技赛事的兴起等，然而，此时不当的观念却阻碍着民众更为广泛的参与。其中，最具代表性的是关于"肌肉束缚"和"运动员心脏"的错误认识。卡尔波维奇（Karpovich）博士通过观察和实验，证实了"肌肉束缚"观点的错误，至此力量训练成为运动训练理论的重要组成部分。

科技成果的问世为肌肉收缩相关研究奠定了基础，包括骨骼肌横纹和 A 带（Needham，1971）、人体生长发育过程中的肌细胞机制（Steinhaus，1923）、"神经—肌肉"系统的"运动单位"（Sherrington，1929）、肌肉增大导致精细运动技能下降的可能机制（Capretta，1932）等。专门进行的力量训练研究业已展开，对训练实践有启发作用的成果包括：力量训练的异侧交叉影响（Scripture，1894）、"垂直跳跃测试"评估下肢爆发力（Needham，1971）、抗阻训练的科学原理（Needham，1971）、重复抗阻训练效果（Hettinger and Muller，1953）等。

进入 20 世纪 30 年代，科技进步继续为肌肉和力量研究提供条件。30 年代电子显微镜的出现，揭示了与肌肉收缩有关的滑行作用，直至 1954 年肌肉收缩的滑行理论被正式提出（Huxley，Niedergerke，1954）。力量训练的负荷增加源于对"运动单位募集"认识的深入，代表性成果包括：高强度运动有利于肌纤维合成（Siebert，1928），负荷强度有助于运动单位募集（Henneman，1957），负荷强度与力量增加有关系（Hellebrandt，1958）。在抗阻训练对专项能力发展的研究方面，力量训练有助于速度提高和减少损伤（Karpovich，1951），抗阻训练可增快动作速度和提高协调性（Masley，1953），长期力量训练对专项成绩提高起到促进作用（Chui，1950；Garth，1953）。

进入 20 世纪中期，第一，一般生理学中对肌纤维类型及其特征的重要发现，为特异性力量训练提供了依据，其中包括：肌纤维类型的收缩时间差异（Denny-brown，1927），经皮穿刺活检技术采集人体肌肉样本（Bergstrom，1962），训练使肌纤维类型发生转换（Costill，1970），力量训练引起酶活性、线粒体密度和能量底物变化（邓树勋等，2007），运动形式引起肌纤维选择性肥大（Komi，1975），等等。第二，EMG 被用于发现不同运动表现和变化过程中的肌肉激活，其中，利用 RE 研究了电活动的效率（DeVries，1968），等速测试仪被用于力量测试或训练。第三，速度—力量曲线得以验证，伯杰（1962）和奥谢（O'Shea）（2001）开展了训练负荷组合对力量增长的效应研究，被认为是对认识最佳组数、重复次数和训练适应之间关系的开创性贡献。第四，力量训练的激素调节研究取得突破，例如，合成代谢类固醇的研发和使用（Hoffman et al.，2009），力量训练可引起睾酮升高（Fahey，1976），等等。

自 20 世纪 80 年代开始，肌肉收缩相关研究从单纯的理论评估与机制反推，迈向了由科学引领带来的模型构想和实践验证的阶段。进入 90 年代，遗传学领域知识的扩展对于力量训练研究非常重要，尤其是 1990 年至 2003 年的人类基因组计划，有助于确定人类基因组的 DNA 序列。这些研究成果有助于发现许多影响肌肉收缩与力值表现的基因，并鉴定出 210 种以上的候选基因变体，从而使训练力量时具有更大的力量、更多的耐力和肌肥大等特征。此外，力量训练对神经肌肉、新陈代谢、心血管、内分泌、结缔组织、免疫系统等系统与组织的作用，力量训练与有氧训练之间的兼容性，力量训练处方设计和训练分期等，也在 21 世纪得到了突破性的进展。

## （二）力量训练理论与方法的历史演进特征

本书依照内容分析的三维框架、所纳入 16 种训练理论与方法的产生时间、与力量训练有关科学基础的发展，归纳出国际力量训练理论与方法的历史演进特征。

### 1. 简单练习阶段（19 世纪末至 20 世纪 30 年代）

在此阶段，即便是破除了"肌肉束缚"的错误观念，力量的认识也多通过外在形体加以判断，秉承的是肌肉体积对绝对力量的价值取向，然而对如何有效地增加肌肉体积，进而转化为力量尚未展开思考。1911 年出版《关于重量训练的真相》（*The Truth about Weight Training*），提出了重复渐进法（double progressive method），即随着运动员能力改变而改变的渐进加负荷的训练方法，该方法虽然结构简单，但却被认为是经典力量训练方法。此后由被公认为"国际健美运动的创始人""世界上第一位健美运动员"的桑多（Sandow）撰写并出版的《力量：如何去得到》《体力养成法》等书籍，是他从实践中摸索出的发达肌肉训练方法，并未有科学理论的指导（Kraemer et al.，2017）。因此，世界各国均没有创造出典型的具有推动作用的力量训练成果，练习方式相对随意，故将其命名为简单练习阶段。

### 2. 负荷递增阶段（20世纪40～60年代）

在此阶段，力量训练成果的展现形式多样，除渐进式抗阻训练是对之前重复渐进法的重大改进与突破外，不论是美国学者发明的等长训练和等动训练，还是苏联学者的冲击式训练和电刺激训练，均是由于认为仅通过抗阻练习难以实现整体肌群的全面发展以及肌间和肌内协调，因此开始关注训练结构和收缩方式改变对力量增加的效益，这些创新与20世纪中前期"运动单位募集"相关成果的研究相对应，体现着力量训练真正意义上的创新。然而，这一阶段的缺陷依旧明显，没有考虑单一训练方式的局限性，即是否会对不同力量表现形式产生差异性作用，多种练习方式的结合较之单一练习更为优越，这也为之后的组合式阶段提出了新的命题。

### 3. 组合式阶段（20世纪70～80年代）

此阶段力量训练的特点在于，既考虑了单一训练可能会对不同力量表现形式产生差异性作用，也认识到多种练习方式或同时作用于不同部位的力量训练方法效果更佳。其中，既有关注竞技能力整体性的基础力量和专项力量，也有通过改变原有练习结构或顺序的"金字塔"式训练、复合式训练、聚组训练、末端释放训练、极限强度训练。这些训练重新回归到通过身体练习，其原因在于受到了20世纪中期肌纤维的类别性、结构性、动力性特征研究的重要启示。然而，该阶段主要针对特定部位或肌群，且特定部位负荷的过大所导致的运动损伤不可避免。

### 4. 整体式阶段（20世纪90年代至今）

20世纪90年代至今，由以美国学者为首的力量训练专家陆续创立了包括核心力量训练、功能性力量训练、血流限制训练等在内的新理念，这些理念起源于康复医学对人体功能整体性的观点与发现，提高了运动员力量的整体性、专项化、表现性认识。需要指出的是，作为许多运动项目的基础能力，力量素质已得到几乎所有项目竞技训练的普遍重视，但在早期，一方面融入专项训练实践并没有明确的理论依据，多是教练员和运动员的主观选择；另一方面，20 世纪 70 年代以后，力量训练先是被用于提高运动员运动成绩，然后才被用于防止受伤。胡克斯（Hooks）在著作《田径运动中的重量训练》（*Weight Training in Athletics*）中指出，到 1974 年，力量训练已经彻底改变了包括田径在内的几乎所有项目的训练方法，一个提高成绩、经过科学验证的力量训练的新时代真正到来。

（三）力量训练理论与方法的创新规律特征

上文对国际力量训练理论与方法的产生、发展、创新进行了表述，因此本书分别得出了"欧亚"流派和"美澳"流派在力量训练方面的创新规律。

"欧亚"流派力量训练理论与方法的提出和主要创新全部集中在负荷递增阶段和组合式阶段（20 世纪 40~80 年代），这与该时期苏联、民主德国等国家对竞技体育的支持力度有关。其特点主要为以下两点。第一，由科学原理向训练实践的转化速度快。一旦某种生物学现象被发现并证实与力量增强存在关联，则立刻被应用于训练实践中，如电刺激训练、全身振动训练。第二，创新方法形式多样，为了提高效率，除直接移植至最新成果外，还主要采用以拓展思路的广角发散为特点的综合应用法、以把握机遇的直觉灵感为特点的移植法和类比创造法、以重视分析的思维推理为特点的演绎发明法（见表 4-4）。

表 4-4　国际运动训练理论不同流派力量训练创新方法

| 阶段 | "欧亚"流派 | | "美澳"流派 | |
| --- | --- | --- | --- | --- |
| | 训练方法 | 创新方法 | 训练方法 | 创新方法 |
| 简单练习阶段 | — | — | 重复渐进法 | 形态分析法 |
| 负荷递增阶段 | 青少年基础力量训练 | 综合应用法 | 渐进式抗阻训练 | 形态分析法 |
| | 冲击式训练 | 类比创造法 | 等长训练 | 演绎发明法 + 形态分析法 |
| | 电刺激训练 | 移植法 + 演绎发明法 | 循环力量训练 | 形态分析法 |
| | | | 等动训练 | 演绎发明法 |

| 阶段 | "欧亚"流派 | | "美澳"流派 | |
|------|----------|------|----------|------|
| | 训练方法 | 创新方法 | 训练方法 | 创新方法 |
| 组合式阶段 | 德式"金字塔"训练 | 演绎发明法 | 美式"金字塔"训练 | 演绎发明法 |
| | 复合式训练 | 综合应用法 | 末端释放训练 | 信息交合法 |
| | 全身振动训练 | 移植法+演绎发明法 | 聚组训练 | 演绎发明法 |
| | 极限强度训练 | 演绎发明法 | — | — |
| 整体式阶段 | — | — | 功能性力量训练 | 移植法+形态分析法 |
| | — | — | 核心力量训练 | 移植法+综合应用法 |
| | — | — | 血流限制训练 | 移植法+联想技法+形态分析法 |

资料来源：笔者自制。

"美澳"流派力量训练理论与方法的提出和主要创新则在各个时期分散相对平均，其特点表现为：第一，由科学原理转化为训练实践的速度较慢，大多需要经过大量的非人体实验、普通人群实验、运动员随机对照试验，确定良好的效果后才被引入训练实践中；第二，创新方法早期以创新流程相对严密的形态分析法为主，中期注重对现实训练缺陷的推理与演绎，后期的整体式训练全部移植了康复学领域的系统性思维模式。

# 第三节　不同流派耐力训练的演进与创新

## 一　类目建构与编码

### （一）分析框架

#### 1. X维度：耐力训练的形成发展层次

如上文所述，毕晓普提出了运动训练理论应用研究的8阶段模型，耐力训练理论与方法同样多种多样。其中，既可以将教练员和精英级运动员的训练经验加以归纳，也可以借鉴生物科学的最新成果精准创新，还可以通过量化的形式标准化实施。为此，本书各耐力训练理论与方法的形成过程层次的编码方式为：训练归纳编号为 1；标准设定编号为 2；知识借鉴编号为 3。后续发展的编码方式为：无明显发展编号为 1；向其他项目发展编号为 2；向操作细化发展编号为 3；向其他项目和操作细化同时发展编号为 4。

**2. Y 维度：耐力训练的操作方式层次**

力量素质是机体在一定时间内保持特定负荷或动作质量的能力，影响耐力表现的因素包括有氧供能能力、能量底物储存、支撑运动器官的功能以及心理耐受能力。结合当前对训练负荷的广义认识，无论是身体练习、技战术练习还是心理练习，都会对运动员机体产生刺激，引起运动员机体不同系统的应答反应并发生功能性变化。对于耐力训练而言，除调整训练负荷量和负荷强度的大小外，改变负荷量度的关系结构，或动用非训练学环境因素刺激，同样可以产生近似的训练效果。为此，本书各耐力训练的操作方式层次的编码方式为：负荷量度大小改变编号为 1；负荷量度组合改变编号为 2；负荷刺激方式改变编号为 3。

**3. Z 维度：耐力训练的作用对象层次**

虽然耐力素质依照人体生理系统、氧供应、力学特征有多种分类，但竞技运动项目中除极个别项目表现为单一形式的耐力外，均以复合耐力的形式呈现，如田径 400 米，便需要同时具备较强的肌肉耐力、无氧耐力、动力性耐力。若从耐力素质对专项的影响角度考查，将其分为基础性耐力的一般耐力和持续完成专项工作或接近比赛动作的专项耐力，既便于分类又体现了现代耐力训练理论与方法的行为目标。为此，本书各耐力训练理论与方法的作用对象层次的编码方式为：一般耐力编号为 1；专项耐力编号为 2；一般与专项耐力编号为 3。

X、Y、Z 维度的内容分析三维框架结构如图 4-4 所示。

**（二）信度检验**

为保证纳入的耐力训练理论与方法可以涵盖国际运动训练理论的经典和前沿，笔者一方面系统整理本书所纳入著作中列出的相关方法；另一方

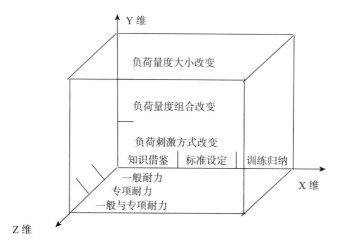

**图 4 - 4　耐力训练内容分析的三维框架**

面查阅国内外耐力训练的专门性著作和相关学术论文，共得到低强度持续训练、法特莱克训练、间歇训练、超大负荷训练等16项耐力训练理论或方法。需要指出的是，尽管诸多著作列入重复训练、持续训练等耐力训练方法，但上述训练并未对耐力训练的理论体系产生显著变革作用，且在其他训练方法中均有不同程度的体现，故未予纳入。本书所列耐力训练理论与方法及遴选依据如表4 - 5所示。

**表 4 - 5　本书遴选的耐力训练理论与方法**

| 序号 | 理论与方法 | 创立者 | 国家 | 创立时间 | 遴选依据 |
|---|---|---|---|---|---|
| 1 | 低强度持续训练 | Nurmi | 芬兰 | 20世纪20年代 | 最初无意识尝试成为有氧耐力训练的基础与经典 |
| 2 | 法特莱克训练 | Hagg | 瑞典 | 20世纪30年代 | 田径经典训练方法，实现了各种训练手段的组合安排 |
| 3 | 间歇训练 | Gerschler | 德国 | 20世纪40年代 | 耐力训练科学化的起点和标志，实现了运动与氧化系统的非同步性，为训练增加了外部可测量性 |
| 4 | 超大负荷训练 | Zatopek | 捷克斯洛伐克 | 20世纪50年代 | 将训练负荷提升到新的高度，定义了高水平运动员的训练量 |
| 5 | 高原训练 | Krastev | 苏联 | 20世纪50年代 | 实现了缺氧环境与运动训练的结合，环境刺激的经典 |
| 6 | 高强间歇训练 | Gerschler | 德国 | 20世纪50年代 | 大幅减少负荷量却取得与低强度持续训练相似的效果 |

| 序号 | 理论与方法 | 创立者 | 国家 | 创立时间 | 遴选依据 |
|---|---|---|---|---|---|
| 7 | 利迪亚德训练系统 | Lydiard | 新西兰 | 20 世纪 50 年代 | 协调了有氧训练与速度、力量、柔韧等素质训练关系 |
| 8 | 循环训练法 | Morgan | 英国 | 1953 | 依照专项特征，将耐力训练以游戏化的形式呈现 |
| 9 | 临界功率训练 | Scherrer | 美国 | 1960 | 耐力训练采用的高强度训练模式 |
| 10 | 模式训练法 | Petrovsky | 苏联 | 20 世纪 60 年代 | 运用控制论思想进行耐力训练的典范 |
| 11 | 计算训练法 | Gardner | 美国 | 1970 | 将竞速类项目的训练呈现为可量化的"速度表" |
| 12 | 鲍尔曼训练体系 | Bowerman | 美国 | 20 世纪 70 年代 | 通过耐力训练将能力提高和疲劳恢复统一起来 |
| 13 | 印第安纳体系 | Counsilman | 美国 | 20 世纪 70 年代 | 间歇训练、低氧训练、训练监控的综合运用 |
| 14 | "乳酸阈"模式 | Kindermann | 德国 | 1979 | 利用运动员的个体乳酸阈设计训练负荷强度 |
| 15 | "两极化"模式 | Mader | 德国 | 20 世纪 90 年代 | 与"乳酸阈"模式相反的竞速类项目负荷强度分布 |
| 16 | 小场地比赛训练 | Lingen | 荷兰 | 20 世纪 90 年代 | 拓展了集体球类项目专项耐力的训练理论 |

同样采用编码信度检验方法，对 16 项耐力训练理论与方法使用百分比一致性 $PA_o$ 和 Kappa 两个指标进行稳定性和编码员间信度检验。结果显示，稳定性信度的 $P_i$ 值为 1.000，$PA_o$ 为 100.00%；编码员间信度的 $P_i$ 值同样为 1.000，$PA_o$ 为 100.00%，均满足 $P_i$ 值大于 0.71，$PA_o$ 超过 80% 的信度检验要求。

## 二 数据分析结果

依据上文建构的耐力训练内容分析的三维框架，分别对纳入的 16 项耐力训练理论与方法加以辨析，并依照系统性思想原则的编码相似性，列出了所纳入耐力训练理论与方法的 Jaccard 相关系数表（见表 4 - 6）。与此同时，本研究将所纳入的耐力训练理论与方法的编码相似性进行聚类分析（见图 4 - 5）。

在耐力训练理论与方法的 Jaccard 相关系数中，模式训练法与计算训

表 4 – 6　耐力训练理论与方法的 Jaccard 相关系数

| | 1 | 2 | 3 | 4 | 5 | 6 | 7 | 8 | 9 | 10 | 11 | 12 | 13 | 14 | 15 |
|---|---|---|---|---|---|---|---|---|---|---|---|---|---|---|---|
| 2 | 0.425 | | | | | | | | | | | | | | |
| 3 | 0.643 | 0.345 | | | | | | | | | | | | | |
| 4 | 0.285 | 0.532 | 0.339 | | | | | | | | | | | | |
| 5 | 0.437 | 0.592 | 0.148 | 0.264 | | | | | | | | | | | |
| 6 | 0.525 | 0.461 | 0.409 | 0.607 | 0.476 | | | | | | | | | | |
| 7 | 0.317 | 0.489 | 0.719 | 0.271 | 0.269 | 0.654 | | | | | | | | | |
| 8 | 0.393 | 0.529 | 0.385 | 0.458 | 0.259 | 0.544 | 0.521 | | | | | | | | |
| 9 | 0.584 | 0.445 | 0.627 | 0.432 | 0.366 | 0.498 | 0.427 | 0.445 | | | | | | | |
| 10 | 0.494 | 0.630 | 0.327 | 0.411 | 0.568 | 0.422 | 0.679 | 0.268 | 0.359 | | | | | | |
| 11 | 0.654 | 0.471 | 0.568 | 0.257 | 0.407 | 0.699 | 0.195 | 0.346 | 0.529 | 1.000 | | | | | |
| 12 | 0.347 | 0.276 | 0.425 | 0.268 | 0.312 | 0.468 | 0.536 | 0.461 | 0.449 | 0.325 | 0.229 | | | | |
| 13 | 0.380 | 0.208 | 0.434 | 0.673 | 0.307 | 0.423 | 0.194 | 0.386 | 0.419 | 0.451 | 0.416 | 0.537 | | | |
| 14 | 0.642 | 0.392 | 0.511 | 0.442 | 0.079 | 0.444 | 0.751 | 0.381 | 0.345 | 0.179 | 0.326 | 0.541 | 0.246 | | |
| 15 | 0.414 | 0.376 | 0.451 | 0.199 | 0.515 | 0.358 | 0.412 | 0.468 | 0.259 | 0.270 | 0.516 | 0.385 | 0.471 | 0.372 | |
| 16 | 0.456 | 0.354 | 0.645 | 0.409 | 0.388 | 0.661 | 0.702 | 0.540 | 0.640 | 0.547 | 0.137 | 0.354 | 0.656 | 0.582 | 0.449 |

注：耐力训练理论与方法序号同表 4 – 5。

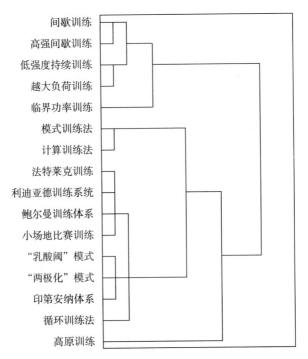

**图 4 – 5　耐力训练理论与方法依据编码相似性的聚类分析**

法的编码相似性最高为 1.000，而高原训练法与"乳酸阈"模式的编码相似性最低为 0.079。结合相关系数与聚类关系后发现，虽然整体来看，耐力训练理论与方法在不同流派国家间不具有显著的一致性特征，但当除去运动员负荷承受的认知本身，采用数理学方法控制训练过程的理念和途径却呈现很高的一致性。

按照耐力训练理论与方法的形成时间排序辨析历史演进的多维规律。其中，在形成过程维度方面，表现为以早期训练归纳为主，过渡到后期以标准设定为主，由此认为耐力训练产生的方式由教练员和运动员的实践经验向着以科学验证后的方式量化执行。在操作方式维度方面，表现为以早期负荷量度大小改变为主，过渡到以负荷量度组合改变为主，由此认为当耐力训练追求人体极限负荷之后试图通过负荷刺激的有效性提高训练效益。在作用对象维度方面，表现为由发展一般或专项耐力，向同时兼顾一般和专项耐力转变的态势，由此表明当代对耐力素质作用认识的加深，对项目能量供应特征认识的深入以及竞技运动的极值化发展趋向。

## 三 国际运动训练理论耐力训练的演进与创新要点

本书纳入的耐力训练理论与方法均已被国际运动训练理论界认可并验证，且均已在不同竞技水平的训练实践领域取得了成效。笔者整理了所纳入的 16 种耐力训练理论与方法的创立原因和后续发展（见表 4-7），并对各理论与方法依次阐述，以便为后续演进与创新的特征归纳奠定基础。

表 4-7 耐力训练的内容特征

| | 名称 | 创立原因 | 后续发展 |
|---|---|---|---|
| "欧亚"流派 | 间歇训练 | 原田径耐力项目缺少速度训练 | 不同项目练习时间（距离）、间隔时间、重复次数、恢复方式的组合 |
| | 超大负荷训练 | 运动员自主训练方式及对跑步的痴迷 | 训练负荷的递进性和训练方法的多样化 |
| | 高原训练 | 低氧环境下可以使机体携氧量增加的适应性变化 | 不同项目高原训练的适用性，高原训练与平原训练的衔接 |
| | 高强间歇训练 | 低强度持续训练发展耐力的效益不高 | 针对竞技水平、运动项目、训练阶段等进行个性化研究 |
| | 模式训练法 | 运动训练过程可通过运动成绩、竞技能力、训练负荷指标予以控制 | — |
| | "乳酸阈"模式 | 乳酸阈强度是非乳酸运动下的最高强度 | — |
| | "两极化"模式 | 当代高水平运动员的训练并不符合"乳酸阈"强度分布模式 | 不同水平运动员、项目群类、负荷评价方式的负荷强度分布差异 |
| "美澳"流派 | 临界功率训练 | 临界功率下运动可产生高乳酸值 | 方法使用过程中的个体因素、供能特点及测评方式等 |
| | 计算训练法 | 运动员能力与负荷承受具有相关性 | — |
| | 鲍尔曼训练体系 | 负荷与恢复，难度训练与简单训练之间的关系是效果转化的关键 | — |
| | 印第安纳体系 | 运动员对负荷的适应需要做出评价才能把控训练过程 | 耐力性同群其他项目及异群项目的训练负荷过程控制 |
| | 利迪亚德训练系统 | 耐力水平提高是多样化训练的结果 | 处理训练与损伤、营养之间的关系 |
| | 循环训练法 | 提升大学生运动员参与训练的兴趣 | 适用对象、组合方式、训练负荷对训练效果的作用 |
| | 小场地比赛训练 | 集体球类项目的直接对抗性、过程间歇性、动作多元性等 | 针对不同人群专项能力提高需要改变人均场地面积、训练组织形式等 |
| | 低强度持续训练 | 自主感觉需要增加训练负荷量 | 负荷强度量化，与高强度负荷及其他训练之间的关系 |
| | 法特莱克训练 | 缺乏固定的训练时间和标准训练条件 | 注重对场地和坡度的选择，融入力量训练 |

## （一）"欧亚"流派耐力训练的演进与创新要点

### 1. 模式训练法

自 20 世纪 60 年代中期，运动训练学者开始不断尝试将控制论思想运用到竞技体育领域，模式训练法的提出和发展则是彼得罗夫斯基（Petrovsky）基于控制论思想提出的对于提高耐力成绩具有重大突破的经典训练方法。短跑奥运冠军博尔佐夫（Borzov）100 米成绩的突破便是该方法的成功训练产物。其训练要点是首先按阶段确立训练目标和评价指标，在此基础上制订详细训练计划。例如彼得罗夫斯基分析了前几届短跑冠军的跑动慢速视频，以确定段落结构冲刺模型（Oyfebakh，1970），并计划在 30 米时提高 0.1 秒，在 30 米和 60 米之间提高 0.1 秒。通过执行该训练计划，博尔佐夫成功夺得奥运金牌。

模式训练法的精髓在于通过预先设定的成绩模式，极具针对性地训练。其训练思想一方面符合经典训练分期中以在少数重大比赛中创造优异成绩为目的理念，另一方面又依照可行性和博尔佐夫现实水平制定了渐进式的具体的训练目标。从创新方式来看，模式训练法将思维原点放在成绩目标上，创新过程体现了建构原型—反向思考—创造模式的程序，因而认为创新方法为采用了逆向构思法。

### 2. 间歇训练

德国运动员哈比（Harbig）被认为是 20 世纪 40 年代最优秀的中距离跑运动员。哈比的教练格施勒（Gerschler）在研究了帕沃·努米（Paavo Nurmi）的训练后，注意到缺少速度练习这一关键因素，应同时进行速度练习和积极性休息。格施勒提出间歇训练的操作要素由练习距离、间隔时间、重复次数、练习时间（单次）和恢复方式组成；训练形式包括法特莱克训练、抗阻训练、间歇跑等多样化方式。之后格施勒与心脏病学家赖因德尔（Reindell）合作对该方法进行了科学验证，对操作五要素的具体时间进行了量化操作，使得运用过程中的可控性标准更加科学化。尽管法特莱克训练和间歇式训练是经验性的，但教练员找到了效果产生的原因，虽然当时的解释并不全面，但它们作为耐力训练科学化的起点和标志，提供着专项耐力提高的训练理念，不断转向包括游泳、滑雪、自行车等竞速类项目，以及比赛间隔不确定的球类运动。

从创新方式来看，间歇训练法早期基于以往训练经验的总结与思辨，后期通过实验进行的科学验证强化了方法使用的标准与可操作性。与低强度持续训练和法特莱克训练相比，虽然降低了主观性，加强了理论支撑和客观测量，但仍具有形态分析法的创新特点。

**3. 超大负荷训练**

捷克斯洛伐克奥运冠军扎托贝克（Zatopek）在 5000 米、10000 米和马拉松项目中均创造了惊人的成绩。其训练哲学是尽可能努力地训练，以便在比赛中始终处于领跑位置，因此不论是低强度还是中等强度的训练，扎托贝克的训练负荷都超越了之前和同时期所有运动员。扎托贝克自主的训练方式以及对跑步的痴迷是他承受如此大负荷训练的关键，但有意或无意地变换负荷量度所带来的训练效益具有重要的启示意义。班尼斯特（Bannister）、杜贝尔（Doubell）等世界级中距离跑运动员的成功也得益于奥地利籍教练员斯坦普夫（Stampfl）实施超大负荷训练法。斯坦普夫的训练思路虽强调超大负荷，但注重训练负荷的递进性和训练方法的多样化。

如果说扎托贝克的训练凭借的是个人毅力和条件限制，无法体现明显的创新技法，那么对其训练加以分析并继承的斯坦普夫训练，则是通过对客观事物的比较实施了有创造力的方法。他一方面对扎托贝克训练进行了比较和对照，另一方面使用了可量化的标准和尺度，将法特莱克训练、间歇训练、冲刺训练顺序化地纳入训练系统之中，因而可以认为同时使用了类比创造法中的直接类比和间接类比。

**4. "乳酸阈" 模式训练**

该训练方法自提出之后不断被应用到中长跑、越野滑雪等项目中，是提高机体耐力水平的科学方法。其训练强度通过血乳酸值来界定，经过实验证明其有氧到无氧的转换值是 $2 \sim 4$ mmol/L（Kindermann et al.，1979）。已有基础性和拓展性研究结果显示，在"乳酸阈"训练过程中，其特征为始于"有氧阈"阶段的血乳酸初次急增，止于"无氧阈"阶段的最大血乳酸稳定状态（陈小平等，2007）。其生理适应在于在极限强度和次极限强度条件下，机体的心血管系统、呼吸系统等所承受的负荷能力均有所提升；其生理机制在于在该训练强度的刺激下，有益于提高机体的最大耗氧量、最大摄氧量、乳酸阈或通气阈。

"乳酸阈"模式是对非高水平运动员实验的结果，进而将其引入了高水平运动员训练并奠定了在中长距离竞速项目中的基础，1999 年，国际田径联合会（IAAF）依据肯尼亚著名教练员雷纳托·卡诺瓦（Renato Canova）的训练实践出版的训练手册仍提倡以乳酸阈训练为导向的负荷强度分布。此后，虽然以赛勒（Seiler）为代表的学者调查发现，高水平运动员的训练实践很少采用"乳酸阈"模式，而更加倾向于"两极化"模式或"金字塔"模式，也有大量实证研究证实了有氧训练的科学价值，但"乳酸阈"训练对运动员无氧能力的关注，被认为是提高中距离项目速度耐力的重要手段的观点同样达成共识。综合来看，训练负荷强度分布的系列研究和模式提出均综合采用了移植法和演绎发明法。

### 5. "两极化"模式训练

该训练方法主要从整体训练强度进行辨别，其中"两极化"模式的训练强度是血乳酸值 <2 mmol/L 和 >4 mmol/L，且前者的比例明显高于后者的量化标准。近年葡萄牙、法国、德国、挪威和丹麦等学者就该方法的训练效果、使用方法和生理机制等方面进行了有限的实证研究，结果显示，研究对象主要聚集在参加赛艇（Steinacker，1993；Steinacker et al.，1998）、自行车（Olaf，2002）和马拉松（Billat 等，2001）等耐力性项目的高水平运动员。由于该方法训练强度的特殊性恰好符合高水平耐力运动员训练过程中的能量代谢特征，因此教练员可根据现实需要安排相应的训练。

由上文对"乳酸阈"训练的分析可知，"两极化"训练的创新过程综合采用了移植法和演绎发明法。

### 6. 高原训练

高原训练源于生理学家发现的低氧条件下身体能力的变化，伯特（Bert，1878）、莫索（Mosso，1897）、科恩海姆（Cohnhein，1903）、弗拉泽尔（Verzar，1945）和穆拉尔特（Muralt，1946）先后进行了相关研究，并取得了丰硕的研究成果，主要运用于航空和登山领域（翁庆章、钟伯光，2002）。耐力性项目运动成绩在经过高原训练显著提高后，自 20 世纪 50 年代开始，研究者们陆续接受了高原训练法并开展了一系列理论和实践研究。就在 20 世纪 60 年代，东非国家长跑的群体性崛起引起了人们对海拔高度和运动成绩关系的兴趣，自此学者们积极探寻该训练方法的生理效应和影响机制。在接受、质疑和争论的交互过程中，世界各国逐步建立了高原训练基地并相继运用到长跑、游泳、赛艇、越野滑雪、竞走等众多体能主导类耐力性项目，并逐步拓展到柔道、艺术体操、短跑等其他类项目。同时，马亚里亚（Mayaria）和约克尔（Jokl）等学者的相关研究成果也不断涌现。

虽然人们早已认识到，运动员在高原环境下会产生机体的适应性变化，从而有利于有氧能力的提高，但真正引起全球关注是从东非运动员取得优异成绩甚至掌控长距离跑开始的，由此认为，早期的高原训练来自对航空和登山实践的移植。面对高原训练期间负荷强度降低、力量丢失、易疲劳、高原—平原衔接、下高原后竞技状态调整等一系列问题，加之专项竞技能力结构的特殊性和复杂性，后续高住低训、低住高训等训练模式试图弥补原有的不足，此时的训练方法创新便具有了通过科学逻辑推理的演绎发明法特征。

### 7. 高强间歇训练

高强间歇训练（High-intensity Interval Training，HIIT）最早被运用到田径训练（Billat，2001），随后格施勒和赖因德尔在 20 世纪 50 年代就其构成要素、训练要点和训练效果等方面开展了大量实证研究，并于 1959 年正式展示了相应的研究成果。提出训练过程中的训练强度大于等于无氧阈或最大乳酸稳态、单次练习的持续时间在几秒到几分钟之间、每两次练习的休息时间以机体不完全恢复为标准、休息方式是保持静息或采用相应低强度练习方式（黎涌明，2015）。目前普遍认为负荷强度、持续时间、休息时的练习强度、休息时间、总负荷次数、运动形式等是影响该方法训练效果的重要指标，同时也是制订训练计划必须充分考虑的要素（黎涌明，2015）。但由于项目和运动员个体间的差异性较大，就以上要素的具体量化指标还未达成统一，现有和未来研究可依运动水平、运动项目、训练阶段等因素的使用要点进行拓展性研究。

通过文献检索发现，当前有关 HIIT 的研究主要集中在普通人群或非高水平运动员人群，加之教练员通常难以彻底改变既有的思维模式，因此对于高水平运动员的训练效益难以实现科学验证，特别是 HIIT 对提高运动能力、提高脂肪氧化能力、提高最大摄氧量的机制尚未明晰。由此来看，高强间歇训练仍在演绎推理基础上，是一种合乎逻辑的推理过程，故创新过程主要采用演绎发明法。

### （二）"美澳"流派耐力训练的演进与创新要点

#### 1. 低强度持续训练

低强度持续训练法（Long Slow Distance，LSD）的提出是由芬兰的著名中长跑运动员帕沃·努米的成功经验归纳而来的，20 世纪 30 年代后期和 40 年代，芬兰教练劳里·皮哈拉（Lauri Pikhala）和美国教练埃林（Elling）分别对该方法进行了发展和突破。LSD 的训练特点表现为相对长时间的训练距离，以及 66%～80% 最大心率或 55%～75% 最大摄氧量的中低强度，是发展有氧耐力的重要训练方法。个体对该训练方法的生理适应主要表现为心血管功能改善、体温调节能力、线粒体能量产生和骨骼肌的氧化能力，但也有研究得出其对普通人群的使用效果优于训练有素的耐力运动员，其可能原因在于高水平运动员需要更高强度的刺激。实践证明，由于 LSD 训练期间的运动强度明显低于比赛，因此建议在训练计划中加入间歇训练和法特莱克训练等高强度的训练方法。

LSD 训练法是在训练的经验中不断总结得出的。经过不断验证，埃斯特维（Esteve）和拉瑙（Lanao）等学者认为在当今的训练过程中，在高强度训练足够的情况下，LSD 训练应该占训练总量的很大一部分。从该训练方法的提出到发展，其创新形式主要表现为形态分析法。

#### 2. 法特莱克训练

瑞典运动员贡达尔·哈格（Guadar Hagg）在其职业生涯时，打破了所有长距离跑的世界纪录，由此重新定义了中长跑运动员的能力极限。交替使用不同跑速、步幅和坡度是制订训练计划的关键，这也系统揭示了法特莱克（Fartlek）的训练本质。几乎同一时期，澳大利亚田径教练塞鲁蒂（Cerutty）运用该方法训练出兰迪（Landy）和埃利奥特等一批顶级运动员。与前者不同的是，他在运用该训练方法的过程中，更加注重对训练场地和坡度的选择，将训练计划划分为调整期、比赛练习期和比赛期 3 个阶段，注重力量训练和营养摄入。

由于在户外不平坦的山地进行训练，因而对负荷强度的控制难以使用时间作为计量单位。法特莱克训练的创新方法与随意练习阶段十分类似，即无论是当时训练形态的使用，还是日后改进的设计，既没有理论支撑，也缺乏对身体能力和机体反应的测量与评价，具有主观化的形态分析法特征。

### 3. 利迪亚德训练系统

斯内尔（Snell）、默里（Murray）等著名中长跑运动员的成功受到知名新西兰教练员亚瑟·利迪亚德（Arthur Lydiard）的训练哲学和思想的影响。利迪亚德于 20 世纪 50 年代从实践活动中归纳和总结出适宜的跑速和距离的组合方式。其训练要点为在系统延续了大负荷训练思想的基础上，以多样化的训练手段提高有氧能力为根本，注意协同发展速度、力量、耐力、柔韧和灵敏素质，以及保持年度不同阶段训练的明显节奏。虽然训练效益明显，但也存在因训练负荷超过人体极限而引起损伤等不足。总之，该训练方法的提出和应用为现代耐力训练的科学化进程迈进了一步。

从训练创新来看，利迪亚德建议将马拉松训练纳入其中，意味着告别了 20 世纪 50 年代中期所提倡的每周仅使用较少跑量的间歇训练的做法，巧妙运用了类比创造法。虽然同样将各种训练方法（马拉松、法特莱克、间歇、速度训练）综合起来，但更强调方法在时间和空间上的序列结构，使大负荷训练真正朝向科学训练迈进，因而被视为现代长距离耐力训练的基础。

### 4. 循环训练法

循环训练法的创立初衷是提升大学生参与体育活动的兴趣，通过一定时间的练习后达到有效提高学生体能水平的目的。由于其训练效果明显，因此逐步被运用到竞技体育领域并被认可。1964 年美国潜水协会、1965 年德国的 Scholoch、1966 年美国的 Rasch 和 Otott 等科研机构和学者先后对该训练方法进行了系统的科学验证，并提出具体运用过程中的适用领域、组合方式、训练负荷和训练效果。

该方法在体育教学中产生，最初培养兴趣和提高密度的目的与竞技训练并无关联，但由于将这种组织形式移植运用后，可以与原本耐力发展方法结合使用，同时又可以兼顾专项技术和专项体能，因而通过形态分析法的层次分析和方案选优，会实现对存在比赛间歇、技术动作复杂多样的项目的特殊价值。

### 5. 鲍尔曼训练体系

在综合归纳和借鉴法特莱克训练、间歇训练和利迪亚德训练系统的经验和不足的基础上，美国田径教练员鲍尔曼（Bowerman）基于实践假设和验证提出了该训练方法并培养出一批优秀运动员。他的训练思想表现为以下两个特点：一是根据运动员个体差异进行难易交替的交叉训练，以期最大限度处理好刺激与恢复的相互关系；二是有效结合了竞技状态和训练分期理论，即将训练计划进行合理的阶段划分，并将难易交替的原则贯彻到所有训练分期，以期在重要比赛中表现出最佳状态（陈小平、褚云芳，2013）。

在创新方法方面，由于该训练方法的提出受到法特莱克训练、间歇训练和利迪亚德训练系统的综合影响，因而认为采用了移植创新法。鲍尔曼训练理论的提出并不仅仅依据经验和思辨，在假设和验证过程中认识到了训练应坚持规律性与计划性，以及适宜负荷和适时休息的重要性，因此其训练哲学有综合应用法的特点。

### 6. 印第安纳体系

美国知名游泳教练康希尔曼运用该训练方式培养出了马克·施皮茨（Mark Spitz）等一批世界级游泳运动员，并为美国树立并长期保持该项目的竞技优势奠定了基础。由于康希尔曼的训练是全赛季的稳定训练负荷量变化体系，故也被称为"印第安纳体系"（Indiana System）（Counsilman，1968）。印第安纳体系的特征之一是对训练负荷适应的认识，将田径训练中的间歇训练引入游泳之中。特征之二是提出训练负荷的变化方式，提出了3种增加负荷量的具体手段。特征之三是通过训练分期把控竞技表现高峰，例如准备阶段进行以游泳形式为主的长距离训练、法特莱克训练和间歇训练，但很少使用重复训练或专项训练；艰苦训练阶段表现为负荷量度的同步提高；赛前减量阶段提倡"可变减量"，将日训练负荷分为艰难的、中等的和轻松的，并且以多种方式组合使用。此后，利用生物学指标进行训练监控同样被苏联运动训练专家所使用，沃尔科夫（Volkov）、玛卡洛娃

（Makarova）、沃罗布耶夫（Vorobyev）等学者相继进行一系列有益研究（Volkov，1966；Makarova，1967；Vorobyev，1966），并不断将该训练方法成功拓展到举重等其他项目。

康希尔曼训练的创新之一表现在基于适应理论思想，合理安排和调整训练负荷。创新之二表现为将年度训练划分为不同的阶段，每个阶段有着明确的训练目标和实现途径。基于以上分析认为，康希尔曼的训练创新兼顾了利用多门学科领域各自的原理和技术，属于综合应用法的使用范畴。

### 7. 计算训练法

《计算训练法》专著由美国学者加德纳（Gardner）和珀迪（Purdy）在1970年合著出版，由于其在运动训练中的科学性和实用性的巨大影响力，因而该书被迅速翻译为多种语言并传播到世界各国。苏联的克拉科夫（Krakow）和美国的约旦（Jordan）等学者对该方法的应用价值进行了充分的肯定。该训练方法的突出特点是在训练过程中严格遵循"速度表"，即依据相应标准将跑的项目、间歇跑类型和跑的速度进行分类，多维结合训练理论、成绩模型和恢复原理，形成了极为复杂的间歇训练量化训练体系，并被广泛运用倒计时类项目。

与模式训练法的逆向设计的思维不同，计算训练法采用依据条件推导的数理处理方式，其核心是通过"速度表"为教练员提供可控性的、符合运动员个体需要的训练计划。由于该训练方法涉及运动成绩、跑动配速、机体恢复等诸多原理，故认为创新过程主要采用了综合应用法。

### 8. 临界功率训练

临界功率（Critical Power，CP）又称临界速度，其训练强度介于乳酸阈值以上和最大摄氧量以下之间。自提出以来被广泛运用到普通人群（Housh et al.，1991；Overend et al.，1992），以及划船（Matthew and Brandon，2004）、游泳（David et al.，1995）、赛艇（吴昊、冯美云，1999）、中长跑等项目，在实践过程中学者们得出有效且被普遍认可的三参数CP计算公式和三分钟全力测试。目前，该训练方法主要用于欧美运动员，是进行耐力训练的有效指标，近年来的研究和实践着重关注方法使用过程中的个体因素、供能特点及测评方式等。

临界功率的概念被提出后，将耐力训练的负荷强度提高到新的水平，该强度下的运动对于提高乳酸耐受能力具有重要作用，这对于中距离竞速项目而言至关重要。临界功率训练的创新基于对项目专项耐力特征的准确把握，并对从普通人群和中低水平运动员得出的结论和规律加以拓展，故具有演绎发明法的特征。

### 9. 小场地比赛训练

小场地比赛（Small – Side Game，SSG）自提出以来被成功运用到足球、橄榄球、篮球等集体球类项目中，练习过程中主要通过调整练习场地的大小以及比赛人数来提高运动员的竞技能力。SSG 组织过程的多样性、灵活性和专项化特点使得其训练负荷具有可调节性，因此同时适用于儿童、青少年以及高水平运动员。已有研究认为，虽然其有益于提升运动员的最大摄氧量水平，但对于弹跳能力、技战术能力以及初级水平运动员体能水平的影响效果及机制的研究还有待进一步深入。

SSG 训练在包括足球在内的集体球类项目中早已使用，但真正以训练理论与方法的形成呈现，则是在经历了对不同年龄和竞技水平人群、改变人均场地面积、训练组织形式的实验，并通过心率遥测、sRPE、最大摄氧量等负荷评测手段的检验之后。由此认为，SSG 是将若干领域的多种技术成果与原理综合使用后创新而成，故认为其具有综合应用法的特点。

## 四 国际运动训练理论耐力训练的演进与创新规律

### （一）耐力训练理论与方法的科学基础演进

19 世纪至 20 世纪初，诞生了一系列有关能量代谢的跨时代生物化学成果，例如，肌肉内乳酸的发现（1808），糖原的发现（1855），磷酸肌酸的发现（1927），三磷酸腺苷（ATP）的发现（1929）。20 世纪 20～30 年代有多项氧代谢的重要成果问世，例如，肌肉耗氧与乳酸代谢之间的关系，氧债、最大摄氧量、乳酸阈等概念（Tudor，2008），运动对机体不同系统的影响（Steinhaus，1923），运动时心脏的急性变化和慢性影响，人体在特殊环境中的代谢特征（Harvard Fatigue Laboratory，1927），等等。然而，这些研究的初衷并非为提高运动员能力，只是作为机制解释的知识背景。

进入 20 世纪 30 年代，在糖原、磷酸肌酸、三磷酸腺苷能量底物被发现后，这一阶段能量代谢的进步表现为对代谢机制的重大突破。其中，柠檬酸循环和三羧酸循环的发现，将机体内糖、脂肪、蛋白质三大能量底物的代谢过程统一了起来；揭示了磷酸肌酸和三磷酸腺苷在肌肉收缩中的作用（邓树勋等，2007）。此外，运动生物学科的创立与研究逐步深入，20 世纪 20 年代运动生理学正式成为一门独立的学科。1948 年，由于生理学领域的扩展和专业化，美国《应用生理学》（*Journal of Applied Physiology*）杂志创办。1952 年，丘尔顿（Cureton）出版的《冠军运动员的身体素质》（*The Physical Fitness of Champion Athletes*）介绍了多个项目运动员身体素质测试结果，以及精英级运动员的机能水平和特征。

进入 20 世纪 60 年代，与耐力有关的研究直接服务于训练实践层面。例如，重大生理学理论"适应机制"被提出并改进；有关运动员训练适应的系列论文发表（Carlile，1961；Carlile，1962）；无氧阈值（AT）被提出，无氧阈值被证明是比最大摄氧量更好的表现指标（Wasserman，1964）；最大摄氧量的测算以及 Astrand – Ryhming 列线图法的提出。20 世纪 60～70 年代运动生物学理论大量出现，体育史学家马森盖尔（Massengale）将 20 世纪 60 年代末 70 年代初称为运动生理学的形成期，此时一些重要著作的问世，表明了运动生理学的学科发展以及在训练实践中的应用。例如，《科学与体育：如何衡量和提高运动成绩》（*Science and Sport：How to Measure and Improve Athletic Performance*）（Thomas，1971）论述运动员身体素质和技术能力的提高及运动损伤；《工作生理学教材》（*Textbook of Work Physiology*）（Astrand，1970）汇总了影响运动表现的因素；《体育教育与体育的生理基础》（*The Physiological Basis of Physical Education and Athletics*）（Mathews，1971）涵盖了运动素质、身体机能、身体形态，以及间歇训练法的应用原理。

进入 20 世纪 80 年代，在认清了影响因素和内在机制之后，耐力训练的科学基础研究转向了如何在实践中完善。就最大摄氧量而言，认识到其较高的遗传度和选材价值（Klissouras，1971），最大摄氧量的作用环节及提升价值与可能性（Prampero，1985），通过有氧训练改变物理结构与氧化酶活性的可能性（Bouchard，1986）。该阶段的另一显著特点是对疲劳恢复研究的加强，塔巴奇尼克（Tabachnik）在《苏联的训练和恢复方法》（*Soviet Training and Recovery Methods*）中指出了负荷、疲劳、恢复、损伤之间的关系，以及实现疲劳恢复和损伤康复的多层次方法（Tabachnik，1990）。维伦斯基（Vilenski）通过比较高强度体力和脑力活动后的再生周期支持了这一观点。现代恢复手段的持续发展，使运动员能够承受越来越重的训练和比赛负荷。

### （二）耐力训练理论与方法的历史演进特征

本书依照内容分析的三维框架、所纳入 16 种耐力训练理论与方法的产生时间、与耐力训练有关科学基础的发展，归纳出国际耐力训练理论与方法的历史演进特征。

#### 1. 随意练习阶段（20 世纪初至 20 世纪 30 年代）

20 世纪 20 年代以前，耐力训练以"轻度适应"（lightly conditioned）为训练特征，20 世纪 20 ~ 30 年代，芬兰人努米通过不断增加的低强度持续训练和简单重复训练，界定了高水平耐力竞技比赛的标准，将耐力训练的数量和质量提高到了同时代任何人都无法比拟的水平。哈格的训练同样表现出类似特征，其训练场地的选择在于服兵役期间条件的欠缺。然而，他们的训练没有明确的发展目标，当认为训练时间不足便相应增加，当认为缺乏速度训练时便尝试加强。由于这一阶段的随意性和无意识性，且没有明确的科学依据和评测标准，主要依据运动员的主观感受实施，且大都缺乏高强度无氧供能为主的练习，故将其命名为随意练习阶段。

#### 2. 负荷递增阶段（20 世纪 40 ~ 50 年代）

此阶段的耐力训练强调训练负荷的进一步增加，其中，间歇训练和高强度间歇训练注重增加负荷强度；超大负荷训练和利迪亚德训练体系将负荷量增至前所未有的高度，并至今成为耐力项目训练的参照；高原训练则通过高原环境的低氧刺激使运动员获得训练与低氧的双重刺激。负荷增加理念的产生，与生理学于 20 世纪 30 年代被用于解释训练规律，进而逐步指导训练实践有关，然而它们均忽视了负荷增加可能导致过度训练与运动损伤，以至于当时诸多世界冠军和世界纪录保持者过早结束了竞技生涯。

#### 3. 注重效益阶段（20 世纪 60 ~ 70 年代）

这一阶段的耐力训练表现为两方面：一是以临界功率训练、模式训练法、计算训练法为代表的注重将训练负荷量化，以求整体控制一般耐力和专项耐力的发展过程；二是以鲍尔曼训练体系和印第安纳体系为代表的强调运动员对负荷的适应，通过生化监控或负荷调节保证最佳的应激状态。然而不论何种形式，其目的不再是无目的的简单随意练习和继续探求人类负荷承受极限，而是转为在多年训练和年度训练的有限时间架构内，对训练效益的极致追求，为此，本书将其命名为注重效益阶段。

**4. 模式训练阶段（20世纪80年代至今）**

进入20世纪80年代，无论是以"乳酸阈"模式、"金字塔"模式和"两极化"模式为代表的负荷强度等级分配，还是将以往耐力训练理论与方法融合使用的综合训练法，以至采用近似于专项本身的小场地比赛训练，均表现为试图将训练模式化的趋向，通过对高强度和低强度训练比例的控制，探寻适用于一类项目的共有规律，故本书将其命名为模式训练阶段。需要指出的是，尽管耐力训练形式得到持续更新，但早期耐力训练方法始终被认可，国际耐力训练同时向着将上述训练方法结合与负荷量度加大的方向迈进，世界优秀教练员对此达成共识。苏联中跑教练苏斯洛夫（Suslov）指出："把女性看作'弱者'，从而排除对女性运动员进行大运动量训练的可能性，以及女运动员行经期必须休息的论点已经过时了。"曾训练出打破5000米世界纪录的默克罗夫特（Morcroft）的英国教练员安德森（Anderson）认为："速度、力量和耐力这些素质是可以同时发展的，不要想象在某个素质发展完善的基础上再发展另一素质。我们的训练目标是让运动员生理、心理状态都达到更高的水平"，"提高训练效果不是靠增加公里数而是靠训练手段和训练方法的合理组合"。英国著名中跑运动员塞巴斯蒂安·科（Sebastian Coe）的父亲也是他的教练波特·科（Baud Coe）认为，中跑训练要强调加强肌肉力量；训练质量及速度训练量所占比例较高；训练形式要多样；重复的强度练习和短间歇的强度练习是成功的手段之一（林守任、刘江南，1987）。

**（三）耐力训练理论与方法的创新路径特征**

上文对国际耐力训练理论与方法的产生、发展、创新分别进行了表述，因此本书分别得出了"欧亚"流派和"美澳"流派在耐力训练方面的创新规律。

　　"欧亚"流派耐力训练理论与方法的提出和主要创新主要在负荷递增阶段，其部分原因在于二战结束后步入冷战阶段，以苏联为首的欧洲社会主义国家加入国际奥委会并备战奥运会，急欲在国际赛场取得优异表现的目标促使其将负荷增加作为成绩突破的主要手段。其创新特点表现为：第一，广泛借鉴或移植了基础性研究的成果，丰富了负荷增加的形式和途径；第二，擅长以客观事实为依据进行科学的逻辑推理，十分注重对已有科学认知和训练认知的规律总结与功能演绎；第三，强调系统性思维，将运动员竞技能力的时空转移以逆向构思的形式呈现模式训练法。

　　"美澳"流派耐力训练理论与方法的提出和主要创新则在各个时期分散相对平均，始终通过训练归纳、观念体系、模式建构贡献着智慧。其创新特点表现为：第一，早期思考训练过程中存在的问题，辨析优化训练的内在逻辑，进而选择适宜的解决步骤与方案；第二，中期综合使用科学发现和科学技术的最新成果，并将其复合与应用；第三，近期总结成功经验的客观事实，以此为依据逻辑推理至项目群类的一般模式化层面。国际运动训练理论不同流派耐力训练创新方法见表4-8。

表4-8　国际运动训练理论不同流派耐力训练创新方法

| 阶段 | "欧亚"流派 | | "美澳"流派 | |
|---|---|---|---|---|
| | 训练方法 | 创新方法 | 训练方法 | 创新方法 |
| 随意练习阶段 | — | — | 低强度持续训练 | 形态分析法 |
| | — | — | 法特莱克训练 | 形态分析法 |
| 负荷递增阶段 | 间歇训练 | 形态分析法 | 利迪亚德系统 | 类比创造法 |
| | 超大负荷训练 | 类比创造法 | 循环训练法 | 移植法+形态分析法 |
| | 高强间歇训练 | 形态分析法 | — | — |
| | 高原训练 | 移植法+演绎发明法 | — | — |
| 注重效益阶段 | 模式训练法 | 逆向构思法 | 计算训练法 | 综合应用法 |
| | — | — | 临界功率训练 | 演绎发明法 |
| | — | — | 鲍尔曼体系 | 移植法+综合应用法 |
| | — | — | 印第安纳体系 | 综合应用法 |
| 模式训练阶段 | "乳酸阈"模式 | 移植法+演绎发明法 | "两极化"模式 | 移植法+演绎发明法 |
| | — | — | 小场地比赛训练 | 演绎发明法 |

　　资料来源：笔者自制。

# 本章小结

（1）依据运动员竞技能力转移的"时空协同"理论，运动训练内容、方法、负荷属于运动训练理论的空间要素。训练方法表现为训练操作方式与训练负荷的有机结合，并对运动员的整体竞技能力或竞技子能力发挥特异作用。其中，力量素质和耐力素质是各项目运动员的基础能力，与其他身体素质有着紧密的相关性，且不同于通过技术和战术训练的项目间的巨大差异，对于考察运动训练理论的空间要素演进与创新具有显著价值。

（2）现代力量训练理论与方法起源于渐进式抗阻训练，依据内容分析三维框架、科学基础发展、各理论与方法产生的时间顺序和内涵特征，可将历史演进划分为简单练习阶段、负荷递增阶段、组合式阶段、整体式阶段。其中，"欧亚"流派创新集中在负荷递增阶段和组合式阶段，路径特征表现为科学原理向训练实践的转化速度快，创新形式多样；"美澳"流派的创新相对分散与平均，路径特征表现为科学原理转化速度较慢，创新方法早期流程相对严密，后期移植了康复学领域的方法并表现出整体化思维模式。

（3）现代耐力训练理论与方法起源于 20 世纪早期的简单重复训练和低强度持续训练，依据内容分析三维框架、科学基础发展、各理论与方法产生的时间顺序和内涵特征，可将历史演进划分为随意练习阶段、负荷递增阶段、注重效益阶段、模式训练阶段。其中，"欧亚"流派创新集中在负荷递增阶段，表现为既借鉴或移植基础性研究成果，又擅长进行科学的逻辑推理演绎；"美澳"流派的创新相对分散，其特点为早期、中期、近期分别主要采用形态分析法、综合应用法和演绎发明法。

# 第五章

# 国际运动训练理论流派训练时间要素的演进与创新

## 第一节　运动训练理论时间要素的
## 体系结构与考察方式

依据上文对张英波运动员竞技能力状态转移的时空协同理论的介绍，运动训练的时间因素包括素质发展敏感期、负荷适应和技能学习过程、生物节律等内时间因素，以及训练周期、赛季差异、比赛时间等外时间因素。

运动训练过程是运动训练活动进行的步骤和程序，也是运动训练在时间维度上的直接体现。针对运动训练过程制订的运动训练计划体现着理论研究者对时间进程的把控能力。现实中，运动训练计划依照跨度时间的长度，可分为单元课训练计划、周课训练计划、阶段训练计划、年度训练计划、多年训练计划。一般认为，多年训练计划具有框架性、稳定性和远景性的特点，周课训练计划具有现实性、具体性和多变形的特点，而年度训练中的阶段训练计划，不论是 2~3 个月的大周期，还是 1~3 个月的中周期，既是对多年训练计划的分解，也是对周课训练计划的规划，对于持续稳定提高运动员竞技能力和培养赛前竞技状态，实现年度和多年训练目标具有重要意义。

运动训练分期理论是现代运动训练理论的重要组成部分。创立半个多世纪以来，受到了国际运动训练学术界和实践领域的高度关注，被誉为

"世界运动训练由盲目到科学、由无序到规律的'分水岭'"（胡海旭等，2021）。本书对国际运动训练理论时间要素演进与创新的考察通过训练分期来实现，其原因在于：第一，按照持续时间，多年计划、年度计划具有远景、稳定、框架的特点，单元课计划、周课计划具有现实、多变、具体的特点，周期计划即训练分期兼顾二者特点，是运动训练计划的核心（胡亦海，2014）；第二，训练分期自提出以来，训练实践进行了革新并取得了效益，得到国际运动训练学者的普遍认可，或在其学术著作中单列章节，或将其学术著作直接命名为"分期训练"；第三，苏联马特维也夫提出的经典训练分期取得重大成功的同时，也饱受质疑，国际学者为满足不同项目运动员竞技能力的提高和赛事赛制的变革，陆续提出了多种训练分期思想；第四，当代对训练分期始终存在争议，从定义的目标和行为着眼点便可以发现，具体表现为对"竞技状态"理论认可程度的不一致。

对于训练分期的阶段划分，上文已有表述，巴利依照训练负荷量度设计的变化特征，分为了"早期传统分期模型"、"中期波浪分期模型"和"晚期时序共轭分期模型"3个类别，然而这种阶段式的时间分类并没有考虑赛事赛制和运动项目对训练分期要求的特异性，时至今日，经典训练分期仍然在职业化程度相对较低、备战重大比赛的训练安排中表现出独有的价值，这一点从世界主要竞技体育国家的社会制度和项目优势中便可部分体现。

# 第二节　训练分期的内容分析

## 一　类目建构与编码

### （一）分析框架

#### 1. X 维度：训练分期的形成发展层次

与运动训练理论空间操作性要素不同，作为时间维度的组织架构，训练分期具有前瞻性和规划性的特点，故若分期的持续时间较长，其最初形成与后续发展通常难以由干预实验获得，将"欧亚"流派思想加以归纳或借用新的科学理论设想便成为重要的最初形成方式。新的训练分期理论被提出后，面对异群项目的运动员竞技能力主导因素差异、竞技运动赛事变革和极值化表现、现代科学技术的训练支撑，有些训练分期因专门性较强停滞不前，有些则向着一般性和兼容性方向发展。为此，本书各训练分期早期形成的编码方式为：训练归纳编号为1；知识借鉴编号为2；干预实验编号为3。后续发展的编码方式为：无明显发展编号为1；向其他项目发展编号为2；向其他赛制发展编号为3；向其他项目和赛制同时发展编号为4。

2. Y 维度：训练分期的作用对象层次

竞技运动的行为目标是参赛取得优异比赛成绩，因而运动员竞技能力提高和竞技状态培养是运动训练理论的主要任务。现代竞技赛事主要分为赛会制赛事和联赛制赛事2类，前者是将所有参赛运动员或运动队集中在固定国家、城市、场地，在较短时间内集中安排比赛的赛事组织形式，而后者则是依据运动员或运动队的竞技水平进行等级划分，采用主客场循环赛制安排比赛的赛事组织形式。参加不同赛事有着特异的参赛目标，对于奥运会、世界锦标赛等赛会制重大比赛，运动员力求表现出最佳竞技状态，实现赛季训练目标，而对于职业足球运动员来说难以在一周的时间里完整实现竞技状态的时相变化，因而不需要进行最大和次最大身体能力的提高，整体负荷在整个赛季内相对稳定，并将比赛状态控制在最佳竞技状态的90%（Gomes，2009）。为此本书对训练分期作用对象层次的编码方式为：发展运动员某一竞技子能力编号为1；发展运动员整体竞技能力编号为2；关注运动员整体竞技能力和竞技状态编号为3。

3. Z 维度：训练分期的系统结构层次

训练分期的对象是运动训练过程，即将不同时段的运动训练过程依据目标划分成若干阶段。遗憾的是，训练分期理论创立至今仍缺乏普遍接受的定义。综合国际知名运动训练学者的观点，有些以培养运动员最佳竞技状态为目标，有些认为通过有计划的负荷与恢复搭配提高运动员恢复效果与潜能。通常情况下，培养运动员最佳状态需要遵循竞技状态的获得、保持与消失时相，这一过程显然比利用训练学、营养学等手段消除单次或连续负荷后的疲劳用时要长得多。为此，从持续时间角度，本书确定了训练分期作用对象层次的编码方式：仅关注训练日和小周期编码为1；关注训练日、小周期和中周期编码为2；关注训练日、小周期、中周期、大周期编码为3。

X、Y、Z维度的内容分析三维框架如图5-1所示。

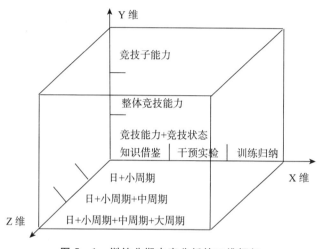

**图5-1 训练分期内容分析的三维框架**

## （二）信度检验

为保证纳入的训练分期可以涵盖该领域的经典和前沿，本书选取分期形式的途径包括：第一，系统整理本书所纳入著作（见表2-1）中列出的分期类型；第二，查阅有关单项研究、某一命题研究、竞技体育史的学术著作；第三，在国内外学术搜索引擎以"训练分期"、"周期训练"、"periodization"（训练周期）等为主题词检索相关文献，共得到包括经典训练分期、板块训练分期等在内的15项训练分期形式。查询后发现，有些著作枚举了多种分期方式，有些则就某种训练分期分多章节撰写，故需要从分期的历史起源、逻辑起点、适用对象、秉承依据等方面综合判断是否有别于其他分期模式。本书所列的训练分期及遴选依据如表5-1所示。

采用编码信度检验方法，针对15项运动训练分期的框架要点，使用百分比一致性 $PA_o$ 和 Kappa 两个指标进行稳定性和编码员间信度检验。结果显示，稳定性信度的 $P_i$ 值为 0.933，$PA_o$ 为 89.54%；编码员间信度的 $P_i$ 值

表 5 - 1　本书遴选的训练分期

| 序号 | 理论与方法 | 创立者 | 国家 | 创立时间 | 遴选依据 |
|---|---|---|---|---|---|
| 1 | 早期训练分期 | Kotav、Pihkala、Ozolin 等 | 多国 | 20 世纪50 年代前 | 依照分期思想构建了最早分期模型，对后续分期，尤其是经典训练分期有着重要启示作用 |
| 2 | 经典训练分期 | Matveyev | 苏联 | 1964 | 首次从方法论角度构建的分期模型，在世界运动训练理论和实践界产生重大影响 |
| 3 | 美式训练分期 | Counsilman | 美国 | 1968 | 适用于欧美职业赛制的分期模式 |
| 4 | 钟摆分期 | Arosiev | 苏联 | 1971 | 对经典分期渐进式负荷的改进，适用于举重运动 |
| 5 | 力量训练分期 | Stone | 美国 | 20 世纪70 年代 | 依照经典训练分期和力量增长规律设计的分期模式 |
| 6 | 邦达尔丘克分期 | Bondarchuk | 苏联 | 20 世纪80 年代 | 对经典分期参赛数量有限的改进，适用于投掷项目 |
| 7 | 板块训练分期 | Verkhoshansky | 苏联 | 1984 | 提出有别于经典分期完全不同的共轭操作模式 |
| 8 | 结构化分期 | Tschiene | 联邦德国 | 1986 | 对经典分期参赛数量有限的改进 |
| 9 | 波动分期 | Poliquin | 美国 | 1988 | 对经典分期渐进式负荷的改进，适用于力量训练 |
| 10 | 心理技能训练分期 | Balague | 美国 | 2000 | 将心理技能发展融入经典训练分期 |
| 11 | 反分期 | Rhea | 美国 | 2003 | 对经典分期渐进式负荷的改进，适用于耐力性项目 |
| 12 | 选择性分期 | Gomes | 巴西 | 2009 | 运动员竞技子能力顺次发展，适用于联赛赛制 |
| 13 | Bompa整合分期 | Bompa | 加拿大 | 2009 | 运动员竞技子能力综合发展，增加了操作多维性 |
| 14 | Mujika整合分期 | Mujika | 西班牙 | 2018 | 多元训练要素综合发展，增加了操作多维性 |
| 15 | 运动技能训练分期 | Otte | 德国 | 2019 | 将运动技能发展融入职业联赛分期 |

同样为 0.867，$PA_o$ 为 91.43%，均满足 $P_i$ 值大于 0.71，$PA_o$ 超过 80% 的信度检验要求。

## 二　数据分析结果

依据上文建构的训练分期理论的内容分析三维框架，分别对纳入的 15 项训练分期加以辨析与编码。依照系统性思想原则的编码相似性，列出了所纳入训练分期的 Jaccard 相关系数表（见表 5 - 2）。与此同时，依照编码

表 5 - 2　训练分期的 Jaccard 相关系数

| | 1 | 2 | 3 | 4 | 5 | 6 | 7 | 8 | 9 | 10 | 11 | 12 | 13 | 14 |
|---|---|---|---|---|---|---|---|---|---|---|---|---|---|---|
| 2 | 0.278 | | | | | | | | | | | | | |
| 3 | 0.341 | 0.565 | | | | | | | | | | | | |
| 4 | 0.172 | 0.333 | 0.341 | | | | | | | | | | | |
| 5 | 0.435 | 0.237 | 0.186 | 0.476 | | | | | | | | | | |
| 6 | 0.476 | 0.186 | 0.389 | 0.420 | 0.300 | | | | | | | | | |
| 7 | 0.177 | 0.172 | 0.641 | 0.172 | 0.456 | 0.541 | | | | | | | | |
| 8 | 0.454 | 0.476 | 0.194 | 0.456 | 0.315 | 0.389 | 0.494 | | | | | | | |
| 9 | 0.420 | 0.333 | 0.327 | 0.614 | 0.631 | 0.435 | 0.358 | 0.314 | | | | | | |
| 10 | 0.135 | 0.541 | 0.278 | 0.454 | 0.329 | 0.278 | 0.420 | 0.494 | 0.341 | | | | | |
| 11 | 0.329 | 0.456 | 0.420 | 0.177 | 0.341 | 0.420 | 0.329 | 0.565 | 0.278 | 0.752 | | | | |
| 12 | 0.565 | 0.389 | 0.300 | 0.476 | 0.585 | 0.333 | 0.300 | 0.341 | 0.172 | 0.476 | 0.317 | | | |
| 13 | 0.186 | 0.278 | 0.585 | 0.329 | 0.315 | 0.278 | 0.172 | 0.177 | 0.278 | 0.432 | 0.177 | 0.254 | | |
| 14 | 0.423 | 0.177 | 0.172 | 0.565 | 0.315 | 0.329 | 0.585 | 0.219 | 0.278 | 0.454 | 0.219 | 0.435 | 0.458 | |
| 15 | 0.211 | 0.435 | 0.341 | 0.186 | 0.435 | 0.315 | 0.494 | 0.456 | 0.614 | 0.389 | 0.278 | 0.565 | 0.279 | 0.341 |

注：训练分期的序号同同表 5 - 1。

相似性对训练分期进行聚类分析（见图5－2）。

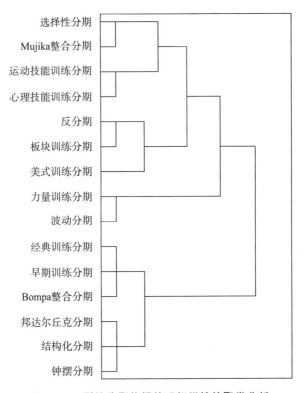

**图5－2 训练分期依据编码相似性的聚类分析**

在训练分期的 Jaccard 相关系数中，心理技能训练分期和反分期的编码相似性最高为0.752，而早期训练分期和心理技能训练分期的编码相似性最低为0.135。结合相关系数与聚类关系后发现，除苏联学者维尔霍尚斯基的板块训练分期和求学于苏联的巴西学者戈麦斯创立的选择性分期，与欧美学者具有较高的相似性外，苏联、德国学者的训练分期以及移居至加拿大的罗马尼亚学者博姆帕的训练分期在形成发展、作用对象、系统结构三个维度中较为接近。

从训练分期的形成时间判别，在形成发展维度方面，表现为以依据之前相关理论积累和对训练实践的借鉴与归纳为主，过渡到知识借鉴之后的以实验检验为主；在后续发展过程中，经典训练分期、整合分期、力量训练分期等不断增加新的内容，并试图满足不同项目和赛制的需要。在作用对象维度方面，与经典训练分期有关，并且意在重大赛事备战的分期模式大都注重同步提高运动员整体竞技能力和实现竞技状态诱导，欧美国家的训练分期或主要使职业联赛竞技能力稳定保持，或主要针对力量素质的持续发展。在系统结构维度方面，受早期训练分期影响的经典训练分期、美式训练分期、选择性分期、整合分期等不但论述了小周期内的具体操作，而且对多个小周期之间的关系与组成方式进行了规划性设计，与之相比，板块训练分期、反分期、力量训练分期、波动分期则关注训练负荷的周变化甚至日变化，未形成集宏观设计和具体操作为一体的系统性结构。

## 第三节 国际训练分期的演进与创新要点

本书纳入的 15 项运动训练分期或已在国际竞技体育实践中产生巨大影响，或就某些单项、国家、赛事赛制起到重要支撑作用，或已接受了科学推理正在实践中予以验证。本书整理了所纳入的 15 项国际运动训练分期理论的创立原因和后续发展（见表 5-3），并对各理论依次阐述，以便为后续演进与创新的特征归纳奠定基础。

表 5-3 国际运动训练理论训练分期的内容特征

| | 名称 | 创立原因 | 后续发展 |
|---|---|---|---|
| "欧亚"流派 | 早期训练分期 | 自然环境、人体能力发展具有阶段性特征 | — |
| | 经典训练分期 | "竞技状态"理论，苏联国内生理学、生物化学、训练学调查，适应机制的提出，等等 | 年度"双周期"、"三周期"、"多周期"；时期、阶段、中周期、小周期、训练日构成的系统环节结构 |
| | 钟摆分期 | 渐进式负荷对快速力量性项目的不适用性；肌肉力量增长规律 | 由训练日间"钟摆"发展为训练周间"钟摆" |
| | 邦达尔丘克分期 | 经典分期难以满足多赛事需要 | 为板块训练分期的提出奠定基础 |
| | 结构化分期 | 经典分期难以满足多赛事需要 | 构建职业联赛负荷变化的结构模型 |
| | 板块训练分期 | 经典分期难以满足多赛事需要；"训练痕迹效应"的提出 | 不同身体素质的板块发展方向；阶段性"三板块"序列结构 |
| | 选择性分期 | 准备期过短难以满足职业赛事需要 | — |
| | Bompa 整合分期 | 训练目标下不同竞技子能力提高的非同步性 | 将不同竞技子能力分期融入整合分期 |

| | 名称 | 创立原因 | 后续发展 |
|---|---|---|---|
| "美澳"流派 | 美式训练分期 | 欧美国家赛季式竞赛模式的需要 | 经典训练分期对美式训练分期的启发与改进 |
| | 力量训练分期 | 力量发展的结构性与功能性变化 | 增设年度训练系统安排，避免过度训练和损伤 |
| | 波动分期 | 渐进式负荷对快速力量性项目的不适用性；肌肉募集"大小原则" | 小负荷快速度的专项性练习 |
| | 反分期 | 负荷适应遵循收益递减的原则 | 在非耐力性项目中的适用性 |
| | 心理技能训练分期 | 心理技能发展具有长期性，训练过程阶段有着特定心理需求 | — |
| | 运动技能训练分期 | 集体球类项目的技术能力和战术配合有着特定的发展模式 | — |
| | Mujika 整合分期 | 训练目标下不同竞技子能力和非训练学要素的融合发展 | 将更多竞技子能力和训练学要素融入整合分期 |

# 一 "欧亚"流派训练分期的演进与创新要点

## (一) 早期训练分期

运动训练过程按时期进行安排可追溯到古代奥林匹克运动会，2 世纪罗马医生盖伦（Galen）在《养生论》中提出了 4 天一个周期的，按照负荷量由大到小排序，力量和速度训练搭配进行的训练序列安排。现代竞技体育的兴起，使运动训练过程成为以提高比赛成绩为目的的系统化结构。"周期化"的训练安排在 19 世纪末 20 世纪初正式出现，并认为在白天较长、较温暖等夏季进行训练效果更好。20 世纪 20 ~ 30 年代，训练分期正式成为用于训练理论和实践的专业术语，此时的训练分期理论论述并不系统，例如，运动员经过 8 ~ 10 周训练即可获得竞技能力（Fröhlich et al.，2009）；一个训练周期分为一般训练、准备训练、专门训练 3 个阶段（姚颂平，2012）；按照季节进度，年度训练包括预备期、春季训练期、夏季训练期和秋冬休息期，且负荷量度呈现反比例变化趋势（Pinkala，1930）。

20 世纪 40 年代进行的一系列多学科研究印证了周期化训练的科学性，例如，苏联生理学家克里斯托夫尼科夫（Krystovnikov）依据生理监控和对运动员训练程度的判断，首次将完整的年度训练分为了准备期、基本期和过渡期，而此后的格兰登（Glendon）、贾切夫（Giachev）、奥佐林（Ozolin）对其进行了发展，提出了各训练时期的内容特征和日历特征。1949 年，苏联学者奥佐林将年度训练的周期循环规律具体化为周、阶段和全年的循环，并提出周期性循环具有"逐步专门化"的观点。纳多里（Nadori）于20 世纪 40～50 年代对匈牙利运动员开展的周期化训练实践检验了该安排模式的有效性（李钊等，2017）。

由于训练环境制约和世界大战的影响，早期的运动训练尚未开展系统性全年训练，形成的模式多是通过经验总结得出的，但所形成的分期思想为之后理论的正式提出构建了宏观架构。20 世纪 60 年代之前，两种观点左右着训练分期的构建目标，一是比赛的日程与季节，二是运动员的训练程度，如何将二者结为一体成为训练分期理论始终需要解决的问题。由于没有成功经验和学术假说的支撑，早期训练分期主要在明确竞技需要的目标后，通过回忆、推理和创造实现创新，这种有意或无意间的联想过程主要采用了联想创新技法。

## （二）经典训练分期

20 世纪 40～50 年代，诸多生物科学理论，尤其是"超量恢复"理论和适应理论的出现，为训练分期理论的提出提供了科学背景。为给予运动训练以科学支撑，20 世纪 50 年代末 60 年代初，苏联国内展开了包括运动生物化学（Yakovlev，1955）、运动生理学（Farfel，1961）、运动训练学（Sabin，1962）在内的一系列大样本调查，为制定科学的训练过程规划提供了宝贵素材。此外，苏联运动生理学家莱图诺夫和普罗科普首次提出了运动员"竞技状态"的概念，认为这一状态具有"训练水平上升阶段、竞技状态保持阶段和训练水平下降阶段"，且具有循环往复的周期性特点，并主张将此阶段划分作为训练分期的基础。

1964 年，苏联马特维也夫教授出版了《运动训练的分期》，提出了单峰值训练分期模型的理论基础和操作性方法，并构建了"不同训练时期负荷量与强度的不同比例关系"和"一般身体训练与专项训练在不同训练阶段的不同安排"两条贯穿训练大周期的原则。1977 年，马特维也夫出版了

《运动训练基础》，一方面，"双峰型""三峰型"的年度训练计划得以提出；另一方面，全面概括和系统阐述了竞技运动训练的计划和实施，形成了由时期、阶段、中周期、小周期、训练日构成的系统环节结构（Issurin，2010）。为了确保在奥运会等国际重大比赛中获得优异成绩，同时满足因比赛增多在其他比赛中也有相对理想表现的需要，经典训练分期的支持者和实践者进一步增加了年度大周期的数量。例如，苏联和民主德国专家曾为高级游泳运动员研制的年度 4 周期方案（普拉托诺夫，2010），普拉托诺夫针对周期性技术动作项目研制的全年 6 周期的训练方案（姚颂平，2012）等。

如前所述，经典训练分期的提出依据早期的生理学、生物化学、训练学等多学科调查、竞技状态理论以及早期的分期萌芽思想和系统科学思想，综合利用多门学科的原理和技术，故采用综合应用的创新技法。马特维也夫本人对训练分期的认识是开放性的，尽管他提出的单峰、双峰、三峰型主要针对田径、皮划艇、体操等高水平运动员备战世界大赛的训练实践，但他并不认为这是训练分期的终结，反而认为应该是不断发展的，某些方法和原理需要在不断的实践中得到进一步完善（姚颂平，2012）。之后研制的年度 4 周期和 6 周期满足了高水平游泳和举重运动员的需要。在年度分期数量增长的过程中，必须依据项目运动员竞技状态出现的可能，一味地增加年度周期只会影响竞技能力的提高，并难以表现出最佳竞技状态。这就需要综合项目的专项特征和竞赛特征，依据学者知识与经验的逻辑推理，因此，经典训练分期的发展过程创新主要采用演绎发明法。

（三）钟摆分期

对经典分期理论渐进式训练负荷安排的质疑主要针对力量素质和快速力量性项目的训练，质疑的方式或是经过动物实验验证（沃罗比耶夫，1981；李钊等，2017），或是在举重、田径投掷类项目的训练实践中得出（Leonardo et al.，2016；沃罗比耶夫，1981）。1977 年，苏联举重运动员、教练员 Волобиев 博士在其著作《举重——生理和运动训练问题》中，从负荷量度的角度提出经典分期模式并不有助于举重运动成绩的提高，其质疑主要包括：第一，高水平举重运动员习惯于极限强度的冲击性负荷，冲击性负荷有利于在之后小负荷训练中肌肉细胞结构的再合成和细胞的增大，而大负荷量小强度的训练可以活化能量形成的过程，而不是蛋白质的合成；第二，在实践中，高水平举重运动员几乎完全没有采用逐渐改变负荷的方式，即使在无专项练习的积极性与消极性休息之后。

针对这一缺陷，1971 年，苏联学者阿罗西耶夫（Arosiev）通过实验证实，突变式的负荷安排设计能产生更显著的效果，并由此设计了日训练大、小、中负荷交替安排的"钟摆模型"。此后，弗雷泽发展了阿罗西耶夫的观点，认为"钟摆模型"在训练过程中不强调一般训练和专项训练的变化关系，有助于运动员在年度训练中始终保持相对稳定的竞技状态，他涉及的举重运动员钟摆分期以周训练为基本单位，每周的训练都有大幅度的变化，其目的是对中枢神经系统切换不同的刺激。不论阿罗西耶夫还是弗雷泽依然强调竞技状态为训练分期划分的主要因素，负荷钟摆的幅度将决定状态优化的稳定性与可控性。

钟摆训练分期是对经典力量训练分期的改进，其特点采用突变式而非渐进式的训练负荷设计，恢复过程通过大幅度的负荷以变化序列结构来实现。阿罗西耶夫等学者认可首先进行针对年度训练的大周期设计，但具体的组织实施则主要依靠小周期的短时间循环。从这个意义上讲，钟摆训练分期的提出主要针对举重运动员极限强度但试举次数有限的专项特征，它是以客观事实为依据进行的科学逻辑推理，因而其创新方法采用的是演绎发明法。

（四）邦达尔丘克分期

自 20 世纪 80 年代开始，在当代职业体育和竞技体育商业化的推动下，年度赛事的增多已成为无法抗拒的事实，而室内体育场馆的大量建设，进一步推动了项目的赛季化发展。与此同时，运动员作为社会人的多重角色已不再仅限于竞技场上的表现，他们生活、学习，参与的营利性和公益性社会活动明显增加，由此大量压缩了运动员的训练时间（Issurin，2008a）。苏斯洛夫对美国女子短跑运动员琼斯、乌克兰男子撑竿跳高运动员布勃卡、保加利亚女子跳高运动员科斯塔迪诺娃 3 位国际精英级运动员的数据进行分析，他们每年最多参赛约 10 次，在高峰间隔的 15～40 天内，无法再做出更为细致的大周期阶段性划分（Suslov，2001）。

苏联链球运动员和教练员邦达尔丘克于 20 世纪 80 年代初，在保持准备期、比赛期、恢复期的模式框架下对经典训练分期做出了改进。他认为，训练成功的关键在于把握运动员的个体差异，而不是形成适合所有运动员的统一化模式。由此他强调，练习淡化了负荷的价值，所以在其分期模式中，练习方式的改变成为主导，负荷量度的波动相对较小，训练内容依据运动员实际状态而定，训练方法主要包括专项力量和专项本身的练习（Bondarchuk，2007）（见图 5 - 3）。

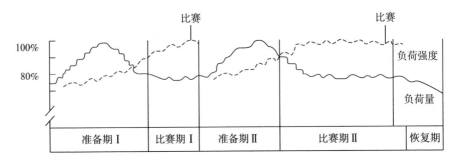

**图 5 - 3　邦达尔丘克训练分期模型**

资料来源：A. P. Bondarchuk. 2007. *Transfer of Training in Sports*，Ultimate Athlete Concepts。

虽然邦达尔丘克貌似不认可，但其实接受了马特维也夫界定的竞技状态形成的时相性特征，并认为通过一般、专项、发展性、比赛性的练习方式，有助于运动员竞技状态的形成。从考察和适用对象来看，邦达尔丘克分期主要关注田径投掷项目，该类项目的训练方式相对单一，主要采用接近于专项肌肉收缩的力量练习和轻器械练习发展专项技术和素质，其创新过程在考察投掷类项目逻辑和训练逻辑关系后做出了推理，故认为主要采用了演绎发明法。

（五）结构化分期

1986 年，曾将马特维也夫著作和学术思想翻译并传播至世界的联邦德国学者施纳，同样意识到了经典训练分期难以应对赛事增多的不足，认为高水平运动员的年度训练应该以负荷强度为主，而高强度的训练决定了负荷量难以保持，由此构建了具有波动性和短阶段性的结构化模型（Structural Model）（见图 5 - 4）。该分期模式的具体特征包括：负荷量度变化幅度小，在80%左右波动；训练单元突出负荷强度；强调运动员个体把控的负荷结构系统，训练方法因人而异；比赛前加入专门性调整，以有助于实现疲劳后的恢复。

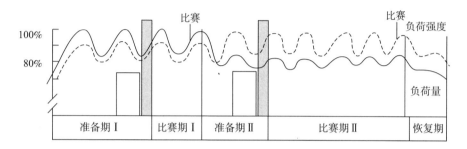

**图5-4 运动训练分期结构化模型**

资料来源：P. Tschiene. 1995. "A Necessary Direction in Training: The Integration of Biological Adaptation in the Training Program." *Journal of Sports Science and Medicine* 1: 2-14。

施纳结构化模型的提出基于全球赛事体系变革的时代背景，为了使运动员在多项赛事中均表现出较高的竞技水平，重视日常训练中以专项本身为训练内容的负荷强度，强调运动员自身对负荷的感觉而不是教练员做出的预先设计。显然，该分期无论是训练内容还是训练负荷的选择，都只适用于高水平运动员。施纳依据运动员因素和赛制形态两个基本构成要素，确立了研究问题、因素分析、形态分析等基本步骤，因而认为采用了形态分析的创新方法。

## （六）板块训练分期

板块训练分期的提出有着一定背景与积累。第一，一批苏联链球、游泳、皮划艇项目教练员，采用了持续6~10周，由若干2~3周集中训练任务构成，紧密衔接并具有特定顺序的"板块"构成模式；第二，认为经典训练分期长时间进行"累加训练效应"全面刺激的"多种能力同步发展"，会对高水平运动员产生不利影响；第三，依靠大赛前集中性专项负荷实现专项成绩跳跃式提高已得到了实践验证（普拉托诺夫，2010）。

1984年，苏联学者维尔霍尚斯基正式创立了"根据不同能力之间的相互作用与影响以及机体对不同能力的适应特点"，即"训练痕迹效应"来安排"多周单方向负荷"的板块训练分期模式。此后，他又确定了不同身体素质的"板块"发展方向,如速度耐力性项目的有氧负荷—混合负荷—乳酸性无氧负荷—非乳酸性负荷;复杂性和速度力量性项目的一般发展性工作—集中力量负荷—完善技术—力量负荷下进一步完善技术(Verkhoshansky,1996)。2007年,移居以色列的伊苏林对板块训练理论的内涵进行了不断的补充和完善,将运动员的年度训练分为了几个彼此独立的阶段,每个阶段由三个按顺序排列的积累板块、转换板块和实现板块构成(Issurin,2008)。与经典训练分期相比,板块训练分期的优势包括:高强度负荷有助于打破原有系统的平衡;板块交替安排可避免相似训练内容的疲劳积累;采用约1/2的负荷量却提高了10%的负荷强度,产生了更为深刻的训练刺激(Pallares et al.,2010)。

板块分期模式的提出过程以解决经典分期不足为出发点,遵循了原型—反向思考—创造的逆向构思法创新模式。板块分期的核心是在不提高甚至降低整体训练负荷的前提下,利用"刺激—疲劳—适应"的能力提高机制,并考虑不同能力之间的内在机理联系,建立起以提高专项能力为目标的高度集中的专门训练负荷模式,具体表现在重视"适应"理论的指导与应用,以及利用了不同能力发展顺序的"训练痕迹效应",利用板块衔接保障了特殊负荷更为明显的训练效果。这些理念和认识建立在演绎推理基础上,并形成了前提和结论之间的必然联系,因而创新过程可认为采用了演绎发明法。

(七)选择性分期

2009年,为应对足球职业联赛的赛前期较短、赛季期较长的特点,巴西运动训练专家戈麦斯提出了选择负荷分期模型(Selective Load Model)。他认为,各种子能力在赛前期均得到同步提高并不现实,也难以维持整个赛季的高水平竞技状态,因而依照竞技子能力提高的难易,采用了在赛季前和赛季中依次提高的策略,将对抗能力、灵敏性、力量、速度、战术能力共5种子能力统一纳入训练分期中(见图5-5)。其中,在较短的准备期内集中进行一般耐力和对抗状态下的专项训练,为漫长的赛季奠定体能储备;赛季开始后重点关注肌肉神经系统训练,并利用身体能力的储备加大战术训练比重。选择负荷分期的创建思路与普拉托诺夫的策略类似(Lyakh et al.,

2017），即将赛季内训练与比赛相结合；分阶段地提高运动员的多项能力，建立多形式的年度分期模型。

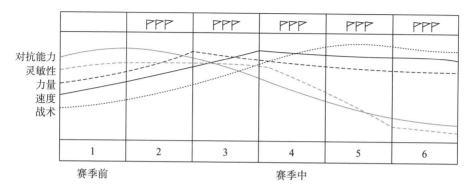

**图5-5 选择性分期模型示意**

资料来源：A. C. Gomes. 2009. *Treinamento desportivo*，Artme。

与经典分期相比，选择性模型同样关注运动员的多项竞技子能力，但不同之处在于，采用了分别在赛季前和赛季中依次提高的策略。从创新技法来看，在没有改变构成要素的前提下，通过对要素的时序性组合，重新调整了运动员竞技能力提高的内在逻辑关系，由此认为创新过程采用了形态分析法。

## （八）博姆帕整合分期

以往的训练分期主要关注训练内容、训练方法、训练负荷等训练要素在时间维度上的排列方式，或者说仅仅被理解为对长期和短期训练的系统规划，而忽视了其他有利于竞技能力提高和表现的因素。2009年，博姆帕（Bompa）在其著作《分期：训练年度的一种方法》第5版中首次提出"整合分期"的概念，他认为，当把所有的训练组成部分整合到一个全面的年度训练计划中，需要教练员对运动员做出评估进而制定明确的训练目标，确定能够进入分期的考虑因素之中。根据训练分期的不同阶段，训练的重点将转移至提高运动员特定的竞技能力和疲劳管理之中。如果训练计划没有完全的结合起来，那么运动员取得成功的可能性就会大大降低。由这一思想构建的整合分期模式，包含了速度、力量、心理、营养等诸多要素（见表5-4）。

表 5-4 博姆帕提出的年度训练整合分期基本框架

| 月份 | 1 | 2 | 3 | 4 | 5 | 6 | 7 | 8 | 9 | 10 | 11 | 12 |
|---|---|---|---|---|---|---|---|---|---|---|---|---|
| 训练阶段 | 准备期 | | | | | 比赛期 | | | | | | 恢复期 |
| 子阶段 | 一般准备 | | 特殊准备 | | 赛前准备 | 赛会制比赛或联赛 | | | | | 休整 | 恢复 |
| 速度 | 无氧/有氧耐力 | 最大速度、无氧耐力 | 最大速度、专项速度、灵敏性、反应速度 | | 专项速度、反应速度 | 专项准备、专项速度、灵敏性、反应速度 | | | | | 休整 | 游戏 |
| 力量 | 解剖学适应 | 最大力量 | 爆发力 | 最大力量 | | 转换为爆发力 | | 维持爆发力/最大力量 | | | — | 恢复补偿 |
| 心理 | 评估心理技能、学习心理技能、学会放松 | 心理训练、视觉化练习、意向训练、放松、能量管理 | | 心理复演、心理强化、自我对话、专注计划、应对技巧 | | 正面模拟、心理强化、专注计划、心理复演、面思考 | | 应对特定对手的心理技能、压力管理/放松、动机与正面思考 | | | — | — |
| 营养 | 高碳水化合物、适量蛋白质 | 高蛋白、适量碳水化合物 | | 高碳水化合物、适量蛋白 | | 高碳水化合物、适量蛋白 | | 随比赛日程变动 | | | 高碳水化合物 | 膳食平衡 |

资料来源：T. O. Bompa, G. G. Haff. 2009. *Periodization: Theory and Methodology of Training* (5th), Human Kinetics。

运动训练系统具有复杂性，不但需要关照不同竞技子能力的阶段性提高，还需要将训练支持系统考虑在内。整合分期模式正是应对运动训练过程中的训练系统和训练支持系统提出的一种综合模式。博姆帕的整合分期依据的是运动员不同能力发展变化的阶段化，例如力量训练的"最大力量阶段—转换阶段—维持阶段—停止阶段—补偿阶段"，速度训练的"有氧和无氧耐力阶段—最大速度和无氧耐力阶段—专项速度阶段—专项速度、灵敏性和反应速度阶段"，因此他的分期并没有完全依照训练阶段的划分进行。

## 二 "美澳"流派训练分期的演进与创新要点

### （一）美式训练分期

欧美国家同样有着训练分期的思想，由于对职业联赛的关注，它们的分期不针对重大赛事而是整个赛季，例如美国学者泰森（Tyson）以职业化比赛为核心，全年训练按时间顺序分为非比赛期、比赛前期和比赛期，比赛期又分为了早期、中期、主要期和晚期（徐本力，1987b）。然而，早期的美式分期仅划分了阶段，却并未对各时期的训练要素做出说明。1968年，美国著名游泳教练员康希尔曼博士针对美国大学游泳比赛"双比赛期"的赛制，设计了"双高峰"的分期模式，每个周期都由季前训练、准备期、艰苦训练期和赛前训练期构成，并给每个时期制定了各自的训练目标、时间和内容（见表5-5）。小周期安排方面，他以4天为一个单位，即3天逐渐增加训练负荷至最大后进行1天的恢复调整，并指出，连续3天的训练必须考虑运动员负荷承受能力，避免发生过度训练。

表 5 - 5　康希尔曼训练分期的阶段性训练要点

| 时期 | 训练要点 |
| --- | --- |
| 季前训练 | 约4周，多项目训练培养多种能力 |
| 准备期 | 采用低强度持续训练、间歇训练、法特莱克训练，发展一般耐力和有氧耐力 |
| 艰苦训练期 | 8~12周，负荷强度逐步增加，保持较高的负荷量 |
| 赛前训练期 | 4~6天，降低负荷量，保持负荷强度 |

资料来源：Counsilman J. E. 1968. *Science of Swimming*，Prentice-Hal。

1975 年，迪克用英语介绍了马特维也夫的经典分期理论，但依据欧美职业赛事特征将年度训练分为泰森划分的 6 个阶段。为了提高经典训练分期的适用性，欧美学者吸纳了负荷量与负荷强度不同比例关系的设计原则，但因难以解决在连续且长期比赛中保持最佳竞技状态，采用了赛季化或能力发展阶段的训练阶段术语表达，并与经典训练分期之间保持着紧密的内在联系和对应关系（见图 5-6）。

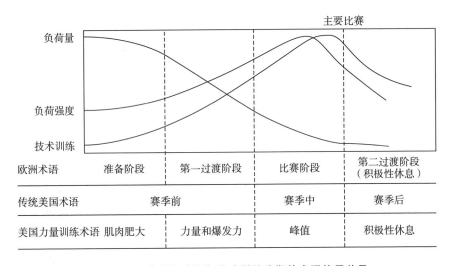

**图 5-6 经典训练分期与美式训练分期的术语使用差异**

资料来源：Kraemer W. J., Hakkinen K. 2002. *Strength Training for Sport*, Blackwell Scientific Publishers。

康希尔曼训练分期的理论依据是运动员机体对不同负荷的"应激"反应和"适应"机制，并将心率、心电图、血红蛋白、尿检验和血压等生理、生化指标监控作为负荷适宜与否的标准。由于没有竞技状态的概念和时象表述，也不认可事先做出负荷设计，因而无法绘制出大周期训练负荷的波动性变化趋势。由此认为，美国自有的训练分期创新采用的是不同信息的交合，蕴含了分合思维原理的信息交合法。经典训练分期传入美国后，在没有改变原有结构的基础上，对其进行了适合职业体育赛事赛制的分期阶段改造。为减少分歧，美国国家体能协会（NSCA）在 1986 年和1999 年举办了两次圆桌会议沙龙对训练分期进行讨论（Charniga，1986），邀请了哈夫、甘贝塔（Gambetta）、斯通（M. Stone）、克雷默、奥布赖恩特（O'Bryant）等国际知名专家参与。所以，这一时期美国化创新是一种合乎逻辑的推理过程，具有演绎发明法的特点。

## （二）力量训练分期

20 世纪 70 年代末，美国学者斯通依据经典训练分期的思想，试图找寻力量训练过程中的分期可行性方案。如前所述，经典训练分期引入美国后，起初依照训练产生肌肉结构性和功能性变化，进而采用了每个阶段训练目标描述性的术语，如肌肉肥大、力量和爆发力、峰值、积极性休息等。在训练过程的操作性方式上，依然采用渐进式的不同训练阶段负荷量和负荷强度的不同比例关系的负荷设计方式。然而在实际操作过程中，一个完整的力量训练周期历时较短，通常使用"4＋1"或"3＋1"两种渐进式安排。两种安排的负荷原则相同，即由较大负荷量较低负荷强度过渡到较小负荷量较高负荷强度，区别在于，"4＋1"模式各小周期分别对应解剖学适应、最大力量、专项力量转化和专项力量的阶段性发展目标；"3＋1"模式则分别对应为解剖学适应、最大力量和专项力量（李钊、李庆，2016）。

力量训练分期借用了经典训练分期的思想和模式，但自身的发展却也形成了独特的理念和方法学体系，其目的在于根据竞赛需要和大周期安排的特点，通过调控各种力量训练要素产生持续及最佳的训练适应，预防过度训练和损伤，提高最大力量、爆发力或力量耐力（李山、龚建芳，2013）。这一过程并非简单的移植，而是根据力量增长的规律、标准和尺度，与经典训练分期进行比较和对照的再创造过程，因而属于类比创造法的应用范畴。

## （三）波动分期

如前所述，自 20 世纪 60 年代末开始便有学者提出对经典训练分期负荷量度渐进式增加的不认可，美国学者波利奎因同样提出了疑问，他认为，一方面，较长的训练阶段会使运动员因条件抑制产生适应调节，而持续增大的负荷强度有引发过度训练的风险；另一方面，准备期获得的竞技能力提高会因之后特定训练的减少难以保持。除此之外，现代职业赛事长达 6~8 个月的比赛期使得运动员力量水平至多在 14~16 周后便开始下降

（Remedios et al., 1995; Legg, Burnham, 1999）。为避免上述不足，波利奎因设计了波动训练分期模式（Periodization Undulatory）。波动训练分期以反应抑制和条件抑制为原理，通过提高训练要素（训练内容、负荷等）波动变化的程度，避免了随着时间延长有机体对特定刺激反应能力下降的缺陷，同时不同负荷强度交替使用，可以使不同类型的运动单位得到休息。目前常见的波动训练分期包括周波动、日波动、周间波动、周内波动 4 种模式（Fleck, Kraemer, 1997）。针对波动分期可能导致乳酸的积累和皮质醇水平的提高，进而引起过度疲劳（Hartmann et al., 1999），后续研究提出可依据肌肉募集的"大小原则"（Kraemer, Fleck, 2007），在准备期安排解剖学适应训练，随着比赛期的临近加强小负荷快速度的专项性练习。

波动分期的优势在于肌肉募集的"大小原则"，即低强度负荷主要动员慢肌纤维运动单位，而高强度负荷则主要由快肌纤维提供动力，波动交替地安排负荷强度来进行力量训练，可以有效发展快肌和慢肌纤维并使其轮流休息。从这一机制解释可以看出，波动分期是基于肌肉的解剖学特征，以系统观为指导思想，运用演进的分析手段分析内在逻辑关系后得出的结果，创新过程具有形态分析法特点。

（四）反分期

通常认为，与力量能力提高速度较快不同，耐力素质需要经过较长时间的低强度训练才能发生有益改变，瑞亚（Rhea）提出的反分期（Reverse Periodization）缩短了训练周期的时间，提高了耐力性项目年度参赛数量的可能性。瑞亚认为，负荷适应遵循收益递减的原则，即运动员能力和训练负荷量的增加会导致适应减弱（Rhea et al., 2002）。为此，他设计的反分期模式与经典训练分期相反，先以高负荷强度、低负荷量进行训练，然后逐步降低负荷强度、提高负荷量或保持负荷强度、提高负荷量。目前有关反分期文献显示，它在提高局部肌肉耐力，游泳、铁人三项等耐力性项目的有氧和无氧能力、功率输出、专项成绩等方面具有优势（Clemente, Ramos, 2019）。反分期的理论基础是高强度间歇训练和赛前减量训练。其中，高强度间歇训练与传统训练产生近似效果，并不会对皮质兴奋和力量表现保持产生负面影响。

与钟摆训练分期和波动分期类似，反分期同样意在解决对经典训练分期渐进式负荷安排的质疑。但与上述两种分期模式不同的是，它的出现并非对小周期或中周期做出内部结构改变，而是将长时间的负荷量与负荷强度变化趋势进行了重新组合。除此之外，反分期的提出还得益于高强度间歇训练和赛前减量训练理论的发展，其形成过程是对经典训练分期相反功能进行的创造，通过逆向思维、相反相成和相辅相成三个方面，体现了整体结构的创新性。

## （五）心理技能训练分期

2000 年，巴拉格（Balague）提出，以往运动员的心理训练只是在"紧急"需要基础上进行，临时性强化不利于运动员长期心理稳定，而运动训练过程的每个阶段都有着不同的心理需求，所以心理训练应该与其他竞技子能力的训练相结合（Balague，2002）。为此，他依据运动心理学自我效能理论、生理觉醒自我调节、认知和情绪自我控制、注意的自我调节等成熟理论，在对运动员不同训练阶段心理测量的基础上构建了运动员的心理技能训练分期（见表 5 - 6）。

表 5 - 6　运动员的心理技能训练分期

| 8 月 | 9 月 | 10 月 | 11 月 | 12 月 | 1 月 | 2 月 | 3 月 | 4 月 |
|---|---|---|---|---|---|---|---|---|
| 一般准备期 | 特殊准备期 | | 赛前训练期 | | 比赛期 | | 过渡期 | |
| 调节阶段 | 技术性工作 | | 战术性工作 | | 参赛表现 | | 积极性休息 | |
| 力量、速度、耐力 | 技术分解训练 | | 技术解体训练 | | 自我管理 | | 赛后评价 | |
| 心理需求 动机、疼痛/疲劳 忍受、自我效能、 自我忍受 | 动觉控制、感知 技术过程、提高 疗效 | | 最佳唤醒、最佳 焦点、认知/情绪 控制 | | 自信、灵活性、 情绪控制 | | 评估、恢复、自我 效能 | |
| 调整 目标设立、放松 训练、表象训练 | 形象化、工作 节奏、改进反馈 | | 任务关注、程序化 参赛、认知重塑 | | 参赛计划、参赛 评价、预感 | | 总结评价、远景、 继续努力 | |

资料来源：G. Balague. 2000. "Periodization of Pyschological Skills Training." *Journal of Science and Medicine in Sport* 3：230 - 237。

心理技能训练分期虽然借用了心理学效能、调节、自控等理论，但并非简单地移植，而是与运动员年度训练大周期的其他要素相匹配，一方面解决运动训练过程中负荷耐受、技能习得所需的心理障碍，另一方面将比赛所需的心理能力分阶段性发展。由此认为，其创新过程以运动员竞技能力整体发展为需要，注重对年度大分期理论和心理学理论展开推理，因而主要采用了演绎发明法。

## （六）运动技能训练分期

现代职业化赛事的赛季前准备期历时较短，加之集体球类项目的团队竞技表现受制于运动员个体的战术配合，利用准备期和赛季前期阶段性地提高个体技术能力和团队配合能力的策略被广泛接受。2019 年，奥特（Otte）等人针对以往训练分期对集体球类项目运动员个人技术发展重视的不足，提出了依据动作结构性形成与变化的运动技能训练分期（见图 5 - 7）。他从任务的复杂程度和与比赛的相关程度方面综合考察运动员技能，技术训练阶段和技术内变异阶段着重进行运动稳定性和变异性训练，而技术间的变异阶段则需要通过复杂性训练、团队战术配合训练和运动表现稳定性训练来实现。

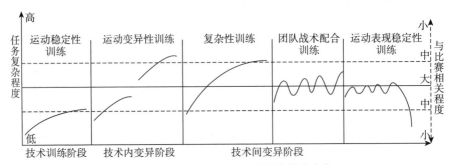

**图 5 - 7　集体球类项目运动技能训练分期**

资料来源：F. W. Otte, S. K. Millar, S. Klatt. 2019. "Skill Training Periodization in 'Specialist' Sports Coaching—An Introduction of the 'POST' Framework for Skill Development." *Frontiers in Sports and Active Living* 1: 1 - 17。

集体球类项目运动技能训练分期的提出，是为满足现代职业化联赛赛制设计的需要，一方面分析了专项技能的比赛的复杂性特征，另一方面遵照了运动技能形成的基本规律。创新过程中依据分析系统的要素及其所需形态产生的原理，辨析了专项技能训练的内在逻辑关系，可认为采用了形态分析的方法。

（七）穆吉卡整合分期

现代科技助力已经将训练安排本身与促进负荷刺激和恢复的心理、营养、休息等全部纳入运动员竞技能力开发体系之中，相关研究试图利用"分期"的概念将其拓展至与运动员竞技能力发展有关的环境因素和机体变化因素，例如，米勒（Millet）等的高原适应分期（Millet et al.，2010），拉奇奈斯（Racinais）等的热适应分期（Racinais et al.，2015），斯特林沃夫（Stellingwerff）的身体成分分期（Stellingwerff，2017），等等。2018 年，依照"反应阈"应激模型，西班牙学者穆吉卡（Mujika）将训练环境和运动员对此的心理感知纳入了负荷应激源，并认为膳食营养、心理变化、社会支持与训练学要素可产生相互作用，由此提出了个人项目和团体项目的整合分期模型。该模型中，训练过程分为一般准备、专项准备、减量、比赛、过渡共 5 个阶段，而整合的训练内容包括训练负荷、恢复、营养、心理和技术 5 类要素。

需要说明的是，高原适应、热适应、体成分的分期是机体对环境适应的表现，并非真正意义上的训练理论，而穆吉卡将其综合视为运动员训练安排的要素，并将其与负荷量度、恢复、竞技子能力相匹配，形成了训练指导方案。从创新技法来看，它是综合利用多门学科领域各自的原理后复合与应用的过程，具有综合应用法的特点。随着对更多与运动员竞技能力提高相关规律的进一步探索，更多的多元、异构、多模态复杂训练要素可以被纳入训练分期理论的框架之内。

# 第四节 国际运动训练理论流派训练时间要素的历史演进与创新规律

## 一 训练分期产生的社会历史背景演进

训练分期理论的科学基础具有复杂性和多学科性，上文论述的系统科学、教育科学、自然科学研究进展均为训练分期的产生与发展提供了巨大的思维、方法和科学支持，故此处仅从政治经济变革、竞技运动关注、赛事赛制发展等方面简要阐述训练分期产生的社会历史背景，以便讨论与自然科学共同影响演进与创新的动力条件。

1896 年现代奥运会的复活引发了欧美国家对竞技训练的关注，然而此时的奥运会对普通民众的影响力有限，民间组织的竞技赛事同样备受关注。除高等教育发达国家的国内校际赛事外，国家间的校际交流比赛也逐渐开展。欧美国家对于国内和国际比赛的重视，使得政府鼓励专业教练员指导大学生业余训练，鼓励训练经费的投入，使许多大学着手运动训练研究，而当取得优异成绩后，又进一步推动了对训练条件和科学研究的投入。19 世纪末，学校体育由"健身式时代"步入"对抗式时代"。欧美国家的学校运动队不断规模化，校际竞技赛事兴起，使得高校教练员执教水平和训练科学研究水平大幅提升，这些共同为日后运动员培养的高校模式奠定了基础。

如前所述，20 世纪中期之前，民众对参与训练尤其是力量训练的观点由反对转向了支持。利用媒体的力量，健美业快速兴起，引导着民众的审美，激发了其参与热情。例如，美国约克杠铃公司创办的《力量与健康杂志》（*Strength & Health Magazine*）宣扬举重训练对其他项目训练的好处。美国先生大赛的举行（始于 1940 年），《大力士》电影的火爆（1959 年），奥林匹亚先生大赛的举行（始于 1965 年），Schwarzenegger 健美推广（1968 年）等无不显示出媒体和商业的助推（Kraemer et al. , 2017）。与此同时，此时的教练员大多由退役后的高水平运动员担任，他们的执教方式大都将之前训练时的成功经验和失败教训加以总结后应用于运动员。不可否认的是，这些教练员大都以增加训练负荷量为主要思路，没有能力也缺乏兴趣将科学理论和最新科技手段应用于训练中，即便是曾经训练出 4 分钟跑 1 英里（1 英里 =1609. 344 米）世界纪录的班尼斯特和 800 米奥运冠军的奥地利著名教练员斯坦普夫，退休后也承认了当时的训练知识相对初级。

二战结束后，共建立了 15 个苏维埃共和国，冷战背景下，竞技赛场成为两个意识形态政治集团的斗争舞台。1948 年，苏联决定将体育事业的重心转移到通过奥运会等国际重大比赛展现其体制优势，为此，超过 130 个机构、35 万名全职人员从事与竞技运动有关的工作（颜绍泸，2006），由此为苏联训练理论的快速发展奠定了基础。从 1952 年参加赫尔辛基奥运会至 1992 年以独联体形式参加巴塞罗那奥运会，通过国家支持，以及在项目布局方面的"错位发展"战略，苏联在夏季和冬季奥运会中总共获得了395 枚金牌、319 枚银牌、296 枚铜牌的惊人成绩。20 世纪 80 年代末 90 年代初，东欧剧变和苏联解体使得由国家统筹发展的竞技体育体系瓦解。时至今日，除去一些可能难以言明的原因外，苏联和东欧国家创造的诸多运动成绩依然未能被打破。

进入 20 世纪 60 年代，如前文所述，苏联有组织地开展大规模训练研究，在这一阶段，运动生物科学，特别是运动生理学从原来母学科中独立出来，形成了自己的学科论域，并立足于解释运动训练中的人体生物学现象和提供训练监控的数据识别依据，这些训练监控的成果为美式训练分期研究提供了重要依据。成果的产生与运动训练科学研究的大范围兴起紧密相关，例如，鼓励研究生开展运动生理学研究（1963 年），运动生理学方向博士研究生的招生（1964 年）。此时的训练分期研究得到了广泛重视，美国 NSCA 主办的《美国国家力量与体能训练协会杂志》（*National Strength and Conditioning Association Journal*）几乎每一期都刊登了训练分期的文章。

20 世纪 80 年代末，职业体育在全球范围内广泛兴起，较之以往主要关注奥运会、世锦赛等世界大赛的高水平训练而言，其对训练实践提出了新的挑战。除了职业化程度较高的足球、网球、篮球、冰球等项目赛季持续时间和单场比赛持续时间较长，运动员竞技能力的表现形式和组合关系复杂，对抗性易产生伤病之外，训练条件的改善，使得年度训练时间大幅延长。例如，室内滑冰场的使用使得滑冰运动员几乎可以全年进行专项训练，1987 年以前的年度冰上训练时间仅为 4 个月，20 世纪 90 年代以来，专业滑冰队的全年训练时间大幅增长（Orie et al.，2014）。为此，在专项选择化、赛事密集化、训练与康复整体化、年度训练延长化的共同要求下，对运动训练过程进行整体性设计的重要性愈加显现出来，而原本在医学中使用，并进入运动康复领域的某些康复学、营养学理论随之加入进来，设计与演绎以往训练分期成为主流，训练过程在针对赛事增多的时序变化和同期化搭配方面需要做出调整。

20 世纪末计算机与网络技术的结合极大地改变了人们生产和生活的方式，网络媒介的诞生打破了信息传播在时间和空间上的制约，激发了大众参与信息传播的热情，实现了信息传播的即时性和保存的便捷性，并显著地降低了信息传播的成本。某一科学成果和技术诞生之后，会被快速应用到训练实践，此时的训练实践可能会明显先于训练理论。另外，现代训练已由教练员全权负责制改为复合型教练员团队，队内所配备科研人员的职责之一便是寻找、发现、借鉴其他国家、项目、领域中对训练有益的成果与方法，科研人员的专业性和专门性无疑也会加快科学理论的训练分期实践转化过程。

## 二 运动训练分期理论的历史演进特征

本书依照内容分析的三维框架，所纳入 15 种训练分期理论的产生时间，科学与社会发展背景，归纳出国际运动训练分期理论的历史演进特征。

### 1. 理论奠定阶段（20 世纪 70 年代之前）

19 世纪末至 20 世纪 30 年代，虽然北欧、苏联、美国国内已经有了训练分期的思想萌芽和阶段性划分训练的操作，但没有明确的证据加以支撑，阶段划分也主要依据自然节律和赛事需要，但这些观点为日后训练分期理论的正式提出奠定了思想与结构基础。20 世纪 60 年代，苏联学者马特维也夫和美国学者康希尔曼分别提出了经典训练分期和美式训练分期，前者以苏联"5 年计划经济"的思想指引为支撑，以国内生理学、生物化学、训练学调查和"竞技状态"变化时相为指引，从运动员和赛事双重维度构建了经典训练分期；后者以美国国内的赛制结构为依据，从运动员对负荷适应的角度构建了美式训练分期。上述两种分期模式，共同支撑起训练分期理论的基本架构，之后的模式或是对其进行改进，或是加以补充，故将此阶段命名为理论奠定阶段。

### 2. 质疑改进阶段（20 世纪 70 ~ 90 年代）

进入 20 世纪 70 年代后，经典训练分期面临对渐进式负荷安排以及难以适应多赛制发展需要的困难，美式训练分期需要将在游泳中取得的成功推广至一般训练学层面。此时的改进既来自分期内部，如马特维也夫及支持者增加的年度"双峰""三峰""多峰"安排，时期、阶段、中周期、小周期、训练日构成的系统环节结构；也有从项目特征或能力需要做出的改进，如钟摆分期、力量训练分期、波动分期针对渐进式负荷增加做出的快速力量性项目的改进，邦达尔丘克分期、结构化分期针对赛事增多的改进；还有美式训练分期对经典训练分期的借鉴与融合，甚至包括维尔霍尚斯基、伊苏林依照"训练痕迹效应"来安排"多周单方向负荷"的板块训练分期模式。这一阶段的争议与创新层出不穷，但本质是对上一阶段两项训练分期模式的改进与发展，故将其命名为质疑改进阶段。

需要指出的是，虽然众多学者认为板块分期是有别于经典训练分期的重大创新，但陈小平在考察维尔霍尚斯基和伊苏林对板块分期的定义后认为，在很多情况下，它"是一个主要针对特定训练对象和时间阶段的补充性训练模块"。系统查询发现，目前国际精英级运动员完全采用板块分期的文献未见报道，仅有索利（Solli）等人报道了挪威著名女子越野滑雪运动员比约根（Bjoergen）在年度经典分期中加入多个高强度间歇训练短期板块分期并取得成功的案例，至少目前，板块分期尚不能实现对经典训练分期的替代，而只能算作有益补充。

### 3. 知识整合阶段（2000 年至今）

进入 21 世纪，心理技能分期、速度分期、耐力分期等竞技子能力分期，以及热适应、高原适应、体成分、物理治疗等非训练因素分期先后得到关注，并提出了具有较强可操作性的阶段和顺序模式。戈麦斯、博姆帕、穆吉卡提出的选择性分期和整合分期等实现了对其的融合，原经典训练分期和美式训练分期建构在时间维度上的内容框架已拓展至整个竞技运动层面，故将此阶段命名为知识整合阶段。

## 三　运动训练分期理论的创新规律特征

马特维也夫认为，"当把训练理论完全建立在新发现的原理（生物学、控制论）上时，应该小心谨慎"，"教练员和运动员在训练过程中只能接受最重要的、符合和反映训练客观规律的、经过科学与实践验证的原则，而只适用于特定功能系统、生物力学和生物能自身定律的原则，虽然它们在各自的领域内很重要，但并不能代表符合全部特定的训练原则"。

　　虽然训练分期存在支持和争议，但通过预先进行的训练过程设计可以更为有效地提升训练效果已达成共识。无论哪个理论流派学者提出何种训练新颖的或改进的分期模式，这些结构和原理不同的模型都有着明显的共同假设来支撑各自体系。这些假设包括：

　　（1）训练分期用于实现运动员对特定负荷适应性的发展与保持；

　　（2）运动员的各种能力需要在一个连续的层次结构中得到发展；

　　（3）所设计出的内容结构、时间框架、进阶方案至少可以推广至亚群层面。

　　当然，训练分期理论有着针对不同项目和赛事赛制的特异性，正如基利（Kiely）整合不同时期证据后认为，对加强干预的适应性反应是在一系列生物、心理、社会因素之间交互作用下共同形成的，这些因素包括训练负荷参数、个人遗传、以往训练经历、运动员暂时状态、暂时的社会和环境变量（Kiely，2012），由此认为，运动员个体对相同的训练会产生不同的反应；根据运动员的现实状态，相同的训练学因素对运动员产生差异化反应；当将群体规律用于运动员个体时，可能会产生误导和不适用性；将所谓最佳分期模式应用于不同训练环境是不现实的。

　　"欧亚"流派训练分期理论的提出和主要创新分布在各个阶段。其特点表现为：第一，主要针对运动员整体竞技能力，以及快速力量性项目和力量素质展开；第二，创新方法形式多样，前期以演绎发明法为主要形式，表现为对相关原理、规律的推理，并结合以拓展思路和广角发散为特点的综合应用法、以把握机遇的直觉灵感为特点的类比创造法；第三，进入20世纪，通常以在不改变要素的前提下，通过对要素的时序性组合调整其内在逻辑关系的形态分析法为主。

　　"美澳"流派训练分期理论的提出和主要创新同样分布在各个阶段，其特点表现为：第一，符合职业化发展的需要，分期时长持续较短，对竞技状态的影响力较小，并且近些年兼顾除体能之外的其他竞技子能力发展；第二，创新方法以形态分析法为主，不论是针对赛制需要还是力量素质提高的需要，均先在前期理论基础上进行了分期建构，进而在实验和实践中进行效果检验。国际运动训练理论不同流派训练分期创新方法见表5-7。

表 5-7 国际运动训练理论不同流派训练分期创新方法

| 阶段 | "欧亚"流派 | | "美澳"流派 | |
| --- | --- | --- | --- | --- |
| | 分期模式 | 创新方法 | 分期模式 | 创新方法 |
| 理论奠定阶段 | 早期训练分期 | 联想创新法 | 早期训练分期 | 联想创新法 |
| | 经典训练分期 | 综合应用法 + 演绎发明法 | 美式训练分期 | 信息交合法 + 演绎发明法 |
| 质疑改进阶段 | 板块训练分期 | 逆向构思法 + 演绎发明法 | 结构化分期 | 形态分析法 |
| | 邦达尔丘克分期 | 演绎发明法 | 波动训练分期 | 形态分析法 |
| | 钟摆分期 | 演绎发明法 | 反分期 | 逆向构思法 |
| | — | — | 力量训练分期 | 类比创造法 |
| 知识整合阶段 | 选择性分期 | 形态分析法 | 运动技能分期 | 形态分析法 |
| | Bompa 整合分期 | 综合应用法 + 形态分析法 | 心理技能分期 | 形态分析法 |
| | — | — | Mujika 整合分期 | 综合应用法 + 形态分析法 |

资料来源：笔者自制。

# 本章小结

（1）依据运动员竞技能力转移的"时空协同"理论，运动训练的自然时序性和过程安排属于运动训练理论的时间要素。训练分期理论作为训练计划的核心，对运动训练理论的变革起到巨大的推动作用，且自创立以来始终不断革新并饱受争议，故其对于考察运动训练理论的时间要素演进与创新具有显著价值。

（2）建构了训练分期理论考察的形成发展、作用对象、系统结构三维框架体系，通过内容分析对15种分期类型进行了划分，在分别论述各分期历史演进与创新方法的基础上，将训练分期理论的发展历史划分为了理论奠定阶段、质疑改进阶段、知识整合阶段。其中，"欧亚"流派的创新之前主要采用演绎发明法，21世纪主要采用形态分析法；"美澳"流派的创新则主要应用形态分析法。

# 第六章
# 国际运动训练理论流派对中国特色运动训练
# 理论发展的启示

## 第一节　国际运动训练理论不同流派的创新共性

### 一　国际运动训练理论不同流派的发展动力

"理论之间的竞争有助于知识的进步","没有理论的相互竞争,就没有社会科学的进步"(马太,2006)。从运动训练理论与实践的关系来看,所有有利于有效组织运动训练活动的科学知识都应以规律的形式呈现在理论体系中。国际运动训练理论并非秉承统一的发展道路,如前所述,在构建理念、人的发展、竞技目标、学者履历、冷战思维的共同作用下表现出流派差异。然而,运动训练理论流派的创立与创新的涌现过程受到内在动力和外在动力的共同作用(屈强、何新华,2017),并且这一过程至少与个体、行为规则、环境输入、系统与个体反馈4个要素有关。

#### 1. 国家政治体制的变革

国家的政治体制对科技发展的作用始终存在争议,苏联时期大批科技成果的问世对人类发展起到巨大推动作用,但却在后期和解体之后同样陷入"李约瑟难题"(孙永超,2014)。官僚政治对科学技术的发展是把"双刃剑",正面效应可以把任务管理得井然有序,体现国家意志的"整体思维"，有助于实用化科技发展，负面效应在于国家垄断限制科技发展的社会自由，使得新观念难以被社会接受与缺乏竞争，在达到较高水平之后停滞不前（杨继国，2021）。就竞技体育而言，苏联在冷战早期确立的"体育霸权主义"战略使运动训练理论研究得到了前所未有的国家意志支持，完备的训练体系又对宏观系统的运动训练理论架构提出了要求。与之相比，西方资本主义的兴起缘于其松散、内部不稳定的军事贵族封建制度的崩溃，进入资本主义工业时代后，资本主义生产方式推动了科学技术的飞速发展，这可以用于解释欧美国家运动训练理论和方法创新的时间分布均匀现象。与此同时，欧美国家竞技体育的主导不是政府而是社会需求，以大学运动队、职业体育俱乐部为代表的竞技体育主体并不完全强调奥运夺金的国家意志，与大学学业和职业赛事相匹配，保证更高训练投入收益成为重要的行为目标，因此运动训练理论所具有的源自民众健身实践、强调训练效益、注重损伤预防与康复自然成为其创立与发展的主要特征。

**2. 运动训练实践提出的新命题**

运动训练理论来源于实践，又不断指导运动实践。理论改革、创新和发展最深厚的源泉来自实践，实践通过问题媒介反映实践的需求，进而指导实践的下一步发展。实践中不断涌现的"苦恼的疑问"是实践的特有魅力，也是理论改革、创新和发展的奥秘所在。运动训练理论在历时数十年发展中正是在"实践—问题—理论"的循环往复中逐步走向成熟和完善的，但运动训练实践证明仍然存在待以解决的理论缺失或不足。学者们在长期研究的基础上提出，运动训练理论当前仍然需要重视和解决训练与参赛协同、训练与恢复关系、一般和特异训练、竞技能力培养、竞技状态调控和运动成绩保持等一系列操作性问题（田麦久，1999；陈小平等，2012；刘大庆等，2013），而这些问题恰好系统表达了运动训练实践的现实需要。在训练实践的历史中，自20世纪80年代开始，诸多国际单项体育联合会对项目的全球赛制进行了重大变革，职业赛事的增多与奥运会等重大国际赛会制赛事之间的矛盾急需协调，欧美国家在此阶段的训练理论与方法成果丰硕便不足为奇。

**3. 现代科技成果的推动**

科学成果包括科学理论成果和科学技术成果，前者提供了需找问题的依据，训练方法设计的基础，通常指支撑运动训练理论发展的诸如生理学、心理学、力学等友邻学科的理论突破。如前所述，肌肉耗氧与乳酸代谢关系、运动单位募集、三羧酸循环等科学发现，"适应机制"理论、超量恢复理论、"竞技状态"概念与时相变化、速度—力量曲线等理论的提出，电子显微镜、经皮穿刺活检技术、积分肌电、GPS设备、智慧技术等技术手段的创造都对现代运动训练理论的发展起到了极为重要的推动作用。与此同时，尊重生命、独立自主、责任担当、多元并存等现代人本主义哲学也使得运动训练除了关注竞技成绩的获得，还对运动员教育、终身发展、身体健康等提出了时代命题。就不同流派运动训练理论的整体和分论的发展历程来看，虽然国家的科技促进与转化体制、竞技体育管理体制起到催化作用，但若某一时期某些国家科技和人文发展水平居于领先水平，运动训练的科学化程度和重要理论创新的频度也相应较高。

## 二 国际运动训练理论不同流派的发展方式

### 1. 国际运动训练理论流派的逐步整合

从表象上看，国际运动训练理论存在流派之分，但从日后发展的角度看，流派间却日益呈现相互交融，并且在发展方向上趋同，例如在力量训练方面向着专项化和整体性方向发展，耐力训练向着大负荷量和综合性方向发展，训练分期向着提高多种竞技能力的整合方向发展。究其原因，一方面，分化与整合作为矛盾统一体，伴随着运动训练理论的发展历程，共同推动着运动训练学的发展。如果说多元与分化推动了运动训练理论的发展和创新，整合与统一则保证了该学科理论体系发展和完善的内在一致性。另一方面，随着友邻学科及运动训练理论逐步走向成熟，再进行创新的难度增加、周期延长。综上所述，从理论的分流转向知识的合成是实现理论创新的一种可能路径，逐步进行整合是国际运动训练理论流派进一步发展和创新的必然趋势。

### 2. 跨学科思维的融合与应用

跨学科是实现理论创新的新路径（罗卫东，2007；王炳立，2016）。在跨学科的路径选择过程中，马太·多甘等学者认为，从单学科研究到学科交叉或者跨学科研究的道路是由概念、数据、方法、理论、观点等多个元素的相互作用而开辟的（马太·多甘、罗伯特·帕尔，2000）；皮埃尔·德·拜则认为，跨学科研究包含了多学科并置和学科间一体化的多种情况。跨学科研究主要具有渐进性和渗透性的特点，而跨学科融合和应用的具体方法则包括运用其他学科分析方法和技术，以及直接运用成熟成果两种途径（皮埃尔·德·拜，2004）。创新主体是理论创新过程中的能动性要素，他们所具有的跨学科思维体现着其认识理论创新的能力，这就要求创新者具备学科的专业训练、跨学科视野、问题意识、研究兴趣等条件（罗卫东，2007）。一方面，运动训练的综合性特征表明运动训练理论的创新可以借鉴生理学、心理学、社会学、力学等多门学科的经典或最新的理论成果和研究范式，应用于运动员选材、运动训练、运动竞赛和竞技体育管理的完整过程；另一方面，在理论发展面临困难时，科学基础往往可以提供解决问题的途径，例如，面对传统赛后技术统计的束手无策，无标记智能化运动跟踪系统（Sport VU）提供了对篮球运动员技战术表现的全方位评价。既然跨学科迹象已在现代科学理论发展中普遍呈现，那么跨学科思维和应用理应成为不同流派、国家、学者发展和创新运动训练理论的共同手段。

**3. 依照实践需要的理论发展与创新**

科学创新来自实践，当旧的理论体系与新的实践活动出现不一致时，便会建立新的理论框架，而只有立足于实践活动，才能实现科学理论突破与创新（蒙爱军、吴媛姣，2008）。英国学者波普尔指出知识的增长是理论创新的过程，所提出的"四段式"科学创新发展模式强调以问题为中心的重要性（卡尔·波普尔，2005）。以问题为中心形成的学术理论创新包括原创性创新、持续性创新、应用性创新三个由难到易的层次（董泽芳，2008），这三种创新形式普遍存在于现有运动训练理论的创新过程中。借用金成平等学者的观点，运动训练理论科学问题的认知不但源于竞技能力、训练负荷、训练方法、训练过程的结构与组合，还体现在生物适应、负荷配置、组分协同、复杂性问题组成上。由此认为，运动训练理论的创新过程中必须立足于运动训练实践活动，以运动训练实践中的核心问题为切入点和突破口进行理论创新，才能得出理论价值高和指导作用大的创新成果。

# 第二节　流派认知对中国特色运动训练理论体系发展的启示

## 一　中国运动训练理论的特色审视

### 1. 流派视角下我国运动训练理论的形成与创新过程

20世纪50年代，中国主要通过翻译、整理国外论文、著作、来华专家的讲稿等方式，引入了单项运动训练理论，自主创新表现为融合国外成果和训练经验后出版的系列单项训练著作。20世纪60年代，依照国家体委重视和加强科学研究工作的要求，统一编写的体育学院本科讲义涉及了单项训练的内容；为准备参加新兴力量运动会和亚运会，从单项技术研究转向一般训练的规律性问题，"两严""三从一大"的训练要求得以提出。20世纪70年代后期，面对因"文革"导致我国运动员的断层，翻译并组织撰写了青少年训练的资料和书籍，如《国外青少年运动训练专辑》（1975）、《少年儿童体育科技资料》（1977）、《青少年业余训练教材》（1980）、《中国青少年体育运动项目训练教学系列大纲》（1980）等。

1985年，哈雷的《训练学》翻译成中文，译著序言中着重提到了译著出版为我国理论与实践的可能性贡献。20世纪80年代，中国学者又陆续对德国、苏联、罗马尼亚、美国等国家学者的部分经典著作进行了翻译，如普拉托诺夫的《运动训练的理论与方法》（1986）、博姆帕的《运动训练理论与方法》（1990）等。正是由于对德国、苏联等国家运动训练理论知识与体系的引进，中国具有了"欧亚"流派的"基因"，并为中国特色运动训练理论构建确立起点、奠定基础。1983年，我国第一本《运动训练学》教材出版，此后，国内多所体育院校撰写了内部教材。必须承认，20世纪80年代由中国学者撰写出版的著作与译作之间，无论是体系还是内容都有着诸多相似之处，引进吸收的道路为中国获得了后发优势，也使得我国运动训练理论研究一开始就有了比较高的起点，便于中国快速缩短与国外先进水平之间的差距。

20世纪80~90年代，中国运动训练理论的自主创新十分活跃，其中，田麦久提出了专项训练研究的方向性问题；国家体委科教司领导推动编写了《运动训练科学化探索》（1988）、《运动员科学选材》（1992）、《中国优势竞技项目制胜规律》（1992）；某些理论构件的研究，如《体育技术战术方法》（1991）、《体育竞赛战术技巧指南》（1993），以及专题研究，如《体育控制论》（1988）、《论运动训练过程》（1990）、《运动员竞技能力结构模型与选材标准》（1994）、《项群训练理论》（1998）等相继问世。

2000年，由田麦久主编的教材《运动训练学》出版，与之前引进吸收的系统性论著相比，除继续沿用"欧亚"流派的体系结构，形成了以运动员竞技能力概念为理论起点，以项群训练理论为论述方式，以训练过程控制为操作思想，融合大量中国自主创新的知识的理论体系。此后，历次编撰的《运动训练学》教材均在内容体系上加以创新，表现出了理论论域逐步明确、体系构建渐趋完整、原理阐释更加充分、知识内容更新及时等特点。

**2. 流派视角下中国运动训练理论的争议辨析**

自运动训练理论诞生以来争议便始终存在，"超量恢复"、马氏经典训练分期的适用性等"欧亚"流派的共性问题已在国际范围内展开激烈讨论，本书仅通过流派的视角讨论若干有关中国运动训练理论的争议。

竞技状态作为观点型概念，既是运动训练理论流派识别与划分的重要依据，也是经典训练分期的理论基础。姚颂平教授曾强调，竞技状态是在运动员的竞技子能力训练程度都达到相当高基础上才可能形成的独特"上层建筑"，在讨论与之有关的问题时，有些人混淆了"训练程度状态"和"竞技状态"，由此衍生出"最佳竞技状态"的称谓。如第二章所述，从时间来看，中国的理论引进过程有着明显的德国—苏联—北美顺序。1964年，马特维也夫的专著《训练分期问题》和哈雷的《训练学》函授讲义同年出版，并于1968年由联邦德国专家施纳首次翻译成德文。中国翻译的哈雷1977年版《训练学》教材中使用的是"训练状态"，并在第三章中论述道："和运动员训练水平相适应的最佳训练状态的标志是上述这些主要因素和谐地统一和结合。"与之相比，博姆帕更是直接给出了竞技状态分类的标准，认为达到上年度本人最佳成绩的98%以上时可认为达到最佳竞技状态。由此表明，竞技状态的"泛指"并非中国独有，且与引进著作的认知有关，当被普遍认可后，我国学者重新阐释了竞技状态理论的中国语义，这一点可以从 2000 年版《运动训练学》教材沿用"专指"的"形成—保持—消失"表述，而后改为"提高—保持—下降"便可以看出。

"一元"训练理论和复杂性问题研究，均从"结构—功能"的角度审视了运动员竞技能力提高的方式问题，并指出了割裂或线性认识竞技子能力的缺陷。"一元"训练理论认为：体能和技术在本质上是"一元"的，不存在没有体能的技术动作，也不存在没有技术形式的体能。考察本书纳入的著作后发现，不论是"欧亚"流派还是"美澳"流派的学者，均分别撰写了不同竞技子能力的分类、评价和训练要点。实际上，中、外学者从未割裂地看待竞技子能力之间的关系，竞技能力的定义中便明确指出了"（竞技子能力）综合地表现于专项竞技的过程之中"。"一元"训练理论实则混淆了理论表述和实践应用之间的关系，运动训练实践是以专项的形式开展的，而运动训练理论必须遵循学科的学术规范，在还原理论组件的基础上，全面呈现所应包含的知识点。

国内学者对运动员竞技能力复杂性的理解表现为对要素之间、要素与环境之间"关系"的认识。基于要素之间关系的理论批判类似于"一元"训练理论，而要素与环境之间关系的系统性视角，与"美澳"流派学者提出的运动表现结构极为类似。如第二章所述，史密斯教授认为运动表现是一个"心理—社会—生理"共同作用的系统。运动表现和最佳训练在很大程度上取决于对尽可能多的相关变量进行整合和做出反应的能力，因此需要一个整体性的方法加以培养和监控，而不是仅着眼于训练负荷单一方面，发展的最终目标应该是对每个要素均给予适当的关注。现实中，"美澳"流派的学者同样没能找到整体性呈现运动表现要素和环境的理论表述方式，先系统"总论"后还原"分论"被各流派学者采用，但并不能由此认为他们的理论构建理念是分解观、组合观、实体观。

进入 21 世纪，中国大量引入了"美澳"流派的最新成果，在充实我国运动训练理论的同时，有学者认为应借鉴美国、英国、澳大利亚、德国等国家对学科内涵、研究范式、研究问题的分析，提高我国运动训练理论的科学化水平，并采用由问题提出到干预研究再到实践实施的 8 阶段研究模型（金成平等，2021）。从流派角度来讲，这种观点可理解为脱离"欧亚"流派并转入"美澳"流派的学术阵营。事实上，运动训练理论与运动训练研究并不对等，中国运动训练采用的是以教材构建为研究基础，以课题攻关引导为研究方向的理论创新模式（金成平等，2021），其中，1988年出版的《运动训练科学化探索》和 2014 年出版的《高水平竞技选手的科学训练与成功参赛》可谓全面汇总并展现了两个时代中国运动训练的研究成果，所涉及的相关学科和研究领域几乎不逊于国外任何同类著作。除此之外，仅通过国内现行的《运动训练学》教材来批判我国运动训练理论脱离实践或科学性有限失之偏颇，这是因为教材是面向在读学生和教练员的读物，一方面所涉及的内容一般在学术界已有定论；另一方面受到单一课程学时限制和课程间知识衔接的影响，不能也不该将友邻学科的相关知识全部吸收。比如，"1 + 1 = 2"是学龄前儿童掌握的数学知识，不能因为数学家认为过于简单，而认为这不是数学。

## 二 流派认知下中国特色运动训练理论的发展方向

习近平总书记在哲学社会科学工作座谈会上指出"不断推进学科体系、学术体系、话语体系建设和创新，努力构建一个全方位、全领域、全要素的哲学社会科学体系"。[1] 对于中国运动训练理论所取得的成就，国内学者做出了系统梳理，指出了加强专项训练理论研究、理论与实践相结合、深化专题研究、革新理论体系、融合最新研究成果等发展方向，甚至提出构建竞技体育学中国学派的设想。结合其他国家的发展经验和我国已取得的成就与不足，本书提出中国特色运动训练理论学科体系、学术体系、话语体系的若干建设方向。

### 1. 建构符合中国竞技体育发展需要的知识体系

如前所述，国际运动训练理论流派的产生原因由学者对训练对象和目标认识的差异导致，各有其合理性与必然性。当前，我国竞技体育面临由改革发展向高质量发展的转型，"奥运战略"、中国特色职业联赛建设、

① 《学科体系、学术体系、话语体系的科学内涵与相互关系》，中国社会科学网，2020 年 5 月 15 日，https：//baijiahao.baidu.com/s？id = 1666721113687041258&wfr = spider&for = pc。

"三大球"振兴、冬季项目跃升、体教融合后备人才培养、训练参赛智能化水平等都已成为中国竞技体育发展的重要任务与工程（彭国强、杨国庆，2021）。与之相对，中国的运动训练理论面临强调重大赛事而轻视职业联赛、关注个人项目而忽视集体项目、适用专业运动员而不适合学生运动员、注重系统性归纳而缺乏还原性验证等不足，虽然这些缺陷不同程度地展现着"欧亚"流派的特色与风格，但可以在"美澳"流派中部分找寻答案。为此，中国特色运动训练理论建设应对标竞技体育发展需要，摒弃流派成见，在引进和辨析的基础上实现流派融合与自主创新。

### 2. 加强围绕核心概念群的体系性研究

概念既是理论的重要组成部分，也是支撑学科理论的基石。田麦久等人遴选并论述了具有运动训练、运动成绩、竞技能力、竞技状态、训练原则、项群训练理论及竞技参赛 7 个运动训练理论核心概念的中国创造与更新的过程，表明已形成了集中国建构和中国语义于一体的特色的概念群。核心概念群的相对稳定具有重要意义，一方面，这是我国较之引进"欧亚"流派最具代表性的创新之一，为中国特色运动训练理论研究的纵深发展和融合发展搭建了平台，后续研究可以在国外经典和中国创新中找到相应的概念归属；另一方面，不论提出（如竞技势能）还是引入（如运动表现）新的概念，都应该辨析其与既有核心概念群之间的关系，盲目且"破而不立"地使用"新"概念，容易造成既有学科体系的混乱。

### 3. 通过重大创新的传播展现中国智慧

回顾国际运动训练理论发展史，不论是"欧亚"流派的"竞技状态"概念、经典训练分期、超等长收缩训练，还是"美澳"流派的计算训练法、印第安纳体系，"两极化"模式，均表现出突出贡献并引领后续研究和训练实践方向。与之相比，中国的优势项目制胜规律、运动员选材和竞技能力结构理论、项群训练理论、竞技参赛理论等创新由于难以直接指导专项训练实践，缺乏严谨的理论推导，国外推广不力等，并未真正被国际认可与接纳。例如，在 2014 年引入的普拉托诺夫著作《奥林匹克运动员训练的理论与方法》中，依然沿用存在逻辑缺陷的项目群类划分体系；英文文献中的 Complex Coordination Sports（复杂性协调运动）、Target Sports（精确性运动）、Collision Sports（碰撞性运动）、Combat Sports（格斗性运动）等研究表明，并不存在项群训练理论不被国际认可的论调。再如，中国的过家兴、徐本力等学者在 20 世纪末便提出了针对不同项群运动员的赛前训练安排，其成果的完整性不逊于近些年广为推崇的赛前减量训练。为此，中国学者一方面应立足于专项训练实践，通过纵深和拓展研究凝练重大创新成果；另一方面加强国际沟通与合作，用中国贡献引领国际运动训练理论发展。

# 第三节　流派认知对中国特色运动训练时空要素发展的启示

## 一　流派认知对我国运动训练空间要素发展的启示

### 1. 加强训练空间要素在时间维度上的设计

运动训练目标的实现是训练要素在时间和空间维度上的协同过程，空间要素在方法和负荷上的设计与操作，其目的在于在对运动员原有水平的进一步应激，然而无论何种训练方法与手段，都要保持应激与适应、疲劳与恢复的平衡。如前所述，针对力量素质的力量训练分期、波动分期，针对耐力素质的反分期，针对技术能力的运动技能分期，针对心理能力的心理技能分期已被构建，并由博姆帕和穆吉卡尝试纳入统一的分期模式。与竞技状态发展的渐进性与持续性不同，训练空间要素效益取得的用时通常较短，且竞技子能力之间存在一定的正面或负面效应。从国际范围来看，将诸多空间要素融合、递次、协调发展是当前运动训练理论的研究热点和难点，因此，从训练分期的角度入手，开展对训练空间要素的集成化研究，既符合训练实践的需要，也有助于理论体系的模块化、"涌现"式创新。

### 2. 辩证看待单一训练方法或理念的有限性

在竞技体育领域开展精英级运动员的干预研究存在伦理困境。苏联基于教练员经验和学科原理创立训练方法，并让运动员进行实践验证的方式有其历史局限性，而将动物实验和非高水平运动员实验的效果应用于精英级运动员实践又缺乏信度，因此某一训练方法和理论从提出到应用再到共同认可需要经历相当的步骤和时间。即便是近年来观念新颖，注重整体效益的核心力量训练和身体功能性训练，也远不能满足运动训练的需求，大量研究仍然集中在康复和健身领域，运动员短时、多变、多动作链、不稳定的竞技表现需要与康复和健身存在很大差别。与此同时，单一训练方法或理念难以构成现代运动训练理论的全部，一方面，尽管渐进式抗阻训练、低强度持续训练等方法被证实具有缺陷，但仍不可否认其在日常训练中的基础性和不可替代性地位；另一方面，运动训练是多种方法共同作用的结果，以排除干扰为手段的验证并不可行，也难以证实单一方法的特定训练成效。为此，我国运动训练空间要素创新可严格遵照毕晓普提出的 8 段模式，在精准判断的基础上，开展针对非高水平人群的干预研究和障碍清除，待明晰内部机制和交互关联后指导竞技训练实践。

### 3. 注重对中国经验的系统性总结与提炼

引进式创新固然可以快速缩短我国与世界运动训练理论之间的距离，且不论在一般训练、单项训练还是训练专题中有过诸多先例，但对我国运动训练实践界成功经验的系统化总结，并提炼上升至理论层面，既是缩减我国与国外差距的前提，也是中国特色运动训练理论构建的根本。例如，近年来极具讨论热度的体能训练，似乎将中国运动训练引入了新的领域，然而这并不意味着中国教练员不重视或中国学者不关注，撑竿跳高运动员胡祖荣出版的《身体训练 1400 例》（人民体育出版社，1980）包含了徒手练习、利用体操器械练习、手持器械练习、活动性游戏等 6 个模块，其中介绍了悬垂、瑞士球等练习手段，但时至今日鲜有论文引述该著作，却把上述训练手段视作国际运动训练先进理论加以宣传。再如，"马家军"综合使用了超大负荷训练、高原训练、间歇训练、法特莱克训练，创造的女子中长跑成绩有目共睹，但至今未能提炼为被国际认可的耐力训练理论。当然，中国原有的训练方法、负荷安排存在"经验主义"较强、操作单一枯燥、对内部机制认识不清等短板，限制了日后的继续发展，这与国外教练员潜心反思与推陈出新相比确显不足。为此，要树立中国竞技体育的成绩自信，对中国优势项目、优秀运动员、教练员的成功经验加以系统性总结，提炼并形成思想内核与训练理念，为世界运动训练理论贡献中国智慧。

## 二 流派认知对我国运动训练时间要素发展的启示

### 1. 在经典训练分期框架下展开分期研究

马特维也夫经典训练分期的命名多样，比较典型的是"传统训练分期"和"线性分期"，它们分别容易给予读者以"陈旧""过时"和"简单""线性"的语义误导。其中，波利奎因讨论负荷强化策略问题时，首次将经典分期称为"线性分期"，他认为经典分期是训练负荷与训练内容以整体波浪形增加与减少的简单结构。然而，线性分期的命名并不科学，因为实际上经典分期的训练参数呈现的是非线性变化，例如，虽然在大周期的不同训练阶段负荷量度呈现单调的上升或下降趋势，但整个大周期以及每个训练周的负荷则处于循环水平上的波动状态。另外，为体现区别而命名的"非线性分期"同样存在概念错误，因为所有周期化的训练安排从形式上看都必须是非线性的。

文献检索发现，国内外大量实验研究和荟萃分析对经典训练分期、板块训练分期、波动分期等做出过比较，然而大都持续 4 ~ 12 周，且主要针对体能训练的结果评价，仅有马丁（Martin）等人运用适应性指数验证了 5 种分期模型的综合效益，认为由优至劣依次为马特维也夫、维尔霍尚斯基、博姆帕、伊苏林、福泰萨（Forteza）的分期。从上文对运动训练分期理论的历史演进回顾来看，采用大周期内准备期、比赛期、恢复期或与之类似的阶段表述几乎存在于各种完整的年度训练设计，如果以阶段性训练（小周期或中周期）作为观测单位，年度训练仍呈现负荷量度和训练内容的比例变化。目前，国际范围内对波动分期、板块分期、反分期的质疑之一便是这些中周期和小周期的分期模式，如何建构于年度训练安排的统一体系下，因此全新的一般性年度训练安排模式尚未提出之前，我国的训练分期发展与创新仍应在经典训练分期模型的框架下进行。

### 2. 确立准确的训练分期概念体系

训练分期的概念最初用于描述采用预先确定的训练安排的序列程序，然而，今天这个概念无论其结构如何，经常被不加区别地用来描述任何形式的训练安排（Haff，2004）。卡托卡（Kataoka）等学者对已提出的训练分期定义的相关研究进行了全面审查，发现存在如下问题。（1）虽然训练分期提出是为了对年度训练过程进行宏观管理，但长期效果的研究却较少；（2）"训练分期"和"训练规划"在研究中有替代使用之嫌；（3）将单一应激源（如抗阻训练）视为竞技训练的全部（Kataoka et al.，2021）。虽然运动训练分期已经成为一个相当稳定的概念和内容，存在于不同国家运动训练理论著作之中，但时至今日依然饱受争议。核心概念是学科核心素养的重要组成部分，训练分期定义的混乱侧面反映了训练分期理论甚至运动训练理论的不成熟。对其进行的讨论部分因为缺乏被普遍接受的定义而产生争议，由于未能定义标准化，一方面导致了不同分期的预期目标、时间长度、构成要素等存在差异；另一方面也使得不同模式之间的检验与比较成为困难。

**3. 实现竞技状态和中国运动员参赛的统一**

运动员竞技状态的时相变化是经典训练分期建构的重要依据，由上文论述可以看出，时间跨度 10 周以上的分期模式均关注如何在比赛中保持竞技状态，而波动、钟摆等短周期模型则意在单一身体素质，尤其是力量素质的快速提高；邦达尔丘克（2007）即便反对竞技状态的存在性，但在著作论述中还是接受了马特维也夫的竞技状态发展观（Bondarchuk，2007）。与为备战重要赛事设计的分期模式相比，为职业联赛设计的分期模型更为关注运动员竞技状态的稳定与控制。选择负荷分期创立者戈麦斯认为，由于职业足球运动员难以在一周的时间里完整实现竞技状态的时相变化，因而不需要进行最大和次最大身体能力的发展，整体负荷在整个赛季内呈现相对稳定，并将比赛状态控制在最佳竞技状态的 90%（Gomes，2009）。

本书对 Web of science™ 核心合集数据库中有关"peak""competition""optimal" performance 的相关文献进行了检索，相关内容涵盖训练过程、训练手段、表现分析、发展评价等诸多方面。其中，与"Periodization"相关的论述几乎包括了各种训练分期模型。由此认为，通过细致化的安排诱导出竞技状态是训练分期研究和使用难以回避的事实。现实中，中国竞技体育协会制度和职业化改革并非为"一刀切"，例如，足球、篮球等项目开展了职业联赛，举重、跳水、射击等优势项目依然由政府主导，"体教融合"背景下的新型运动员培养模式同样对训练过程设计提出了要求。为此，我国运动训练分期研究应该在竞技状态的概念框架内，依照国际、洲际、国内赛事设置特点，构建项目群类化的中国特色训练分期体系。

# 本章小结

（1）国际运动训练理论有着发展动力和发展方式的流派共性。其中，发展动力表现为受到内外动力的共同作用，内部动力为训练实践不断提出新的命题，外部动力由政治体制变革和科技成果发展共同推动；发展方式表现为除对接实践需要外，还展现出跨学科思维与应用以及流派间的整合。

（2）中国运动训练理论发展具有"以引进为基础，体系创新为主"的特点，其间存在的某些争议，或是由于流派内传播的早期误解，或是脱离了各流派表述共性，抑或是意在转入"美澳"流派范式。基于此，提出了中国特色运动训练理论的提升方向：建构符合中国竞技体育发展需要的知识体系；加强围绕核心概念群的体系性研究；通过重大创新的传播展现中国智慧。

（3）运动训练理论时空要素的发展代表着知识层面的创新。在流派认知下，提出了空间要素的创新应加强其在时间维度上的设计，明确单一训练方法或理念的有限性，注重中国经验的系统性总结与提炼；时间要素的创新应在经典训练分期框架下展开细化研究，建构明确的训练分期概念体系，实现竞技状态和中国运动员参赛的统一。

第七章

# 结　语

## 一　研究结论

### （一）国际运动训练理论主要流派的划分

**1. 国际运动训练理论流派的划分依据**

①知识体系；②核心概念体系：竞技状态（理论观点型）、运动/比赛成绩（理论体系型）、运动员参赛能力（学科型）；③运动训练原理或原则；④运动员负荷承受的生物学基础。

**2. 国际运动训练理论主要流派的划分**

国际运动训练理论流派可划分为"欧亚"流派和"美澳"流派。

"欧亚"流派与苏联有着地缘或学缘关系；学科论域兼顾训练原则、内容、方法、负荷、组织安排五大要素；核心概念表述清晰，具有明确的指向性；原理或原则兼顾了"欧亚"流派思想、体育教学论和运动训练特殊性三大原则组成部分；将短期的超量恢复和长期的生物适应相结合纳入运动员负荷承受的生物学基础。"欧亚"流派的思想内核为：经验主义的系统哲学观，以教练员为中心的教育观，锦标主义的竞技价值观。

"美澳"流派学者多来自北美、西欧、大洋洲等国家和地区；学科论域除训练内容和训练组织安排外，会根据学者认知与学科背景纳入选材、医学、营养、监控等内容；原理或原则主要围绕着训练负荷安排展开；核心概念使用统一但论域宽泛甚至不清；生物学基础依据运动员生理和心理的"应激－适应"变化。"美澳"流派的思想内核为：实证主义的还原哲学观，以运动员为中心的教育观，职业体育的竞技价值观。

（二）国际运动训练理论流派训练原则的历史演进与创新规律

（1）作为完成运动训练活动所应遵循的准则，运动训练原则的分析框架包括由教练员、运动员、运动训练管理人员、科研服务人员等组成的主体层次，由宏观整体性、中观组合性、微观单一性组成的操作层次，由运动员竞技能力的包含数量组成的客体层次三个维度构成。

（2）负荷类、周期类、系统类、区别类原则的理论关注度较高。其中，"欧亚"流派的历史演进表现出负荷设计动态跳跃性、周期安排与竞技状态比赛安排结合性、训练过程组织过渡性、区别对待内外条件特异性的特点；创新形式多样，既采用创新度较高的综合应用法和信息交合法，也有对系统科学和教育学的移植与演绎。"美澳"流派的历史演进表现出负荷安排集中性、周期安排比赛导向性、竞技能力整体协调性、区别对待适应差异性的特点；创新形式相对简单，以类比、演绎、移植为主。

（三）国际运动训练理论流派训练空间要素的历史演进与创新规律

（1）运动训练内容、方法、负荷属于运动训练理论的空间要素，三者具有操作的整体性和对竞技能力作用的特异性特征。力量素质和耐力素质是运动员的基础子能力且在项目间相对稳定，对于考察运动训练理论的空间要素演进与创新具有显著价值。

（2）依照力量训练理论与方法的形成发展、操作方式、作用对象三维框架，及各主要理论与方法的时间呈现与科学基础，将其历史演进划分为简单练习阶段、负荷递增阶段、组合式阶段、整体式阶段。其中，"欧亚"流派成果集中在负荷递增阶段和组合式阶段，表现出科学原理转化速度快，创新形式多样的特点；"美澳"流派成果相对分散，表现出科学原理转化速度较慢，前期创新独立且严密，后期创新移植且整体的特点。

（3）依照耐力训练理论与方法的形成发展、操作方式、作用对象三维框架，及各主要理论与方法的时间呈现与科学基础，将其历史演进划分为随意练习阶段、负荷递增阶段、注重效益阶段、模式训练阶段。其中，"欧亚"流派成果集中在负荷递增阶段，表现为移植基础性研究成果和科学推理演绎的创新特点；"美澳"流派成果相对分散，表现出前期注重负荷提升与手段支撑，后期建构概念性模型的特点。

（四）国际运动训练理论流派训练时间要素的历史演进与创新规律

（1）训练过程的自然时序性和人为安排属于运动训练理论的时间要素。训练分期理论作为训练计划的表现形式，对运动训练理论的变革起到巨大的推动作用，且自创立以来始终不断革新并饱受争议，故其对于考察运动训练理论的时间要素演进与创新具有显著价值。

（2）依照训练分期的形成发展、作用对象、系统结构，及各主要分期的时间呈现与社会和科学基础，将其历史演进划分为理论奠定阶段、质疑改进阶段、知识整合阶段。不同流派训练分期的创立时间分布相对平均，"欧亚"流派的早期创新主要采用演绎发明法，21世纪以来主要采用形态分析法；"美澳"流派的创新则以形态分析法为主。

（五）流派认知对中国特色运动训练理论发展的启示

（1）国际运动训练理论创新的流派共性表现为，在创新动力方面，受到内部训练实践需要和外部政治体制变革与科技成果发展的共同推动，在创新方式方面，除直接对接训练实践需要外，还展现出跨学科思维与应用以及流派间的整合。

（2）我国运动训练理论发展具有"以引进为基础，体系创新为主"的特点，理论争议多由早期翻译误解、忽视流派共性、强调流派转移导致。在流派认知下，我国运动训练理论体系的发展方向为：在核心概念体系建设基础上，构建中国特色知识体系，并向世界传播中国智慧；空间要素的发展方向为：在注重中国经验总结与提炼基础上，开展时间维度设计与方法纵横融合；时间要素的发展方向为：在明确训练分期概念体系基础上，加强经典训练分期细化，实现竞技状态与中国式参赛统一。

## 二　研究展望

本书通过对国际运动训练理论代表性著作的识别，验证了田麦久教授提出的"欧亚"流派和"美澳"流派之分，进而提出了国际运动训练理论流派的基本特征与思想内核，以及主要理论组件的历史演进与创新规律。然而，必须承认的是，在冷战结束、信息技术发展、国际学术交流加强等背景的共同作用下，融合创新是各学科理论发展的必由之路，原本学者固守的流派理念也会在碰撞中部分转变，这从博姆帕的训练学著作在北美备受推崇，中国运动训练理论近些年争议不断等现实中便可有所感受。然而，迄今为止，尚没有任何一部理论著作被公认为运动训练学者的入门必读物，侧面反映出对该领域本源性认识的不一致。

本书既属于理论史研究也属于学科元理论研究。研究过程中，笔者主要聚焦竞技成绩优异且理论研究发达的国家和地区，以及它们公开的经典论著，研究不足与今后关注方向至少包括以下两点。

第一，单项专项特征和赛事赛制的巨大差异，对研制出适用于所有项目的一般性理论具有极高的难度。尽管本书试图兼顾，但曾在某些或某类单项中取得优异成绩的国家，如21世纪以来统治田径中长跑的肯尼亚、埃塞俄比亚，皮划艇强国新西兰、匈牙利，射箭"梦之队"韩国等，并未系统考虑它们单项成功经验中的一般性理论。后续研究将融合更多国家与专项，并找寻流派内部的子流派细节。

第二，运动训练理论包括但不仅限于运动训练原则、内容、方法、负荷、组织安排五要素，其他组件的知识或单独存在，或与上述五要素协同发展，如运动员选材、训练监控、运动营养等。本书考察对象的选取依据影响重要性、论述高频次、争议存在较大等角度，训练原则选取了负荷类、周期类、系统类、原则类四大类；训练组织安排选取了训练分期；训练内容、方法、负荷凝结在力量和耐力训练中，它们虽体现了运动训练理论的主体构成但并不全面。为此，后续应拓展至速度、技战术、心理、多年训练计划等其他组件，或验证已有结论的准确性，或提出各异的演进特征与创新规律。

# 参考文献

## 一 著作类

陈亮，2019，《项群参赛理论》，北京：人民体育出版社。

陈小蓉，1994，《竞技体育创新原理》，北京：人民体育出版社。

辞海编辑委员会编，2000，《辞海》（1999 年版缩印本），上海：上海辞书出版社。

邓树勋、陈佩杰、乔德才，2007，《运动生理学导论》，北京：北京体育大学出版社。

丁继华，1990，《现代中医骨伤科流派菁华》，北京：中国医药科技出版社。

高平、管健民，2019，《我国跆拳道项目奥运冠军竞技制胜特征模型》，武汉：湖北科学技术出版社。

郭小林、杨舰，2013，《科学方法》，北京：科学出版社。

国家体育总局《乒乓长盛考》研究课题组，2002，《乒乓长盛的训练学探索》，北京：北京体育大学出版社。

汉语大词典编辑委员会编，1988，《汉语大词典》（简编版），上海：汉语大词典出版社。

汉语大词典编辑委员会编，1990，《汉语大词典》，上海：汉语大词典出版社。

汉语大字典编辑委员会编，1988，《汉语大字典》，武汉：湖北辞书出版社。

黑格尔，1979，《精神现象学》，贺麟译，北京：商务印书馆。

侯光明、李存金、王俊鹏，2015，《十六种典型创新方法》，北京：北京理工大学出版社。

胡晓杰，2017，《中国民族声乐的历史演变与流派之探析》，北京：中国纺织出版社。

胡亦海，2014，《竞技运动训练理论与方法》，北京：人民体育出版社。

金吾伦，2007，《感悟科学——科学哲学探询》，长沙：湖南人民出版社。

卡尔·波普尔，2005，《客观知识——一个进化论的研究》，舒炜光等译，
　　上海：上海译文出版社。

拉卡托斯，1985，《科学研究纲领方法论》，兰征译，上海：上海译文出
　　版社。

李文革，2004，《西方翻译理论流派研究》，北京：中国社会科学出版社。

李玉章，2010，《全身振动训练的理论与实践》，上海：第二军医大学出
　　版社。

李志才，1995，《方法论全书》，南京：南京大学出版社。

——，1997，《竞技运动理论》，姚颂平译，上海：华东理工大学出版社。

列·巴·马特维也夫，2005，《竞技运动理论》，姚颂平译，哈尔滨：黑龙
　　江科学技术出版社。

林岳，2012，《创新方法教程（初级）》，北京：高等教育出版社。

林正常，1993，《运动科学与训练》，台北：银禾文化事业公司。

刘大椿、潘睿，2012，《范例研究：科学大师与创新方法》，北京：中国科
　　学技术出版社。

罗庆生、韩宝玲，2001，《大学生创造学：技法训练篇》，北京：中国建材
　　工业出版社。

罗竹风主编，1989，《汉语大词典》（第四卷），上海：汉语大词典出版社。

马太·杜甘，2006，《国家的比较》，文强译，北京：社会科学文献出版社。

马太·多甘、罗伯特·帕尔，2000，《社会科学与公共政策》，北京：社会
　　科学文献出版社。

马特维也夫，1978，《运动训练分期问题》，高大安等译，北京：人民体育
　　出版社。

茅鹏，1994，《运动训练新思路》，北京：人民体育出版社。

欧文·霍普金斯，2017，《建筑风格导读》，韩翔宇译，北京：北京美术摄
　　影出版社。

佩特罗夫斯基，1982，《控制论与运动》，张世杰译，北京：人民体育出

版社。

皮埃尔·德·拜，2004，《社会科学和人文科学研究的主要趋势（社会科学卷）》，上海：上海人民出版社。

普拉托诺夫，1986，《运动训练的理论与方法》，陆绍中、张人民译，武汉：武汉体育学院。

——，1991，《现代运动训练》，张人民、唐礼、高大安等译，北京：人民体育出版社。

——，2014，《奥林匹克运动员训练的理论与方法》，黄签名等译，天津：天津大学出版社。

乔治·萨顿，2008，《科学史和新人文主义》，刘兵、陈恒六等译，上海：上海交通大学出版社。

苏宝荣，2000，《词义研究与辞书释义》，北京：商务印书馆。

谭载喜，2004，《西方翻译简史》（增订版），北京：商务印书馆。

唐纳德·A. 楚（Donald A. Chu），2011，《快速伸缩复合训练》，北京：北京体育大学出版社。

特朗博、史蒂文森编，2004，《牛津英语大词典》（简编本），上海：上海外语教育出版社。

田麦久，2000，《运动训练学》，北京：人民体育出版社。

——，2003，《体育发展战略研究与学科建设》，北京：北京体育大学出版社。

——，2012a，《运动训练学》，北京：高等教育出版社。

——，2012b，《运动训练学》，北京：人民体育出版社。

——，2014，《高水平竞技选手的科学训练与成功参赛》，北京：人民体育出版社。

——，2017，《运动训练学》，北京：高等教育出版社。

——，2019a，《项群训练理论研究的深化与拓展》，北京：人民体育出版社。

——、武福全等，1988，《运动训练科学化探索》，北京：人民体育出版社。

涂铭旌，2007，《材料创造发明学》，成都：四川大学出版社。

托马斯·库恩，2003，《科学革命的结构》，北京：北京大学出版社。

万德光、万猛，2003，《现代力量训练》，北京：人民体育出版社。

王海山，1987，《科学研究中的移植法》，沈阳：辽宁人民出版社。

王琳、薛锋，2014，《运动训练理论研究》，北京：中国社会科学出版社。

王以欣，2008，《神话与竞技：古希腊体育运动与奥林匹克赛会起源》，天津：天津人民出版社。

温元凯，1988，《创造学原理》，重庆：重庆出版社。

翁庆章、钟伯光，2002，《高原训练的理论与实践》，北京：人民体育出版社。

熊彼特，2012，《经济发展理论》，邹建平译，北京：中国画报出版社。

徐本力，1987a，《体育控制论》，成都：四川教育出版社。

——，1999，《运动训练学》，济南：山东教育出版社。

——，2001，《21世纪中国竞技体育》，北京：北京体育大学出版社。

许树渊，2001，《运动训练智略（上、下）》，台北：师大书苑。

颜绍泸，2006，《竞技体育史》，北京：人民体育出版社。

余银，2016，《我国拳击项目奥运冠军竞技制胜特征模型》，武汉：湖北科学技术出版社。

——、胡亦海，2019，《运动训练学》，北京：高等教育出版社。

袁张度、许诺，2010，《创造学与创新方法》，上海：社会科学院出版社。

詹姆斯·加德纳、格里·珀迪，1983，《计算训练法》，金嘉纳、沈纯德译，北京：人民体育出版社。

张博夫，1992，《运动训练理论与方法》，台北：盈泰出版社。

张南峰、陈德鸿，2000，《西方翻译理论精选》，香港：香港城市大学出版社。

张志胜，2012，《创新思维的培养与实践》，南京：东南大学出版社。

中共中央马克思恩格斯列宁斯大林著作编译局编，2009，《马克思恩格斯文集》（第4卷），北京：人民出版社。

中文大辞典编纂委员会编，1982，《中文大辞典·第十九册》，台北：中国文化研究所。

庄裕光，2005，《风格与流派》，天津：百花文艺出版社。

Gilbert，W. 2016. *Coaching Better Every Season: A Year – Round System for Ath-*

*lete Development and Program Success.* Human Kinetics.

Gomes, A. C. 2009. *Treinamento Desportivo.* Artme.

Gordon, D. 1977. *Coaching Science （Active Learning in Sport）.* Sage Publications Ltd.

——. 1988. *Coaching Science （Active Learning in Sport）.* Sage Publications Ltd.

——. 2003. *Coaching Science （Active Learning in Sport）.* Sage Publications Ltd.

——. 2009. *Coaching Science （Active Learning in Sport）.* Sage Publications Ltd.

Gunter, S. 2011. *Trainingslehre Trainingswissenschaft.* Meyer & Meyer.

——, Hans-Dietrich, H., Jurgen, K. 2014. *Trainingswissenschaft.* Meyer & Meyer Sport.

Harre, D. 1969. *Trainingslehre: Einfuhrung in die Theorie und Methodik des Sportlichen Trainings.* Sportverlag.

Issurin, V. B. 2008a. *Block Periodization: Breakthrough in Sports Training.* Ultimate Athlete Concepts.

——. 2008b. *Principles and Basics of Advanced Athletic.* Human Kinetics.

Kraemer. W. J. , Fleck, S. J. 2007. *Optimizing Strength Training: Designing Nonlinear Periodization Workouts.* Hu Increased Training Volume in Strength/ Power Athletes Man Kinetics.

——, Hakkinen, K. 2002. *Strength Training for Sport.* Blackwell Scientific Publishers.

Macdougall, J. D. , Wenger, H. A. 1991. *Physiological Testing of the High Performance Athlete.* Human Kinetics.

Massengale, J. D. , Swanson, R. A. 1996. *The History of Exercise and Sport Science.* Human Kinetics Publishers.

Mathews, D. X. , Fox, E. L. 1971. *The Physiological Basis of Physical Education and Athletics.* Saunders.

Matveyev, L. P. 1964. *Das Problem der Peridoisisrung des Sportlichen Trainings.* Moskau.

——. 1965. *Das Problem der Peridoisisrung des Sportlichen Trainings.* Moskau.

——. 1977a. *Fundamentals of Sports Trainings.* Fizkultuai Sport.

——. 1977b. *Fundamentals of Sports Training*. Progress Publishers.

——, Zdornykh, A. P. 1981. *Fundamentals of Sports Training*. Progress Publishers.

McMorris, T., Bhale, T. 2006. *Coaching Science: Theory into Practice*. John Wiley & Sons Inc.

Ozolin, N. G. 1970. *The Modern System of Sport Training*. Moscow: FiS Publisher.

Pinkala L. 1930. *Athletics Munick*. New York: Praeger.

Radcliffe, J., Farentinos, B. C., Robert, F. 1999. *High-Powered Plyometrics*. Human Kinetics.

Sarton, George. 1975. *Introduction to the History of Science*, Krieger Publications Co.

Schnabel, G., Harre D., Borde A. 1997. *Trainingswissenschaft*: *Leistung*, *Training*, *Wettkampf*. Berlin: SVB Sportverlag.

Stein, T., Hossner, E. J. 2017. *Handbuch Trainingswissenschaft*. Trainingslehre.

Stone, M. H., Fry, A . C. 1998. *Increased Training Volume in Strength/Power Athletes*. Human Kinetic.

Tabachnik, B., Bruner, R. 1990. *Soviet Training and Recovery Methods*. Sport Focus Publishin.

Thomas, S., Kuhn, A. 2016. *The Structure of Scientific Revolutions*. Audible Studios on Brilliance.

Thomas, V. 1971. *Science and Sport: How to Measure and Improve Athletic Performance*. Little Brown.

Yessis, M. 2008. *Build a Better Athlete*. Wish Publishing.

Zatsiorsky, V. M. 1995. *Science and Practice of Strength Training*. Human Kinetics.

Zuntz, V. N. 1911. *Handbuch der biochemie des menschen undder tiere*. FRG: Fischer.

## 二 学位论文类

陈笑然，2005，《运动训练方法的项间移植》，博士学位论文，北京：北京体育大学。

成争光，2019，《基于数据挖掘技术的地域中医流派状况研究》，硕士学位论文，太原：山西中医药大学。

邓飞，2016，《项群训练理论研究的知识图谱分析》，硕士学位论文，太原：山西大学。

胡海旭，2016a，《运动训练理论与方法演进史论》，博士学位论文，北京：北京体育大学。

胡天烨，2017，《浙江近代灸法学术流派整理与研究》，硕士学位论文，杭州：浙江中医药大学。

黄欣茹，2017，《基于知识图谱的国内外啦啦操研究可视化分析》，硕士学位论文，北京：北京体育大学。

贾文杰，2019，《中国特色运动训练理论流派研究》，硕士学位论文，苏州：苏州大学。

居祥伟，2011，《近10年北美运动训练学研究分析》，硕士学位论文，上海：上海体育学院。

李端英，2008，《中国运动训练学的范式及其演进》，硕士学位论文，北京：北京体育大学。

李静，2012，《当代齐鲁小儿推拿学术流派研究》，博士学位论文，济南：山东中医药大学。

李嘉琪，2018，《古典芭蕾的创作方法与流派关系研究》，硕士学位论文，北京：北京舞蹈学院。

黎立，2009，《当代中医骨伤科流派研究》，博士学位论文，济南：山东中医药大学。

刘钦龙，2007，《运动训练创新理论研究》，博士学位论文，北京：北京体育大学。

李雪宁，2019，《中国运动训练理论的动态演进及发展方向》，硕士学位论文，长春：东北师范大学。

刘振雷，2020，《基于数据挖掘探析津沽疮疡学术流派治疗阴疽类疾病中药规律研究》，硕士学位论文，天津：天津中医药大学。

孙慧明，2012，《当代中医学术流派传承研究》，博士学位论文，济南：山东中医药大学。

田昕，2020，《我国运动训练学研究热点的动态变化及趋势研究》，硕士学位论文，郑州：郑州大学。

魏昌廷，2012，《大学课程理论流派演变研究》，硕士学位论文，兰州：兰州大学。

王国鹏，2006，《从主要翻译流派看当代西方翻译理论的发展现状》，硕士学位论文，大连：辽宁师范大学。

王金鹏，2011，《川蜀中医妇科流派研究》，硕士学位论文，成都：成都中医药大学。

魏丽莉，2013，《改革开放以来我国农民组织化理论流派及其比较研究》，博士学位论文，北京：中共中央党校。

王琪，2011，《西方现代体育科学发展史论》，博士学位论文，福州：福建师范大学。

吴通，2019，《国内游泳训练研究热点的历史演变》，硕士学位论文，长春：吉林体育学院。

吴贻刚，1999b，《论科学理论向运动训练方法转化》，博士学位论文，上海：上海体育学院。

余媛媛，2007，《从世界六大学派芭蕾的共性与个性看中国芭蕾》，硕士学位论文，西安：陕西师范大学。

张军卫，2014，《公司治理理论流派和治理结构研究》，硕士学位论文，杭州：浙江大学。

张凌云，2018，《当代针灸流派的形成过程及影响因素研究》，硕士学位论文，南京：南京中医药大学。

赵羚妤，2016，《四川中医养生流派研究》，博士学位论文，成都：成都中医药大学。

张明明，2014，《对我国近十年太极拳文献信息的研究分析》，硕士学位论文，北京：北京体育大学。

郑身宏，2010，《伤寒学术流派及其在当代中医伤寒学科的传承研究》，博士学位论文，广州：广州中医药大学。

周陶泽慧，2019，《国内外竞技体育领域中体能训练研究现状比较——基于知识图谱的可视化分析》，硕士学位论文，延吉：延边大学。

郑欣，2012，《美国当代主要针灸流派的诊疗特点及现状的研究》，博士学位论文，北京：北京中医药大学。

郑晓鸿，2003，《高水平运动员年度周期的项群特征》，博士学位论文，北京：北京体育大学。

赵颖，2009，《中医皮肤科学术流派研究》，博士学位论文，济南：山东中医药大学。

张宗银，2016，《运动训练学研究热点可视化分析》，硕士学位论文，长春：吉林体育学院。

Kang，J. 2003. "The Knowledge Advantage: Tracing and Testing the Impact of Knowledge Characteristics and Relationship Ties on Project Performance." PhD diss. , Los Angeles : University of California.

Needham D. 1971. "Machina Arnis: The Biochemistry of Muscular Contraction in Its Historical Development." PhD diss. , Cambridge: Cambridge University Press.

Nicholas，D. R. 2008. "Fast Science: A History of Training Theory and Methods for Elite Runners through 1975." PhD diss. , Austin: The University of Texas.

## 三　期刊论文类

A. H. 沃罗比耶夫，1981，《现代训练的某些构想》，《江苏体育科技》第 2 期，第 9 ~ 21 页。

本刊特约记者，2018，《中国国际关系理论的发展与创新——刘丰教授访谈》，《国际政治研究》第 1 期，第 134 ~ 160 页。

毕红岩、谢雁鸣、王志飞、王永炎，2016，《基于文献计量学和社会网络分析的乙肝当代中医流派研究》，《中国中医基础医学杂志》第 3 期，第 370 ~ 373 页。

卜淑敏、韩天雨，2014，《全身振动训练在运动训练和康复领域中的应用及研究进展》，《北京体育大学学报》第 8 期，第 65~70 页。

曹景伟、袁守龙、席翼，2004，《运动训练学理论研究中的中国流》，《体育科学》第 2 期，第 29~32 页。

陈昌盛、柳鸣毅、张毅恒，2016，《基于知识图谱可视化方法的我国学校体育理论演进态势》，《武汉体育学院学报》第 5 期，第 68~74＋80 页。

陈广仁，2003，《科学创新的涵义》，《西北师范大学学报》（社会科学版）第 3 期，第 8~11 页。

陈吉生，2008，《试论中国民族学的八桂学派》，《广西社会科学》第 7 期，第 17~20 页。

陈建东，2007，《知识管理理论流派初探》，《中国科技论坛》第 2 期，第 94~97，100 页。

陈娟、王娟，2018，《同源异构与互渗趋同：三大体操流派的历史流变》，《体育文化导刊》第 2 期，第 153~158 页。

陈亮，2011，《现代运动训练原则的演变》，《体育文化导刊》第 6 期，第 60~73 页。

——，2017，《组合性项群优秀运动员的运动成绩特征及启示》，《西安体育学院学报》第 1 期，第 121~128 页。

——，2020，《高水平运动员非伤病训练中断的应对策略》，《山东体育学院学报》第 4 期，第 95~105 页。

——、吴瑛，2015，《运动员最佳竞技状态的培养与保持》，《中国体育教练员》第 2 期，第 9~12 页。

陈林，2013，《一部具有开拓性意义的节奏学著作——读张巍〈音乐节奏结构的形态与功能〉》，《人民音乐》第 3 期，第 90~91 页。

陈融，1993，《当今我国学校体育学术思想流派的比较——"体质教育论"与"整体效益论"》，《中国学校体育》第 6 期，第 11~13 页。

陈小平，2001a，《德国训练学热点问题研究评述》，《体育科学》第 3 期，第 43~46 页。

——，2001b，《训练学的起源与发展》，《中国体育科技》第 1 期，第 11~13 页。

——，2017，《运动训练生物学基础模型的演变——从超量恢复学说到运动适应理论》，《体育科学》第 1 期，第 3～13 页。

——、褚云芳，2013，《田径运动训练经典理论与方法的演变与发展》，《体育科学》第 4 期，第 91～97 页。

——、梁世雷、李亮，2012，《当代运动训练理论热点问题及对我国训练实践的启示——2011 杭州国际运动训练理论与实践创新论坛评述》，《体育科学》第 2 期，第 3～13 页。

——、资薇、于洪军，2007，《"乳酸阈模式"还是"两极化模式"?——当前关于耐力训练强度的主要分歧》，《体育科学》第 6 期，第 97 页。

程林林、李秦宇、陈鸥，2019，《我国体育经济"学术流派"的由来与现状解构：兼论中国体育产业的高质量发展》，《成都体育学院学报》第 4 期，第 1～7 页。

仇乃民，2015，《运动员竞技能力非线性系统理论构建研究》，《天津体育学院学报》第 1 期，第 58～65 页。

丛林，2005，《路漫漫其修远兮——中国编辑学研究述评》，《中国编辑》第 3 期，第 8～10 页。

崔大林、陈建萍，2004，《皮划艇项目训练科学化探索》，《北京体育大学学报》，第 1 期，第 53～53 页。

戴爱莲，2016，《芭蕾的学派及其他》，《粤海风》第 2 期，第 58～59 页。

邓运龙，2004，《训练观念——运动训练理论指导实践的中介》，《北京体育大学学报》第 10 期，第 1409～1412 页。

——，2007，《我国运动训练理论发展进入了整体质变的转折时期》，《中国体育科技》第 6 期，第 40～50 页。

董德龙、王卫星、梁建平，2010，《振动、核心及功能性力量训练的认识》，《北京体育大学学报》第 5 期，第 105～109 页。

董泽芳，2008，《博士学位论文创新的十个切入点》，《学位与研究生教育》第 7 期，第 12～17 页。

杜国如，2005，《论我国不同流派现代体育教育思想的发展脉络》，《华东交通大学学报》第 3 期，第 155～158 页。

段乐川，2012，《编辑理论流派的历史考察与当代启示》，《现代出版》第

3 期，第 13～17 页。

范欢，2014，《浅议世界艺术史上最早的三大艺术流派》，《科技资讯》第 33 期，第 227 页。

高平，2014，《竞技运动双核结构的释义与应用》，《运动》第 9 期，第 27～28 页。

高强，2011，《西方体育社会学新马克思主义流派述评》，《体育学刊》第 1 期，第 36～41 页。

邰峦、王振国、张丰聪，2020，《地域性中医学术流派评价要素的构建》，《中医杂志》第 8 期，第 686～689 页。

龚丽敏、魏江、董忆、江诗松、周江华、向永胜，2013，《商业模式研究现状和流派识别：基于 1997－2010 年 SSCI 引用情况的分析》，《管理评论》第 6 期，第 131～140 页。

过家兴，1998，《对全年训练周期划分理论与实践的探讨》，《体育科学》第 1 期，第 36～42 页。

胡昌领、李少丹，2020，《近 40 年训练理论中国化研究：问题与反思》，《武汉体育学院学报》第 9 期，第 95～100 页。

胡海旭，2016b，《竞技能力增长理论模型及其演进》，《体育科学》第 2 期，第 14～24 页。

——、金成平，2020，《运动训练分期理论研究进展及其实践启示》，《北京体育大学学报》第 1 期，第 114～125 页。

——、刘文武、柳鸣毅，2016，《现代夏季奥运会早期运动训练理论与方法形成及特征》，《北京体育大学学报》第 10 期，第 121～127 页。

胡亦海，1999，《试论〈运动训练学〉学科研究的现状与发展趋势》，《武汉体育学院学报》第 3 期，第 87～92 页。

胡易容，2020，《传播研究的符号学范式、流派及观念》，《内蒙古社会科学》第 6 期，第 181～188 页。

胡永红，2016，《复杂性科学视角下我国运动训练理论的发展困境与创新》，《中国学校体育：高等教育》第 4 期，第 58～62 页。

黄福才、张进福，2002，《旅游社会学研究的理论流派》，《厦门大学学报》（哲学社会科学版）第 6 期，第 62～70 页。

黄汉升，1993，《美国运动训练理论的研究概况》，《成都体育学院学报》
　　第 3 期，第 29～33 页。

黄明东、陈梦迁、刘博文，2015，《论学派要素培养与大学学术进步》，
　　《教育研究》第 6 期，第 38～45 页。

黄双柳、陈华仔，2016，《美国成人教育理论流派的比较与分析》，《成人
　　教育》第 11 期，第 90～94 页。

纪锦和，1994，《从世界中长跑的发展看，"马家军"训练方法的突破》，
　　《中国体育科技》第 7 期，第 1－6＋48 页。

姜燕，2013，《当代西方翻译流派与理论范式研究》，《兰州学刊》第 10
　　期，第 218～220 页。

蒋海鹰，1992，《电刺激训练法——现代力量训练法之一》，《体育科研》
　　第 1 期，第 114－121 页。

蒋德龙，2012，《安德鲁斯三角形之争与体育学派的形成——PE 派与
　　SPORT 派》，《北京体育大学学报》第 12 期，第 22～28 页。

金成平、胡海旭、杨成波、谢云、张冬琴、石磊、高平，2021，《中国运
　　动训练理论的演进与展望》，《上海体育学院学报》第 5 期，第 29～
　　37 页。

——、李少丹，2016，《我国运动训练理论的演进及其问题分析》，《南京
　　体育学院学报》（社会科学版）第 4 期，第 117～123 页。

——、李少丹、夏青，2016，《论运动训练理论科学问题的认知》，《体育
　　学刊》第 6 期，第 116～121 页。

卡斯塔那雷、朱平，2006，《当代三个艺术流派》，《新美术》第 5 期，第
　　53～55 页。

匡志兵，2015，《体育运动训练理论中量与质的关系的研究》，《广州体育
　　学院学报》第 4 期，第 57～59 页。

来保勇、贾丽燕、梁士兵、梁宁、刘建平，2020，《2004－2018 年推拿治
　　疗小儿腹泻临床研究的文献计量学分析》，《北京中医药》第 7 期，第
　　753～757 页。

黎涌明，2015，《高强度间歇训练对不同训练人群的应用效果》，《体育科
　　学》第 8 期，第 61～77 页。

——、韩甲、张青山等，2020，《我国运动训练学亟待科学化——青年体育学者共识》，《上海体育学院学报》第 2 期，第 39～52 页。

——、于洪军、资薇、曹春梅、陈小平，2008，《论核心力量及其在竞技体育中的训练——起源·问题·发展》，《体育科学》第 4 期，第 19～29 页。

李赞，2009，《竞技状态的属性与发展》，《体育学刊》第 3 期，第 127～130 页。

李宝泉、李少丹，2014，《中国运动训练理论发展的困惑与选择》，《北京体育大学学报》第 1 期，第 139～144 页。

李敦瑞，2009，《地缘经济学的理论流派与发展趋向》，《中南财经政法大学学报》第 1 期，第 26～29 页。

李贵庆、胡雪晴、杨继美，2015，《国内外高校健美操研究的知识图谱分析》，《武汉体育学院学报》第 2 期，第 84～89 页。

李金海，1995，《田径专项技术的嬗变契机——简论田径科学训练历史阶段的划分》，《体育与科学》第 2 期，第 8～13 页。

李立范，1993，《编辑学研究的流派现象》，《湖北农学院学报》第 4 期，第 316～320 页。

李立峰、王洪彪，2017，《中国公共体育服务研究 10 年（2007－2016）热点、趋势与展望——基于 CiteSpaceⅢ的可视化分析》，《沈阳体育学院学报》第 3 期，第 39～47 页。

李连华、汪祥耀，2003，《西方会计理论流派的演进与最新发展》，《经济经纬》第 6 期，第 79～81 页。

李群、季浏、虞轶群，2016，《西方女性主义体育理论发凡、流派与未来展望》，《沈阳体育学院学报》第 2 期，第 31～35 页。

李润洲，2018，《学科核心素养的培育：知识结构的视域》，《教育发展研究》第 2 期，第 43～49 页。

李山、龚建芳，2013，《力量训练分期研究进展》，《中国体育科技》第 5 期，第 81～86 页。

李少丹，2007，《对专项训练方法的哲学思考》，《北京体育大学学报》第 6 期，第 834～836 页。

李欣，2001，《"翻译研究"各流派的阐释与梳理——介绍 Theo Hermens〈翻译研究的"欧亚"流派视角〉》，《外语教学与研究》第 2 期，第 74～77 页。

李友龙，2017，《浅析俄罗斯国际关系理论的主要流派》，《山东青年》第 1 期，第 114 页。

李钊、李庆，2016，《论力量训练安排的模式及其实践应用》，《体育科学》第 12 期，第 30～39 页。

李钊、李庆、曹春梅，2017，《传统周期与板块周期的历史发展与 Meta 分析》，《武汉体育学院学报》第 5 期，第 80～87 页。

林守任、刘江南，1987，《中长跑训练方法综述》，《广州体育学院学报》第 1 期，第 100～109 页。

刘爱杰，2016，《竞技体育的时代价值与功能：2015 年运动训练科学高峰论坛致辞》，《首都体育学院学报》第 1 期，第 54～55 页。

——、李少丹，2007，《我国运动训练方法创新的思考》，《中国体育教练员》第 3 期，第 4～7 页。

刘程岩，2013，《俄罗斯系统理论研究》，《系统科学学报》第 3 期，第 28～34 页。

刘大庆、张莉清、王三保、茅洁，2013，《运动训练学的研究热点与展望》，《北京体育大学学报》第 3 期，第 1～8 页。

刘建和，1993，《论运动技术创新》，《成都体育学院学报》第 2 期，第 36～41 页。

——、李林，2005，《简论运动技术持续创新过程及其多维支持系统》，《成都体育学院学报》第 4 期，第 45～48 页。

刘林青，2005a，《范式可视化与共被引分析：以战略管理研究领域为例》，《情报学报》第 1 期，第 20～25 页。

——，2005b，《绘制战略管理研究的知识地图：作者共被引分析》，《管理评论》第 3 期，第 55～62 页。

刘宁、钱娅艳、李少丹，2018，《破解交叉性科学问题是中国训练理论研究中的重中之重》，《北京体育大学学报》第 12 期，第 117～121 页。

卢凌宇，2010，《美国政治学学派繁荣之共性研究——以芝加哥、罗切斯特和耶鲁学派为例》，《中国社会科学报》8 月 12 日，第 15 版。

——、胡怡，2018，《二战后国际关系理论的主要流派》，《中国社会科学报》8 月 3 日，第 4 版。

吕万刚，2004，《试论竞技体操技术创新支持系统的构成及作用》，《广州体育学院学报》第 3 期，第 86～88 页。

罗时铭，2015，《当代中国学校体育的流派与争论》，《体育学刊》第 6 期，第 29～36 页。

罗卫东，2007，《跨学科社会科学研究：理论创新的新路径》，《浙江社会科学》第 2 期，第 37～43 页。

骆郁廷，2014，《论哲学社会科学的学术话语创新》，《江汉论坛》第 8 期，第 5～11 页。

马海峰、胡亦海，2021，《我国运动训练理论"体能"概念泛化与"竞技体能"误区》，《中国体育教练员》第 1 期，第 3～9 页。

蒙爱军、吴媛姣，2008，《参照系与科学理论的建构和创新》，《科学技术哲学研究》第 1 期，第 34～37＋80＋111～112 页。

欧阳景根，2006，《核心概念与概念体系的构建理论》，《华中师范大学学报》（人文社会科学版）第 3 期，第 31～37 页。

潘文国，2002，《当代西方的翻译学研究——兼谈"翻译学"的学科性问题》，《中国翻译》第 1 期，第 34～37 页。

彭国强、杨国庆，2021，《"十四五"时期中国竞技体育的发展战略与创新路径》，《首都体育学院学报》第 3 期，第 257～267 页。

普拉托诺夫，2010，《全年运动训练分期理论：历时、现状、争论与发展前景》，《上海体育学院学报》第 3 期，第 46～77 页。

屈强、何新华，2017，《系统涌现的要素和动力学机制》，《系统科学学报》第 3 期，第 25～29 页。

施爱东，2020，《中国民俗学的学派、流派与门派》，《清华大学学报》（哲学社会科学版）第 6 期，第 1～21 页。

石岩、赵阳，2011，《竞技参赛理论体系的构建——兼论竞技体育学中国学派》，《山西大学学报》（哲学社会科学版）第 4 期，第 98～105 页。

时美英，2018，《流派·特征：当代欧美德育理论研究》，《江苏高教》第

4 期，第 76 ~ 79 页。

宋娜梅，2013，《中国近现代运动训练学理论体系的演化过程》，《沈阳体育学院学报》第 4 期，第 114 ~ 117 页。

孙景召，2010，《关于我国运动训练学理论变迁的哲学思考——从认识论视域透视训练理论的发展及其趋势》，《南京体育学院学报》（社会科学版）第 4 期，第 112 ~ 115 页。

孙永超，2014，《近代中国政治经济体制对科学技术的影响——"李约瑟难题"的启示》，《才智》第 36 期，第 308 页。

唐晓辉、李端英，2008，《中国运动训练学系统化发展阶段理论范式的研究》，《体育学刊》第 2 期，第 66 ~ 71 页。

田麦久，1982，《一般训练学理论的形成和发展》，《北京体育学院学报》第 2 期，第 80 ~ 83 页。

——，1999，《运动训练学发展历程的回顾及 21 世纪展望》，《体育科学》第 2 期，第 33 ~ 36 页。

——，2003，《我国运动训练学理论体系的新发展》，《北京体育大学学报》第 2 期，第 145 ~ 148 页。

——，2005，《国际竞技体育格局"雅典重组"与中国竞技体育的科学发展》，《成都体育学院学报》第 2 期，第 1 ~ 6 页。

——，2012c，《竞技参赛学理论的系统构建：写于〈竞技参赛学〉出版之际》，《体育文化导刊》第 2 期，第 34 ~ 41 页。

——，2019b，《辩证协同运动训练原则的缘起与确立》，《中国体育教练员》第 2 期，第 3 ~ 8 页。

——，2019c，《先进训练理念的认知与导行——兼论东京奥运会备战与参赛的首选策略》，《上海体育学院学报》第 2 期，第 1 ~ 5 页。

——、田烈、高玉花，2020，《运动训练理论核心概念的界定及认知的深化》，《天津体育学院学报》第 5 期，第 497 ~ 506 页。

田湘波、李金龙，2006，《试论公共管理学派的特征》，《学术论坛》第 7 期，第 110 ~ 116 页。

佟岗，2017，《我国运动训练理论的演进与前沿》，《武汉体育学院学报》第 8 期，第 78 ~ 84 页。

王炳立，2016，《新时期情报学理论创新的思考》，《情报科学》第 11 期，第 17 页。

王超、王永盛，2017，《哈佛大学竞技体育价值观研究》，《北京体育大学学报》第 1 期，第 35 ~ 40 页。

王雷、陈亮、方千华，2017，《运动训练学的学科起源新探：一种知识谱系视角的考察》，《北京体育大学学报》第 5 期，第 100 ~ 107 页。

王琪、黄汉升，2013，《中、美、英三份体育科学权威综合期刊的知识图谱分析》，《成都体育学院学报》第 4 期，第 25 ~ 32 页。

——、胡志刚，2011，《国际奥林匹克运动研究前沿的知识图谱分析》，《西安体育学院报》第 4 期，第 433 ~ 436 页。

王霞，2020，《杜威经验自然主义的历史唯物主义分析与批判》，《山东社会科学》第 10 期，第 188 ~ 192 页。

王赟，2021，《自然科学与社会科学：历史方法的必要性》，《广东社会科学》第 1 期，第 195 ~ 205 页。

魏佳、李博、冯连世，2019，《血流限制训练的方法学因素及潜在安全性问题》，《中国体育科技》第 3 期，第 5 ~ 14 页。

魏伟，2014，《西方体育文化研究的流派辨析》，《成都体育学院学报》第 1 期，第 12 ~ 14 页。

沃罗比耶夫，1981，《现代训练的某些构想》，《江苏体育科技》第 2 期，第 9 ~ 21 页。

吴长稳、张健、于奎龙，2012，《中国运动训练学理论研究热点与前景展望》，《山东体育学院学报》第 2 期，第 68 ~ 75 页。

吴昊、冯美云，1999，《赛艇运动员临界功率测试的建立及心率、血乳酸的变化特点初探》，《北京体育大学学报》第 3 期，第 35 ~ 39 页。

吴焕群、王汝英、陈明达，1982，《周期与训练》，《体育科学》第 1 期，第 39 ~ 43 页。

——、李博、杨威、王欣欣、冯连世、黎涌明，2019，《血流限制训练的应用效果与作用机制》，《体育科学》第 4 期，第 73 ~ 82 页。

吴贻刚，1999a，《论运动训练方法创新的动因》，《上海体育学院学报》第 3 期，第 7 ~ 11 页。

——，2001，《科学理论向训练方法转化的过程与方法研究》，《中国体育科技》第 9 期，第 9～11 页。

——，2008，《近 30 年我国运动训练理论研究述论》，《上海体育学院学报》第 4 期，第 14～17 页。

吴志鹏、方伟珠、陈时兴，2003，《经济全球化理论流派回顾与评价》，《世界经济研究》第 2 期，第 162～164 页。

夏培玲、王璟，2011，《基于知识图谱的国外高原训练研究前沿与热点分析》，《体育科学》第 4 期，第 75～80 页。

肖涛、甄洁、林克明、张振东，2006，《运动训练学的历史发展及学科建设思考》，《体育文化导刊》第 11 期，第 67～70 页。

谢正阳、徐建华、汤际澜，2019，《欧美运动训练理论研究态势》，《体育学研究》第 3 期，第 61～74 页。

徐本力，1987b，《试论运动训练分期理论的形成与发展——兼谈现代分期训练理论的特点及其发展趋势》，《体育文史》第 12 期，第 15～16 页。

——，1990，《对我国运动训练学发展的回顾与展望》，《成都体育学院学报》第 3 期，第 39～45 页。

——，2004，《专项理论到运动训练科学——兼论运动训练科学理论的形成与发展趋向》，《北京体育大学学报》第 6 期，第 721～726 页。

徐健、刘政、桂思思、何琳，2021，《领域学术观点库构建关键问题研究》，《情报理论与实践》第 7 期，第 10～18 页。

徐茜，2008，《国外"体育参与"与"社会分层"关系的五大理论流派述评》，《体育学刊》第 9 期，第 31～35 页。

徐孝婷、朱庆华、何晨晨，2019，《基于作者履历信息挖掘的国内外数字人文研究对比》，《图书馆论坛》第 5 期，第 1～9 页。

许宁，2008，《20 世纪西方部分艺术流派简介之三 达达主义》，《江苏教育》，第 6 期，第 3 页。

许琦、李昌军，2003，《俄罗斯训练学理论研究的现状与热点问题》，《西安体育学院学报》第 1 期，第 81～84 页。

杨国庆，2020，《整合分期：当代运动训练模式变革的新思维》，《体育科学》第 4 期，第 3 ~ 14 页。

杨继国，2021，《"李约瑟难题"官僚政治解的"悖论"及其方法论启示》，《当代经济研究》第 3 期，第 54 ~ 60 页。

杨群茹、刘建和，2018，《运动训练方法历史演进的几个问题综述》，《成都体育学院学报》第 3 期，第 108 ~ 113 页。

姚颂平，2006，《继承与弘扬马特维也夫教授的运动训练学术思想》，《体育科学》第 11 期，第 3 ~ 6 页。

——，2012，《运动训练分期理论的本质、现状和发展前景》，《体育科学》第 5 期，第 3 ~ 11 页。

——、吴瑛、马海峰，2020，《"运动员培养一般理论"学科的发展与奥运备战》，《上海体育学院学报》第 1 期，第 1 ~ 11 页。

于红妍、刘敏，2014，《国际体能训练研究现状、热点及前沿的可视化分析》，《成都体育学院学报》第 10 期，第 79 ~ 84 页。

俞正樑，2005，《建构中国国际关系理论　创建中国学派》，《上海交通大学学报》（哲学社会科学版）第 4 期，第 5 ~ 8 页。

虞荣娟、绽小霞，2007，《竞技运动训练理论与方法的创新研究》，《吉林体育学院学报》第 3 期，第 39 ~ 41 页。

云鑫、刘敏涛，2013，《中华舞狮运动的发展与流派甄别》，《人民论坛》第 2 期，第 204 ~ 205 页。

曾令华、尹馨宇，2019，《"范式"的意义——库恩〈科学革命的结构〉文本研究》，《武汉理工大学学报》（社会科学版）第 6 期，第 15 ~ 23 页。

张英波，2000，《体能主导类快速力量性项群运动员竞技能力状态转移的时空协同理论》，《体育科学》第 4 期，第 24 ~ 28 页。

张承毅、王毅，2016，《国外篮球训练研究进展分析——基于科学知识图谱的可视化分析》，《北京体育大学学报》第 8 期，第 125 ~ 132 页。

张春合、刘兴，2014，《基于知识图谱的国外高校竞技体育研究前沿与发展动态》，《上海体育学院学报》第 1 期，第 70 ~ 74 页。

张丹、王健，2017，《基于科学知识图谱的我国农村体育研究现状、特征与趋势》，《武汉体育学院学报》第 2 期，第 17 ~ 23 页。

张海潮、潘浩，2001，《电刺激对肌肉力量作用的研究分析》，《北京体育大学学报》第 2 期，第 189～190 页。

张建华，2008，《论运动训练理论创新》，《体育学刊》第 3 期，第 92～96 页。

——，2009，《对当前运动训练理论研究的反思》，《体育学刊》第 10 期，第 92～96 页。

张莉清、刘大庆，2016，《近 5 年我国运动训练学若干热点问题的研究》，《中国体育科技》第 5 期，第 71～77 页。

张苏，2008，《国际分工理论流派及其综合》，《中央财经大学学报》第 8 期，第 85～90 页。

张婷，2007，《宋朝学派的形成及启示》，《郑州大学学报》（哲学社会科学版）第 3 期，第 101～103 页。

张晓晖，2021，《训练新方法——水中超等长训练及在运动训练中的应用》，《中国体育科技》第 6 期，第 19～23 页。

张毓笠、王伯雄，1993，《电刺激在体育训练中的作用》，《体育科学》第 3 期，第 71 页。

赵丙军、司虎克，2012，《国外力量训练研究的时空分布特点与热点》，《上海体育学院学报》第 5 期，第 55～60 页。

赵鲁南，2013，《我国运动训练理论研究的历程及现代特征》，《体育文化导刊》第 9 期，第 67～70 页。

郑丽、孟国正，2017，《力量训练中面对的三个问题：方法、内容与周期》，《武汉体育学院学报》第 1 期，第 88～91 页。

仲秋雁、曲刚，2011，《知识管理学科知识流派划分及发展趋势研究》，《情报科学》第 1 期，第 11～18 页。

周庆生，2005，《国外语言规划理论流派和思想》，《世界民族》第 4 期，第 53～63 页。

周彤、章碧玉，2017，《复合式训练研究进展》，《体育科学》第 10 期，第 72～79 页。

周莹、刘洪图，2005，《用科学发展观指导运动训练理论研究》，《武汉体育学院学报》第 1 期，第 116～117 页。

诸葛伟民，2009，《试论运动训练科学范式》，《体育科学》第 7 期，第 71～

77 页。

资薇、熊焰、于洪军、黎涌明、陈小平，2019，《训练分期理论面临的挑战
与未来发展》，《体育学研究》第 1 期，第 69～80 页。

左美云，2000，《国内外企业知识管理研究综述》，《科学决策》第 3 期，
第 31～37 页。

Alves, F. J. 2010. "Modelos de periodizacáo." *Educación Fisica y Deportes* 15:
44 – 56.

Baker, J. 2004. "A Review of Primary and Secondary Influences on Sport Expert-
ise." *High Ability Studies* 15: 211 – 228.

Balague, G. 2000. "Periodization of Pyschological Skills Training." *Journal of
Science and Medicine in Sport* 3: 230 – 237.

Balsevich, V. 2007. "Nature-Consistent Strategy of Sports Training." *Research
Yearbook* 13: 11 – 16.

Balyi, I. 1992. "Beyond Barcelona: A Contemporary Critique of the Theory of
Periodisation." *Australian Coaching Council* 10: 9 – 10.

Benkibler, K., Press, J. 2006. "The Role of Core Stability in Athletic Func-
tion." *Sports Medcine* 36 (3): 189 – 198

Bergstrom, J. 1962. "Muscle Electrolytes in Man." *Scandinavian Journal of
Clinical & Laboratory Investigation* 14: 101 – 110.

Billat, L. V. 2001. "Interval Training for Performance: A Scientific and Empir-
ical Practice: Special Recommendations for Middle-and Long-Distance Run-
ning. Part ii: Anaerobic Interval Training." *Sports Medicine* 31: 13 – 31.

Billat, V. L., Demarle, A., Slawinski, J., Paiva, M., Koralsztein, J.
2001. "Physical and Training Characteristics of Top-Class Marathon Run-
ners." *Medicine & Science in Sports & Exercise* 33: 2089 – 2097.

Blydenburgh, G. T. 1952. "The Physical Fitness of Champion Athletes." *Amer-
ican Journal of Public Health and the Nation's Health* 42: 78 – 89.

Bouchard, C., Lesage, R., Lortie, G., Simoneau, J., Hamel, P., Bou-
lay, M. R., Perusse, L., Theriault, G. and Leblanc, C. 1986. "Aero-
bic Performance in Brothers, Dizygotic and Monozygotic Twins." *Medicine*

& Science in Sports & Exercise 18: 639 – 646.

Buchheit, M. 2017. "We Still Have a Problem." *International Journal of Sports Physiology and Performance* 12: 1111 – 1114.

Buhrle, M. 1989. "Maximal Kraft Schmellkraft Reeaktiukraft." *Sportsswissenschaft* 3: 311 – 325.

Burkett, L. N. 1970. "Causative Factors in Hamstring Strains." *Medicine & Science in Sports* 2: 39.

Byrd, R. , Centry, R. , Boatwright, D. 1988. "Effect of Inter-Repetition Rest Intervals in Circuit Weight Training on PWC170 during Arm-Cranking Exercise." *Journal of Sports Medicine and Physical Fitness* 28: 336 – 340.

Capretta, J. 1932. "The Condition Called Muscle-Bound." *Journal of Health Physical Education* 3: 43 – 54.

Carlile, F. 1961a. "Scientific Trends in Training the Sportsman." Track Technique 11: 84 – 88.

——. 1961b. "The Athlete and Adaptation to Stress." *Track Technique* 11: 185 – 186.

——. 1962. "The Athlete and Adaptation to Stress." *Track Technique* 12: 218 – 219.

Carter, J. , Greenwood, M. 2014. "Complex Training Reexamined: Review and Recommendations to Improve Strength and Power." *Strength & Conditioning Journal* 36: 11 – 19.

Charniga, A. 1986. "Roundtable: Periodization." *National Strength & Conditioning Association Journal* 8: 12 – 22.

Chui, E. 1950. "The Effect of Systematic Weight Training on Athletic Power." *Research Quarterly* 21: 188 – 194.

——. 1964. "Effects of Isometric and Dynamic Weight-Training Exercises Upon Strength and Speed of Movement." *Research Quarterly* 35: 246 – 257.

Clemente, S. V. , Ramos, C. D. 2019. "Effectiveness of Reverse vs. Traditional Linear Training Periodization in Triathlon." *International Journal of Environmental Research and Public Health* 16: 2807 – 2815.

Costill D. L . 1970. "Metabolic Responses During Distance Running. " *J Appl Physiol* 28: 251 –255.

David, W. H. , Robert, P. S. , Cindy, J. L. 1995. "Application of the Critical Power Concept to Young Swimmers. " *Pediatric Exercise Science* 7: 281 – 293.

Denny-Brown, D. E. , Liddell, E. G. 1927. "Observations on the Motor Twitch and on Reflex Inhibition of the Tendon-Jerk of m. Supraspinatus. " *The Journal of Physiology* 63: 70 – 80.

Denton, J. , Cronin, J. B. 2006. "Kinematic, Kinetic, and Blood Lactate Profiles of Continuous and Intraset Rest Loading Schemes. " *Journal of Strength & Conditioning Research* 20: 528.

Devries, H. A. 1968. "Efficiency of Electrical Activity as a Physiological Measure of the Functional State of Muscle Tissue. " *American Journal of Physical Medicine* 47: 10 – 22.

Dick, F. 1975. "Periodization: An Approach to the Training Year. " *Track Technique* 25: 1968 – 1969.

Dietz, J. S. , Chompalov, I. , Bozeman, B. 2000. "Using the Curriculumvita to Study the Career Paths of Scientists and Engineers: An Exploratory Assessment. " *Scientometrics* 49: 419 – 442.

Diprampero, P. E. 1985. "Metabolic and Circulatory Limitations to VO2 Max at the Whole Animal Level. " *The Journal of Experimental Biology* 115: 319 – 331.

Dosremedios, K. A. , Dosremedios, R. L. , Loy, S. F. , Holland, G. J. , Vincent, W. J. , Conley, L. M. and Heng, M. 1995. "Physiological and Field Test Performance Changes of Community College Football Players Over a Season. " *Journal of Strength and Conditioning Research* 9: 211 – 215.

Ebben, W. P. , Watts, P. B. 1998. "A Review of Combined Weight Training and Plyometric Training Modes: Complex Training. " *Strength & Conditioning Journal* 20: 18 – 27.

Fahey, T. D. , Rolph, R. , Moungmee, P. , Nagel, J. and Mortara, S. 1976.

"Serum Testosterone, Body Composition, and Strength of Young Adults. " *Journal of Science and Medicine in Sport* 8: 31 – 34.

Fröhlich, M. , Müller T. , Schmidtbleicher D. , Emrich E. 2009. "Outcome-effekte verschiedener Periodisierungsmodelle im Krafttraining. " *Deutsche Zeitschrift fur Sportmedizin* 10: 307 – 314.

Garth, D. 1953. "These Findings Had Obvious Implications for any Sport in Which the Expression of Power Is Critical for Athletic Performance. For More Information on Explosive Power Training for Sport See. " *Newton, Explosive Lifting for Sports* 24: 321 – 329.

Gloet, M. , Berrell, M. 2003. "The Dual Paradigm Nature of Knowledge Management: Implications for Achieving Quality Outcomes in Human Resource Management. " *Journal of Knowledge Management* 7: 78 – 89.

Gray, C. , Keith, F. 1997. "Functional Training for the Torso. " *Strength and Conditioning* 19: 14 – 19.

Grosso, M. R. 2007a. "Putting Science into Your Training. " *Coach* 23: 27 – 31.

——. 2007b. "Training Theory: Additional Considerations. " *Coach* 22: 41 – 50.

Haff, G. G. 2004. "Roundtable Discussion: Periodization of Training—Part 1. " *Strength and Conditioning Journal* 26: 50 – 69.

——, Hobbs, R. T. , Haff, E. E, Pierce, K. C. , Stone, M. H. 2008. "Cluster Training: A Novel Method for Introducing Training Program Variatio. " *Strength & Conditioning Journal* 17: 67 – 76.

——, Whitley, A. , Mccoy, L. B. , Obryant, H. S. , Kilgore, J. L. , Haff, E. E. , Pierce, K, and Stone, M. H. 2003. "Effects of Different Set Configurations on Barbell Velocity and Displacement during a Clean Pull. " *Journal of Strength & Conditioning Research* 17: 95 – 103.

——. 2012. "Training Principles for Power. " *Strength and Conditioning Journal* 34: 2 – 12

Hartmann, H. , Bob, A. , Wirth, K. , Schmidtbleicher, D. 1999. "Effects of Different Periodisation Models on Rate of Force Development and Power Ability of The Upper Extremity. " *Journal of Strength and Conditioning Research* 23: 1921 – 1932.

Hedrick, A. 1994. "Strength/Power Training for the National Speed Skating team. " *Strength and Conditioning* 16: 33 – 39.

Hellebrandt, F. A. 1958. "Application of the Overload Principle to Muscle Training in Man. " *American Journal of Physical Medicine & Rehabilitation* 37: 278 – 283.

Henneman, E. 1957. "Relation Between Size of Neurons and Their Susceptibility to Discharge. " *Science* 126: 1345 – 1347.

Hensley, T. 2003. "Distance Training Theory. " *Texas Coach* 48: 32 – 33.

Hettinger, T. , Muller EA. 1953. "Muscle Capacity and Muscle Training. " *Arbeitsphysiologie* 15: 111 – 126.

Hislop, H. J. 1967. "The Isokinetic Concept of Exercise. " *Physical Therapy* 47: 114.

Hill, A. V. 1938. "The Heat of Shortening and the Dynamic Constants of Muscle. " *Proc R Soc London Ser B – Biol Sci* 126: 136 – 195.

Hodgson, Docherty, D. , Robbins, D. 2005. "Post-Activation Potentiation: Underlying Physiology and Implications for Motor Performance. " *Sports Medicine* 35: 585 – 595.

Hoffman, J. R. , Kraemer, W. J. , Bhasin, S. , Storer, T. , Ratamess, N. A. , Haff, G. G. , Willoughby, D. S. and Rogol, A. D. 2009. "Position Stand on Androgen and Human Growth Hormone Use. " *Journal of Strength and Conditioning Research* 23: 1 – 59.

Housh, T. J. , Devries, H. A. , Housh, D. J. , Tichy, M. W. , Smyth, K. D. and Tichy, A. M. 1991. "The Relationship between Critical Power and the Onset of Blood Lactate Accumulation. " *Journal of Sports Medicine & Physical Fitness* 31: 31 – 36.

Huxley, A. F. , Niedergerke, R. 1954. "Structural Changes in Muscle during Contraction: Interference Microscopy of Living Muscle Fibres. " *Nature* 173:

971 – 973.

Huxley, H., Hanson, J. 1954. "Changes in the Cross-Striations of Muscle during Contraction and Stretch and Their Structural Interpretation." *Nature* 173: 973 – 976.

Issurin, V. B. 2010. "New Horizons for the Methodology and Physiology of Training Periodization." *Sports Medicine* 40 : 189 – 206.

——, Kaufman, L. E., Tenenbaum, G. 2001. "Modeling of Velocity Regimens for Anaerobic and Aerobic Power Exercises in High-Performance Swimmers." *Journal of Sports Medicine and Physical Fitness* 41: 433 – 440.

——, Liebermann, D. G., Tenenbaum, G. 1994. "Effect of Vibratory Stimulation Training on Maximal Force and Flexibility." *Journal of Sports Sciences* 12: 561 – 566.

——, Tenenbaum, G. 1999. "Acute and Residual Effects of Vibratory Stimulation on Explosive Strength in Elite and Amateur Athletes." *Journal of Sports Sciences* 17: 177 – 182.

Karpovich, P. 1951. "Incidence of Injuries in Weight Lifting." *Journal of Physical Education* 48: 81.

Kataoka, R., Vasenina, E., Loenneke, J. 2021. "Periodization: Variation in the Definition and Discrepancies in Study Design." *Sports Medicine* 51: 625 – 651.

Kiely, J. 2012. "Periodization Paradigms in the 21st Century: Evidence-Led or Tradition-Driven?" *International Journal of Sports Physiology and Performance* 7: 242 – 250.

Kindermann, W., Simon, G., Keul, J. 1979. "The Signifiance of the Aerobic-Anaerobic Transition for the Determination of Work Load Intensities during Endurance Training." *European Journal of Applied Physiology and Occupational Physiology* 42: 25 – 34.

Klissouras, V. 1971. "Heritability of Adaptive Variation." *Journal of Applied Physiology*, 31: 338 – 344.

Koblev, Y. K. Kozlov, I. M. 2007. "Problems and Prospects of Sports Biome-chanics." *Teoria i Praktika Fizicesko j Kul' tury* 25: 61 – 62.

Komi, P. V. 1975. "Factors of Muscular Strength and the Principles of Strength Training." *Leistungssport* 5: 3 – 16.

Kraemer, W. J., Ratamess, N. A., Flanagan, S. D., Shurley, J., Todd, J. and Todd, T. 2017. "Understanding the Science of Resistance Training: An Evolutionary Perspective." *Sports Medcine* 47: 2415 – 2435.

Lawton, T., Cronin, J., Drinkwater, E., Lindsell, R. and Pyne, D. 2004. "The Effect of Continuous Repetition Training and Intra-Set Rest Training on Bench Press Strength and Power." *Journal of Sports Medicine & Physical Fitness* 44: 361 – 367.

Legg, D., Burnham, R. 1999. "In Season Shoulder Abduction Strength Chan-ges in Football Players." *Journal of Strength and Conditioning Research* 13: 4381 – 4383.

Leonardo, C. C., Lucas G. F., Michael J. D., André S. L., Ana P. L., Wellington L. 2016. "Traditional vs. Undulating Periodization in the Context of Muscular Strength and Hypertrophy: A Meta – Analysis." *International Journal of Sports Science* 6: 219 – 229.

Lesmes, R., Costill, D. L., Coyle, E., and Fink, W. J. 1978. "Muscle Strength and Power Changes during Maximal Isokinetic Training." *Medicine & Science in Sports & Exercise* 10: 266 – 269.

Loenneke, J. P., Thiebaud, R. S., Abe, T., Bemben, M. G. 2014. "Blood Flow Restriction Pressure Recommendations: The Hormesis Hypoth-esis." *Medical Hypotheses* 82: 623 – 626.

Luo, J., Mcnamara, B., Moran, K. 2005. "The Use of Vibration Training to Enhance Muscle Strength and Power." *Sports Medicine* 35: 23 – 41.

Lyakh, V., Mikoajec, K., Sadowski, J., Witkowski, Z., Gierczuk, D. and Gryko, K. 2017. "Review of the Textbook by W. N. Platonov: System of Athlete's Preparation in Olympic Sport: General Theory and Prac-tical Implications." *Journal of Human Kinetics* 60: 265 – 271.

Makarova, T. N. 1967. "The Influence of Adequate and Inadequate Loads on Somatic and Vegetative Functions." *Yessis Soviet Sports Review* 2: 26 – 27.

Masley, J. W. 1953. "Weight Training in Relation to Strength, Speed and Co-ordination." *Research Quarterly of the American Association for Health, Physical Education, and Recreation* 24: 308 – 315.

Matveyev, L. P. 1998. "On Discussion about Theory of Sports Training." *Teoriai Praktika Fiziceskoj Kul'tury* 8: 55 – 61.

Matthew, R. R. , Brandon L. A. 2004. "A Meta – analysis of Periodized versus Nonperiodized Strength and Power Training Programs." *Research Quarterly for Exercise and Sport* 4: 413 – 422.

Mcmorris, R. O. , Elkins, E. C. 1954. "A Study of Production and Evaluation of Muscular Hypertrophy." *Archives of Physical Medicine and Rehabilitation* 35: 420 – 426.

Millet, G. P. , Roels, B. , Schmitt, L. , Woorons, X. and Richalet, J. P. 2010. "Combining Hypoxic Methods for Peak Performance." *Sports Medcine* 40: 1 – 25.

Mujika, I. , Halson, S. L. , Burke, L. M. , Balague, G. and Farrow, D. 2018. "Anintegrated, Multifactorial Approach to Periodization for Optimal Performance in Individual and Team Sports." *International Journal of Sports Physiology & Performance* 13: 538 – 561.

Nakajima, T. , Kurano, M. , Iida, H. , Takano, H. , Oonuma, H. , Morita, T. , Meguro, K. , Sato, Y. , Nagata, T. and KAATSU Training Group. 2006. "Use and Safety of KAATSU Training: Results of a National Survey." *International Journal of KAATSU Training Research* 2: 5 – 13.

Newton, R. U. , Kraemer, W. 1994. "Developing Explosive Muscular Power: Implications for a Mixed Methods Training Strategy." *Strength and Conditioning* 16: 20 – 31.

——, Kraemer, W. J. , Hakkinen, K. 1999. "Effects of Ballistic Training on Preseason Preparation of Elite Volleyball Players." *Medicine & Science in Sports & Exercise* 31: 323 – 330.

——, Kraemer, W. J. , Hakkinen, K. , Humphries, B. J. and Murphy, A. J. 1996. "Kinematics, Kinetics, and Muscle Activation during Explosive Upper Body Movements. " *Journal of Applied Biomechanics* 12: 31 – 43.

Olaf, S. Y. , Mueller, P. 2002. "The 4000m Team Pursuit Cycling World Record: Theoretical and Practical Aspects. " *Medicine & Science in Sports & Exercise* 34: 1029 – 1036.

Orie, J. , Hofman, N. , De Koning, J. and Foster, C. 2014. "Thirty-Eight Years of Training Distributionin Olympic Speed Skaters. " *International Journal of Sports Physiology and Performance* 9: 93 – 99.

Otte, F. W. , Millar, S. K. , Klatt, S. 2019. "Skill Training Periodization in "Specialist" Sports Coaching—An Introduction of the "POST" Framework for Skill Development. " *Frontiers in Sports and Active Living* 1: 1 – 17.

Overend, T. J. , Cunningham, D. A. , Paterson, D. H. and Smith, W. D. 1992. "Physiological Responses of Young and Elderly Men to Prolonged Exercise at Critical Power. " *European Journal of Applied Physiology & Occupational Physiology* 64: 187 – 193.

Oyfebakh, L. 1970. "On the Track with Valery Borzov. " *Yessis Soviet Sports Review* 8: 94 – 97.

Paleologos, C. 1987. "Origin of the Modern Theory of Training. " *Track and Field Quarterly Review* 87: 26 – 29.

Pallares, G. J. , Fermandez, G. M. , Medina, S. L. , Izquierdo, M. 2010. "Performance Changes in World-Class Kayakers Following Two Different Training Periodization Models. " *European Journal of Applied Physiology* 110: 99 – 107.

Płatonow, W. N. 2008. "Teoria Periodizacii Podgotowki Sportsmienow w Tieczenie Goda: Priedposylki, Fornirowanie, Kritika. " *Nauka w Olimpijskom Sportie* 20: 3 – 23.

Perin, D. H. 1986. "Reliability of Isokinetic Measures. " *Athletic Training* 21: 319 – 321.

Poliquin, C. 1988. "Five Steps to Increasing the Effectiveness of Your Strength

Training Program. " *Strength & Conditioning Journal* 10: 34 – 39.

Racinais, S. , Alonso, J. M. , Coutts, A. J. , Flouris, A. D. , Girard, O. , Gonzalez-Alonso, J. , Hausswirth, C. , Jay, O. , Lee, J. K. and Mitchell, N. 2015. "Consensus Recommendationson Training and Competing in the Heat. " *Scandinavian Journal of Medicine & Science in Sports* 25: 6 – 19.

Rasch, G. Q. , Morehous L. E. 1957. "Effect of Static and Dynamic Exercises on Muscular Strength and Hypertrophy. " *Journal of Applied Physiology* 11: 29 – 35.

Rasch, P. J. , Pierson, W. R. 1963. "Isometric Exercise, Isometric Strength and Anthropometric Measurements. " *Internationale Zeitschrift fur Angewandte Physiologie, Einschliesslich Arbeitsphysiologie* 20: 1 – 4.

——, Otott, G. E. , Brown, M. , Wilson, I. D. and Norton, R. J. 1966. "Evaluation of a New Combat Conditioning Course. " *Military Medicine* 131: 130 – 136.

Rhea, M. R. , Ball, S. D. , Phillips, W. T. and Burkett, L. N. 2002. " A Comparison of Linear and Daily Undulating Periodized Programs with Equated Volume and Intensity for Local Muscular Endurance. " *The Journal of Strength & Conditioning Research* 16: 82 – 87.

Rodney, K. J. , Herbert, R. D. , Balnave, R. J. 1994. "Fatigue Contributes to the Strength Training Stimulus. " *Medicine and Science in Sports and Exercise* 26: 1160 – 1164.

Sabin, S. A. , Chudinov, P. I. 1963. "Generalizations and Analyzations of the Training of Qualified Sportsmen. " *Yessis Soviet Sports Review* 1: 41 – 44.

Sato, Y. 2005. "The History and Future of KAATSU Training. " *International Journal of KAATSU Training Research* 1: 1 – 5.

Seger, J. Y. , Westing, S. H. , Hanson, M. , Karlson, E. , and Ekblom, B. 1988. "A New Dynamometer Measuring Concentric and Eccentric Muscle Strength in Accelerated, Decelerated, or Isokinetic Movements. Validity and Reproducibility. " *European Journal of Applied Physiology & Occupa-*

*tional Physiology* 57: 526 – 530.

Seiler, S. , Kjerland, G. 2006. "Quantifying Training Intensity Distribution in Elite Endurance Athletes: Is There Evidence for an Optimal Distribution?" *Scandinavian Journal of Medicine & Science in Sports* 16: 49 – 56.

Selye, H. 1936. "A Syndrome Produced by Diverse Nocuous Agents. " *Nature* 138: 230 – 231.

Sherrington, C. 1929. "Ferrier Lecture: Some Functional Problems Attaching to Convergence. " *Proceedings of the Royal Society of London* 105: 332 – 362.

Shinohara, M. , Kouzaki, M. , Yoshihisa, T. and Fukunaga, T. 1997. "Efficacy of Tourniquet Ischemia for Strength Training with Low Resistance. " *European Journal of Applied Physiology* 77: 189 – 191.

Siebert, W. W. 1928. "Studies of Hypertrophy of Skeletal Muscle. " *Journal of Clinical Medicine* 109: 550 – 559.

Smith, D. J. 2003. "A Framework for Understanding the Training Process Leading to Elite Performance. " *Sports Medicine* 33: 1103 – 1126.

Steinacker, J. M. 1993. "Physiological Aspects of Training in Rowing. " *International Journal of Sports Medicine* 14: 3 – 10.

——, Lormes, W. , Lehmann, M. and Altenburg, D. 1998. "Training of Rowers before World Championships. " *Medicine and Science in Sports and Exercise* 30: 1158 – 1163.

Steinhaus, A. 1923. "Physiology at the Service of Physical Education: Muscle Hypertrophy. " *Journal of Health Psychology* 3: 36 – 37.

Stellingwerff, T. 2017. "Case-Study: Body Composition Periodization in an Olympic-Level Female Middle-Distance Runner Over a 9 – Year Career. " *International Journal of Sport Nutrition and Exercise Metabolism* 28: 1 – 19.

Suslov, F. R. 2001. "Annual Training Programs and the Sport Specific Fitness Levels of World Class Athletes. " *Art and Archaeology* 16: 63 – 70.

Szymanski, D. J. , Szymanski, J. M. , Bradford, T. J. , Schade, R. L. , Pascoe, D. D. 2007. "Effect of Twelve Weeks of Medicine Ball Training on High School Baseball Players. " *Journal of Strength and Conditioning Re-*

search 21: 894 – 901.

Todd, T., Todd, J. 2001a. "Dr. Patrick O'Shea: A Man for All Seasons." *Journal of Strength and Conditioning Research* 15: 401 – 404.

——. 2001b. "Pioneers in Strength Research: The Legacy of Dr. Richard A. Berger." *Journal of Strength and Conditioning Research* 15: 275 – 278.

Tschakert G, Hofmann P. 2013. "High-Intensity Intermittent Exercise: Methodological and Physiological Aspects." *International Journal of Sports Physiology & Performance* 8: 600 – 610.

Tschiene, P. 1995. "A Necessary Direction in Training: The Integration of Biological Adaptation in the Training Program." *Journal of Sports Science and Medicine* 1: 2 – 14.

——. 2004. "The Long-Term Aspect of Performance Increase." *Leistungssport* 34: 2, 23 – 24, 55.

Tudor, H. 2008. "History of Developments in Sport and Exercise Physiology: A. V. Hill, Maximal Oxygen Uptake, and Oxygen Debt." *Journal of Sports Sciences* 26: 365 – 400.

Verkhoshansky, Y. V. 1984. "Der Langfristig Verzogerte Training-Seffekt Durch Konzentriertes krafttraining." *Leistungssport* 14: 41 – 42.

——. 1986. "Speed-Strength Preparation and Development of Strength Endurance of Athletes in Various Specializations." *Soviet Sports Review* 21: 120 – 124.

——. 1996. "Topical Problems of the Modern Theory and Methodology of Sports Training." *Coaching & Sport Science Journal* 1: 2 – 10.

——. 1999. "The End of 'Periodization' of Sports Training at Elite Level." *New Studies in Athletics* 14: 47 – 55.

——, Sirenko V. 1984. "Strength Preparation of Middle Distance Runners." *Soviet Sports Review* 19: 185 – 190.

——, Tatyan, V. 1983. "Speed-Strength Preparation of Future Champions." *Soviet Sports Review* 18: 166 – 170.

Volkov, N. I., Zatsiorsky, V. M. 1966. "Several Questions on the Theory of

Training loads. " *Yessis Soviet Sports Review* 1: 64 – 69.

Vorobyev, A. N. , Titov, G. A. 1966. "Regulated Training Loads of Heavy Athletes According to Lability of the Nerve-Muscle Apparatus. " *Yessis Soviet Sports Review* 4: 16.

Vretaros, A. 2016. "Periodization in Sports: Theoretical Basis. " https://www. researchgate. net/publication/311993912.

Wasserman, K, Mcilroy, M. B. 1964. "Detecting the Threshold of Anaerobic Metabolism in Cardiac Patients. " *American Journal of Cardiology* 14: 844 – 852.

Wilkin, B. M. 1952. "The Effect of Weight Training on Speed of Movement. " *Research Quarterly* 23: 361 – 269.

Zinovieff, A. N. 1951. "Heavy-Resistance Exercises the 'Oxford Technique'. " *The British Journal of Physical Medicine: Including Its Application to Industry* 14: 129 – 132.

图书在版编目（CIP）数据

国际运动训练理论流派的历史演进与创新规律／李
荣，陈亮著． -- 北京：社会科学文献出版社，2023.10
ISBN 978 - 7 - 5228 - 2383 - 6

Ⅰ.①国… Ⅱ.①李… ②陈… Ⅲ.①运动训练 – 历
史 – 研究 Ⅳ.①G808.1

中国国家版本馆 CIP 数据核字（2023）第 165176 号

## 国际运动训练理论流派的历史演进与创新规律

著 者／李 荣 陈 亮

出 版 人／冀祥德
组稿编辑／祝得彬
责任编辑／张 萍
文稿编辑／顾 萌
责任印制／王京美

出 版／社会科学文献出版社·当代世界出版分社 （010）59367004
　　　　　地址：北京市北三环中路甲29号院华龙大厦 邮编：100029
　　　　　网址：www. ssap. com. cn
发 行／社会科学文献出版社 （010）59367028
印 装／三河市尚艺印装有限公司

规 格／开 本：787mm × 1092mm 1/16
　　　　　印 张：14.5 字 数：230千字
版 次／2023 年 10 月第 1 版 2023 年 10 月第 1 次印刷
书 号／ISBN 978 - 7 - 5228 - 2383 - 6
定 价／98.00 元

读者服务电话：4008918866